Für Nala

BusinessVillage

Konrad Stadler

VER ÄNDERUNGS BEWUSST SEIN

Eine Anleitung zum neuen Umgang mit dem Wandel

BusinessVillage

Konrad Stadler
Veränderungsbewusstsein
Eine Anleitung zum neuen Umgang mit dem Wandel
1. Auflage 2021
© BusinessVillage GmbH, Göttingen

Bestellnummern
ISBN 978-3-86980-596-2 (Druckausgabe)
ISBN 978-3-86980-597-9 (E-Book, PDF)
ISBN 978-3-86980-598-6 (E-Book, EPUB)

Direktbezug unter www.BusinessVillage.de/bl/1125

Bezugs- und Verlagsanschrift
BusinessVillage GmbH
Reinhäuser Landstraße 22
37083 Göttingen
Telefon: +49 (0)5 51 20 99-100
Fax: +49 (0)5 51 20 99-105
E-Mail: info@businessvillage.de
Web: www.businessvillage.de

Layout und Satz
Sabine Kempke

Autorenfoto
Tim Sommer, www.tim-macht-fotos.de

Druck und Bindung
www.booksfactory.de

Copyrightvermerk
Das Werk einschließlich aller seiner Teile ist urheberrechtlich geschützt. Jede Verwertung außerhalb der engen Grenzen des Urheberrechtsgesetzes ist ohne Zustimmung des Verlages unzulässig und strafbar.
Das gilt insbesondere für Vervielfältigung, Übersetzung, Mikroverfilmung und die Einspeicherung und Verarbeitung in elektronischen Systemen.
Alle in diesem Buch enthaltenen Angaben, Ergebnisse usw. wurden von dem Autor nach bestem Wissen erstellt. Sie erfolgen ohne jegliche Verpflichtung oder Garantie des Verlages. Er übernimmt deshalb keinerlei Verantwortung und Haftung für etwa vorhandene Unrichtigkeiten. Die Wiedergabe von Gebrauchsnamen, Handelsnamen, Warenbezeichnungen usw. in diesem Werk berechtigt auch ohne besondere Kennzeichnung nicht zu der Annahme, dass solche Namen im Sinne der Warenzeichen- und Markenschutz-Gesetzgebung als frei zu betrachten wären und daher von jedermann benutzt werden dürfen.

Inhalt

Über den Autor ... 7

Vorwort – dem Wandel heute begegnen ... 9

1. Wie? Mit all den Veränderungen wachsen? ... 13

2. Basales Wissen über den Wandel ... 19
   2.1 Dem Wandel auf der Spur ... 21
   2.2 Auf der Suche nach einer besseren Welt ... 31
   2.3 Wandel ist wie Wandern ... 39
   2.4 Sich auf Veränderungen einstellen ... 47

3. Loslassen lernen – eine neue wichtige Fähigkeit ... 53
   3.1 Den Rucksack leeren ... 54
   3.2 Mit Routinen spielen ... 61
   3.3 Glaubenssätze hinterfragen ... 69
   3.4 Normen und Werte neu interpretieren ... 77
   3.5 Den Pessimismus ablegen ... 85
   3.6 Entstehen lassen ... 95

4. Sich einlassen – mehr als nur eine neue Gewohnheit ... 107
   4.1 Geschehen lassen und Antwort geben ... 108
   4.2 Schauen, was entgegenkommt ... 118
   4.3 Veränderungen bejahen ... 127
   4.4 Versuch und Irrtum als Lebensweise ... 137
   4.5 Die Komfortzone überschreiten ... 145
   4.6 Eine Mission verfolgen ... 157
   4.7 Ein neues Bewusstsein ... 167

5. Strategien für den Umgang mit Unwägbarkeiten 179
   5.1 Die Kultur des Wandels 180
   5.2 Neue Einsichten, wie Veränderung wirklich funktioniert 196
   5.3 Ermutigung und Zumutung – ein neues Führen 208

6. Positives Veränderungsbewusstsein 221

Literatur 231

Über den Autor

Der studierte Philosoph Konrad Stadler berät seit über fünfundzwanzig Jahren internationale Konzerne und mittelständische Unternehmen bei Veränderungsprozessen. Mit seiner differenzierten Sichtweise liefert er Antworten auf die drängenden Fragen, wie wir mit gegenwärtiger und zukünftiger Transformation besser umgehen können. Er ist Vortragsredner und Trainer zu den Themen Führung und Kulturwandel.

Kontakt
E-Mail: stadler@stadler-schott.de
Web: www.stadler-schott.de

Vorwort –
dem Wandel heute begegnen

Wenn einer nach über zehn Jahren ein zweites Buch über Veränderung schreibt (Die Kultur des Veränderns, 2009), ist zu fragen, was sich seither Fundamentales ereignet haben mag, um eine erneute Herangehensweise an das Thema sinnvoll erscheinen zu lassen. Die Marktwirtschaft ist in der vergangenen Dekade auf vollen Touren gelaufen. Jeder neue Vorstandsvorsitzende eines Unternehmens ist in dieser Zeit einfach hergegangen und hat die Messlatte höher gelegt. Die Menschen in den reichen Industrieländern sind in eine noch tiefere Ambivalenz aus Wohlstandsausbau und Veränderungsstress geraten. Viele Mitarbeiter können aus gutem Grund den Begriff »Change« nicht mehr hören. Denn klar ist, dass der technologische Fortschritt der Treiber des Wohlstands ist, dieser aber naturgemäß mit Change einhergeht. Vielleicht ist es diese zunehmende innere Spannung aus Systembejahung und Veränderungsmüdigkeit, die mich an die Frage herangeführt hat, wie wir dem Phänomen des Wandels heute anders begegnen können. Dabei bin ich tatsächlich auf eine fundamental neue Sichtweise gestoßen, die unter dem Eindruck der Coronakrise verstärkt wurde.

Bei seiner Frage, wie wir leben wollen, unterscheidet der Schweizer Philosoph Peter Bieri zwischen einem Leben, in dem der Einzelne Autor und Subjekt seines Lebens ist, und einem anderen Leben, das der Person nur zustößt und von dessen Erleben sie wehrlos überwältigt wird. In dieser zweiten Sichtweise gilt es zu schauen, wie die Selbstbestimmung und das menschliche Grundbedürfnis nach Wirksamkeit die Oberhand behalten können. Viele Ratgeber ermuntern, den Weg der Selbstverwirklichung zu gehen, allerorten ist von »Selbstwirksamkeit« die Rede. Es ist zu beobachten, dass die Menschen mit zwei Dingen zu kämpfen haben, die sie innerlich förmlich zerreißen. Das ist auf der einen Seite der Wunsch nach Sinnerfüllung, nach Selbstverwirklichung, aber auch nach Sicherheit und Planbarkeit. Doch auf der anderen Seite ist da in vielen Bereichen eine Veränderungsdynamik, die den eigenen Gestaltungswünschen gegenübersteht. Als scheinbarer Lösungsweg wird der Mensch immer mehr aufgerüstet, fitter gemacht, resilienter gemacht, um mit den Veränderungsanforderungen besser zurechtkommen zu können. Das Ergebnis ist Stress und vor allem eine Abkapselung. Denn wenn ich der Fremdeinflüsse nicht Herr werde, dann versage ich, dann bin ich schuld, dann ist mein Selbstwert lädiert.

Ich komme dagegen zu dem Schluss, dass wir mit der Gegenüberstellung von Fremdeinflüssen und Selbstgestaltung dem Menschen in seinem Weltverhältnis nicht gerecht werden. Das Ziel, zu wissen, wer ich bin und wer ich sein möchte, ist sicherlich weiterhin gültig und wertvoll. Ich sehe eine Lösung jedoch eher darin, den Menschen nicht weiter gegen die Veränderungsdynamiken der Welt hochzutrainieren, sondern ihn durchlässiger dafür zu machen. Einen neuen Umgang mit dem Wandel erlange ich nur in einer neuen, offenen Begegnung des Ichs mit seiner Zeit. Eine Dichotomie aus Selbstbestimmung und externen Veränderungen blockiert hingegen. Ich rate dem Menschen, sich mehr auf das Einströmende einzulassen und keine Angst zu haben, dadurch in einen Abgrund gezogen zu werden. Ich gehe sogar inzwischen so weit, dass die Persönlichkeitsentwicklung und der eigene Lebensweg bereichert werden, wenn es gelingt, das Neue und Unbekannte zu integrieren. Sein Leben in einen größeren Lebensprozess einzuordnen, halte ich für genauso wichtig wie die Selbstsorge. Ein solches Lebens- und Menschenbild sieht dann neue Kompetenzen vor. Ich sehe insbesondere die Fähigkeit des Loslassens und die Fähigkeit des Sich-Einlassens. Dahinter steckt die Grundhaltung, das Leben so zu nehmen, wie es sich ergibt.

Der Gedanke ist nicht völlig neu. Schon die Stoiker wussten: »Wir müssen die Dinge, die in unserer Macht stehen, möglichst gut einrichten, alles andere aber so nehmen, wie es kommt.« Ähnlich sieht Viktor Frankl zwei Zugangsweisen zum Lebenssinn. Zum einen sind es meine eigenen gezielten Verbesserungs- und Veränderungsanstrengungen und zum anderen ein konstruktives Annehmen von Ereignissen, die unbeeinflussbar auf mich einwirken. Es hat also in der Geistesgeschichte immer wieder einen Blick auf die Fähigkeit des

Lassenkönnens gegeben. Doch scheint mir, dass wir uns diese heute neu erschließen müssen. Das in letzter Zeit vermehrte Auftauchen des Begriffs der Gelassenheit dürfte ein Symptom dafür sein.

Mit diesem gedanklichen Ausgangs- und Wendepunkt wird eine neue Klarheit und ein neues Bewusstsein für Veränderungen möglich. Es können dann – und das ist der große Nutzen – praktische Fragen anders angegangen werden. Sowohl im privaten als auch im beruflichen Leben werden Einflüsse und Ereignisse, manchmal auch Einschläge des Lebens nicht als Störung gesehen, sondern als Anfragen an den Einzelnen und an Gruppen.

Das Unwohlsein im Zusammenhang mit dem Wandel hat eine weitere Quelle. Veränderungen erfordern eine Stellungnahme und eine Antwort. Das – so meine Erfahrung – macht den Wandel nicht zum gern gesehenen Gast. Erst wenn ich die Wirkung von Außenimpulsen auf mich bewusst verfolge und verarbeite, kann ich eine persönliche Haltung, eine Antwort und eine Entscheidung ausbilden. Erst dann können Veränderungen dem Leben eine Dynamik verleihen. Dann wird Ausprobieren zu einer Lebensform und das Verfahren, aus dem Vorgegebenen etwas zu machen, wird zu einer Praxis des erfüllten und des guten Lebens. Veränderung verliert das Schreckgespenst der Bedrohung.

1.
Wie?
Mit all den Veränderungen wachsen?

Die 2020er-Jahre sind ein Jahrzehnt der Weichenstellungen. Schon wird von einem »Jahrzehnt der Modernisierung«, einer »Totaltransformation der Industrie« und einem »Jahrzehnt der Veränderungen« gesprochen. Die sich anbahnende globale Umwälzung bezieht sich auf ein ganzes Bündel von Herausforderungen. Gelingt der digitale Umbau von Wirtschaft und Gesellschaft? Schaffen wir die Energie- und die Verkehrswende? Der Global Risk Report des Weltwirtschaftsforums Davos 2021 fordert eine sofortige Zusammenarbeit von Politik, Wirtschaft und Gesellschaft zur Lösung der Klimathemen. In den nächsten zehn Jahren müssen gigantische Hebel umgelegt werden. Grund genug, sich mit dem Veränderungsbewusstsein der Menschen zu befassen. Denn hinter den großen Veränderungsthemen steckt die Frage, wie es gelingen kann, die Einstellung und das Verhalten im Kleinen und Alltäglichen zu verändern.

Mit der digitalen Revolution ändern sich Kommunikation, Produktion, Bildung, Handel, Einkaufsverhalten, Leseverhalten, einfach alles. Gleichzeitig wird es in den fortgeschrittenen Gesellschaften immer schwieriger, Vorhersagen zu treffen. Die Rede ist von der VUCA-Welt, einer volatilen, ungewissen, komplexen und ambigen, also nicht eindeutig bestimmbaren Welt. Die Planungszeiten in Unternehmen werden immer kürzer, weil nicht gesagt werden kann, wie sich die Märkte auf eine längere Sicht verhalten werden. Durch die Globalisierung hängt alles mit allem zusammen. Ein Tweet von Tesla-Gründer Elon Musk ändert abrupt das Börsengeschehen. Nicht zuletzt ist die Coronapandemie der ultimative Ausdruck der globalen Vernetzung geworden. Sie hat vor Augen geführt, wie sich von heute auf morgen alles für alle ändern kann.

Das Buch setzt bei diesen tief greifenden Veränderungen unserer Zeit an. Es richtet den Blick auf einen darunterliegenden epochalen Wandel. Seit zweihundertfünfzig Jahren befindet sich die industrialisierte Welt in einem Steigerungsdenken, das heute an sein Ende gelangt. Wir befinden uns, wie es der Historiker Gerald Swarat nennt, in einer »Zwischenzeit von der Spätmoderne zum digitalen Zeitalter«. Typisch für Zwischenzeiten ist der Mangel an Visionen und das Festhalten am bekannten und sicheren Weltbild. Begriffe wie »Nachhaltigkeit« oder »Postwachstumsökonomie« tauchen auf, sind aber nicht konkret und tragfähig genug. Wir sind Zeitzeugen und Beteiligte eines Vorgangs, dessen Ausgang keiner kennt und von dem man nur wissen kann, dass er ein geistiger Umbruch, eine andere Sicht, ein neuer Lebensentwurf sein wird. Nach und nach bildet sich ein neues Bewusstsein heraus, bei dem, wenn es gelingt, die Beziehung des Menschen zur Natur und die Beziehung der Menschen untereinander auf ein neues Niveau gesetzt werden.

In meiner Beratungspraxis als Begleiter von betrieblichen und persönlichen Veränderungen erlebe ich Umbrüche, Aufbrüche, Durchbrüche, Widerstände, Fortschritte. Ich erlebe die verändernden und die bewahrenden Kräfte, den Wandel in Unternehmen, die Verhaltensweisen der Menschen. Oft erlebe ich Widerstand als Reaktion auf neue Anforderungen. Es werden Barrieren aufgebaut, so als müsste man sich davor schützen. Ich verstehe es, wenn Menschen ihr Handlungsrepertoire und ihre Erfolgsmuster erhalten wollen. Dem halte ich die Erfahrung und die Überzeugung entgegen, dass derjenige, der sich auf den Wandel einlässt, einen persönlichen Gewinn schöpft. Die Entwicklung von Einzelpersonen, von Gruppen und von Organisationen sind immer mit Veränderungen und auch mit Krisen verbunden. Das führt zu dem Schluss, den Wandel nicht nur als Stressfaktor zu betrachten, sondern den Blick auf die Möglichkeit zu richten, an den vielfältigen Veränderungen unserer Zeit zu wachsen. Herausforderungen können beängstigen, sie bieten aber auch eine Gelegenheit für eine Erneuerungsbewegung.

Mit der Coronakrise ist der Reformbedarf auf unterschiedlichen Gebieten deutlich hervorgetreten, sei es die Digitalisierung in Unternehmen, Schulen und Behörden, die Schaffung von robusten anstatt nur effizienten Organisationen in Wirtschaft und Verwaltung bis hin zu dem ungelösten Thema, wie für Frauen und Männer Familie und Beruf besser vereinbar sein können. Es wurde aber auch die Erfahrung schneller Umstellungen gemacht. Man denke an das Arbeiten im Homeoffice oder das Einrichten von Videokonferenzen. Es macht sich das Gefühl breit, dass mit der Überwindung der Pandemie ein Erneuerungsschub ausgelöst werden kann. Einerseits wollen die Menschen ihr früheres Leben zurückhaben, andererseits ist das Bewusstsein dafür gestiegen, das alte Lebensmodell zu hinterfragen und sich auf Neues einzulassen.

Inmitten von Krisen und Veränderungsdruck will das Buch ein Angebot für einen gewinnbringenden Zugang zum Wandel machen. Der Wandel wird als ein elementarer Bestandteil des Lebens dargestellt. Eine neue Zeit und neue Problemstellungen erfordern neue Antworten. Jeder ist ein Teil dieser Bewegung, geht mit, gestaltet mit und entwickelt sich in diesem Prozess selbst weiter. Dabei greife ich die aktuelle Diskussion auf, bei der zum einen dem Fortschrittsdenken vertraut und zum anderen Lebensqualität neu definiert wird. So stellt sich eine junge Generation eine andere Arbeitswelt vor. Von New Work, dem Zeitalter einer Kreativökonomie und dem Abschied von einer rationalen Leistungsgesellschaft ist die Rede. In den nächsten Jahren werden vermehrt technische Lösungen vorgestellt werden; zum Beispiel, wie durch ein flächendeckendes Carsharing die Auslastung der energieaufwendig hergestellten Pkw erhöht werden kann. Aber wollen sich die Menschen von Eigenbesitz auf Gemeinschaftseigentum umstellen? Das ist eine Frage der Mentalität, der Veränderungsbereitschaft und des Veränderungsbewusstseins.

Ich werbe dafür, das eigene Weltbild beweglich und die Tür stets offen zu halten für neue Einsichten. Schauen und Staunen werden der Selbstbestätigung und Selbstzufriedenheit vorgezogen. Ein Kerngedanke ist das Sicheinlassen auf die Fragen der Gegenwart. Das Lassen in Form eines Auf-sich-wirken-Lassens, eines Geschehenlassens erzeugt eine neue mentale Qualität, mit der der moderne Übermut überwunden werden kann, das Leben machen zu müssen und es machen zu können. Es wird beides gesehen: Zum einen das Gestalten in Form eines Probierens und Verbesserns, in Form einer Mission in Leben und Arbeit und in Form eines dynamischen Mindsets, das ein Scheitern als einen Sieg des Lernens deutet; zum anderen der offene Sinn für das, was einem das Leben entgegenbringt, was einem Mitmenschen sagen möchten – basierend auf einem Blick auf das Leben als offenen Entstehensprozess. Der österreichische Liedermacher Wolfgang Ambros vergleicht das Leben mit dem Brettspiel Backgammon. Die Würfel symbolisieren das Geworfene im Leben, das Vorgegebene, der nächste Zug aber sei gestaltbar.

Diese Fifty-fifty-Sicht als Weltbild könnte eine geistige Entwicklungsstufe beschreiben, die den Menschen aus der neuzeitlichen Ich-Fixierung herausführt, hin zu einer Balance aus Zulassen und Machen. Wir können nicht alles machen und schon gar nicht allein. Die Lösung unserer Zukunftsfragen setzt bei einem gemeinsamen schöpferischen Tun an. Aus dem Zeitalter der Zerteilung könnte ein Zeitalter der Verbundenheit werden, das Auswirkungen auf den eigenen Lebensstil, aber auch auf die Herangehensweise an ökologische, ökonomische und soziale Probleme hat.

Die Wandlungsfähigkeit in Wirtschaft und Gesellschaft macht sich an der Veränderungsfähigkeit von Organisationen fest. Es ist danach zu fragen, wie es gelingen kann, Beharrungstendenzen und Widerstände zu überwinden. Dies setzt ein Wissen um die Beschaffenheit und die inneren Reaktionsweisen eines Organisationssystems und einer Unternehmenskultur voraus. Wie sich zeigt, reicht ein schematisches Veränderungsmanagement nicht aus. Dagegen stellen sich ein echtes Anliegen, Durchhaltevermögen und originelles Vorgehen als Erfolgsfaktoren von Führung heraus.

Die Frage, wie wir mit Veränderungen umgehen, können wir verdrängen, aber wir können nicht vermeiden, eine Antwort zu finden. Wer sich damit nicht beschäftigt, gerät in ein Dilemma und neigt zum Pessimismus. Das ist auch ein

Grund für dieses Buch. Die Frage nach einem guten Umgang mit dem Wandel greift in das unmittelbare Erleben in Familie, Partnerschaft und der persönlichen Entwicklung ein. Im beruflichen Umfeld ist jeder ein Teil von Veränderung und Wandel, einmal eigenaktiv verändernd, einmal zweifelnd und beharrend, einmal abwartend, einmal als Mitarbeiter, einmal als Führungskraft. Ich möchte eine Anleitung liefern, wie Veränderungen bereichernd angegangen werden können. Mein Wunsch ist es, ein Bewusstsein für einen gekonnten und gelassenen Umgang mit den vielfältigen Veränderungen unserer Zeit beim Leser zu verankern.

2.
Basales Wissen über den Wandel

Der moderne Lebensentwurf definiert sich über eine hohe Veränderungsdynamik. Neben der Faszination am Fortschritt ist jedoch seit Längerem ein Unbehagen damit verbunden. Dieses spitzt sich heute in den Debatten um die Globalisierung und den Klimawandel zu und fordert neue Antworten zur Zukunftsgestaltung. Eine junge Generation stellt die Sinndefinition ganz oben auf die Agenda von Unternehmen. Zentrale Kategorien wie Leistung und Wachstum geraten in ein neues Licht. In der Coronakrise ist unterdessen ein ganz anderer Gesichtspunkt zum Vorschein gekommen. Es ist deutlich geworden, an wie vielen Stellen ein Reformstau entstanden ist. Die unzureichende Digitalisierung wird häufig genannt, veraltete Leitbilder in der Autoindustrie, behäbige Organisationsstrukturen.

Erfolgsmodelle scheinen an ein Ende zu kommen, und es ist ein banger Moment entstanden, ob eine Aufbruchstimmung, ein neues Anpacken möglich ist oder ob die Menschen zu bequem und mutlos geworden sind. Es geht also grundsätzlich um Wandlungsfähigkeit und um Veränderungsausrichtung.

Antworten dazu können meiner Erfahrung nach nur gefunden werden, wenn das Phänomen des Wandels verstanden wird und die darunterliegenden geistigen Strömungen erkannt und zugeordnet werden können. Beim Wandel ist es ganz ähnlich wie mit der Kreativität. Ein Maler beispielsweise benötigt ein Basiswissen über Farben, Materialien, Maltechniken und Bildkomposition, wenn er Neues schaffen möchte. Der kreative Output nährt sich also aus einer Wissensbasis. Bei Veränderungen erwächst die Veränderungsfähigkeit auch nicht aus dem Nichts, sondern sie nährt sich aus Wissen und Erfahrungen über das Phänomen Wandel. Veränderungsbewusstsein ist daher immer auch eine Frage basaler Erkenntnisse über den Wandel.

2.1 Dem Wandel auf der Spur

Wandel ist für den heutigen Menschen der Normalzustand. Ein Leben ohne Wandel ist nicht denkbar. Die Vorstellung, über einen längeren Zeitraum bliebe der Stand der Technik gleich, erscheint grotesk. Man wünscht sich manchmal, sich beim neuen Auto nicht auf eine neuartige Bedienung von Radio und Navigationsgerät umstellen zu müssen, doch möchte man schon kurze Zeit später nicht auf neue Funktionen wie den Touchbildschirm oder der Rückfahrkamera verzichten. Dies ist nicht nur mit der Technik so. Auch längere Ladenöffnungszeiten oder ein ausgeweitetes Betreuungsprogramm der Kita möchte keiner mehr missen. Und so geht das weiter. Eine Studie des Umweltbundesamtes zeigt, dass Elektro- und Elektronikgeräte ersetzt werden, obwohl sie noch gut funktionieren. Ein beträchtlicher Anteil davon wird entsorgt, bevor sie die durchschnittliche Erstnutzungsdauer oder das Alter von fünf Jahren erreicht haben. Kaufentscheidend ist der Wunsch nach einem besseren Gerät.

Soziologen erkennen darin eine Steigerungslogik. Der Konsument möchte das ausgefeiltere Gerät, das Zweitbad im Haushalt wird ebenso zum Standard wie der Zweit- und Dritturlaub im Jahr. Das Steigerungsdenken hat zur Folge, dass der Wandel nicht linear abläuft, sondern einer Beschleunigung unterliegt. Um mehr und Besseres zu bekommen, muss immer schneller entwickelt, produziert, geliefert, entsorgt, verwaltet und verkauft werden.

Die Menschen stehen dem Wandel ambivalent gegenüber. Zum einen ist er ein Teil des Lebensgefühls und der Fortschrittsfaszination. Das Einchecken für den Flug geht mit der App plötzlich in zwanzig Sekunden, für nahezu jedes Thema findet sich ein Anleitungsvideo auf YouTube, sogar maßgeschneiderte Hemden sind via Internet zu haben. Zum anderen ist jeder Teil eines immer schneller laufenden Räderwerks, sei es als Mitarbeiterin, Lieferant, Bürger, Kundin, Erziehender, als Verkaufender oder Einkaufender. Jeder ist eingebunden in Effizienzberechnungen, beschleunigte Arbeitsprozesse und rationalisierten Service. Irgendwo muss die Steigerung ja herkommen. An manches gewöhnt man sich. Es ist mittlerweile normal, seine Bankgeschäfte vom Computer aus zu Hause zu erledigen, Pakete auf personallosen Packstationen aufzugeben oder sich von anonymen Callcentern weiterhelfen zu lassen. Unternehmen legen Dienstleistungen auf den Kunden um, sparen Personal, beschleunigen Arbeitsvorgänge und steigern damit den Ertrag. Doch der Leistungsdruck macht den Menschen auch mehr und mehr zu schaffen. Stresssymptome wie Depression und Erschöpfungszustände nehmen zu.

Das Phänomen des ständigen Wandels beginnt mit der Neuzeit. Davor leben die Menschen in statischen Weltordnungen mit stabilen Grundorientierungen. Das Leben vollzieht sich in Zyklen. Seit der Renaissance löst sich der Mensch aus dem So-wie-immer. René Descartes (1596–1650) hat mit seiner Unterscheidung von Geist und Materie die gedankliche Grundlage eines rationalen Weltverstehens gelegt. Der Mensch ist nicht fest in eine Weltordnung eingeschlossen, sondern kann Distanz dazu aufnehmen, er kann die Welt analysieren und gestalten. Auf dieser Grundlage entwickelt sich die Aufklärung und mit ihr eine Emanzipation des Menschen von Traditionen und Religionen. Der aufgeklärte Mensch glaubt an die Kraft seines eigenen Denkens und Urteilens. Forschungsreisende wie Alexander von Humboldt brennen darauf, die Welt zu entdecken, jeder Stein wird umgedreht und untersucht, die Naturwissenschaften trennen sich endgültig von überliefertem Wissen und vertrauen auf empirisch Nachweisbares und vernünftig Begründbares.

Die Zerlegung und Entzauberung der Welt, die Befreiung des Individuums, die zunehmenden technischen Errungenschaften, der freie Handel, die einsetzende Industrialisierung, all diese zusammen schaffen ein neues Zeitalter der permanenten Steigerung und Wandlungsbeschleunigung.

Mit dem Bericht des Club of Rome von 1972 wurden die Grenzen der Steigerung und des Wachstums zum Thema. Jedoch haben die Menschen seither neue Ressourcen entdeckt und ausgeschöpft. Heute protestieren Globalisierungskritiker und Bewegungen wie Fridays for Future gegen neoliberale Strukturen und steigende Umweltzerstörung. Wie ist die Lage also einzuschätzen? Findet das erfinderische Projekt der Moderne neue Lösungen? Welche Kritikpunkte sind angebracht und zu welchen Schlussfolgerungen verhelfen sie?

Alles wird gut und sogar besser

Sie nennen sich Possibilisten. Autoren wie der amerikanische Kognitionspsychologe Steven Pinker oder der Zukunftsforscher Matthias Horx sind überzeugt: Jede Bedrohung für Wohlstand, Demokratie, Frieden und Fortschritt lässt sich lösen. Sie sehen in der Aufklärung, im rationalen, technisch-wissenschaftlichen Denken einen nie endenden Siegeszug. Die Fortschrittsoptimisten belegen ihre Position mit empirischen Daten, die nachweisen, dass die Menschen nie länger, freier, sicherer, reicher, friedlicher, demokratischer und glücklicher gelebt haben als heute. Pinker erklärt, dass die Menschen mithilfe der Vernunft immer Wege gefunden hätten, um sich zu organisieren und Informationen so zu verarbeiten, dass zu jedem neuen Problem neue Konzepte gefunden werden konnten. Die Fähigkeit zum Abstrahieren und zur Theoriebildung ermögliche es, komplexe Zusammenhänge in den Griff zu bekommen und Institutionen auszubilden, die auch in komplizierten Situationen Ordnung und Orientierung schaffen.

Für Pinker ist der Wertekanon der Aufklärung aus Vernunft, Wissenschaft, Humanismus und Fortschritt Garant für eine Welt in Freiheit und Wohlstand. Die Erfolge der aufgeklärten Weltanschauung, die Pinker aufzählt, sind immens. So starben um 1815 Menschen durchschnittlich mit neunundzwanzig Jahren. 2015 lag das weltweite Durchschnittssterbealter bei 71,4 Jahren. Die Hälfte der Welt war 1947 geschätzt unterernährt, heute sind es nur noch dreizehn Prozent, obwohl fünf Milliarden Menschen mehr auf der Erde leben. Das Weltbruttosozialprodukt ist zweihundertmal größer als zu Beginn der Aufklärung. Innerhalb von zweihundert Jahren ist der Prozentsatz der Menschen, die von extremer Armut betroffen sind, von neunzig auf zehn Prozent gefallen. Mit Horx kann dieser Leistungsbericht des Wohlstands fortgesetzt werden. Für eine statistische Durchschnittsfrau, die in den 1950er-Jahren geboren wurde, haben sich seiner Analyse nach so gut wie alle Lebensumstände verbessert. Die Chance, dass sie einen höheren Schulabschluss hat, liegt heute bei neunzig Prozent. Ihre Chance, Zugang zu Telefon und Fernreisen zu haben, eine Spültoilette und ein Fahrrad zu besitzen, hat sich vervierfacht. Ein westlicher Durchschnittsverdiener in den Fünfzigerjahren hatte einen geringeren Lebensstandard als heute ein Hartz-IV-Empfänger. Horx kommt zum Schluss, dass selbst Katastrophen die Robustheit einer Gesellschaft stärken, wenn diese auf den Prinzipien des freien Marktes aufgebaut ist. Die Superkoordination der menschlichen Kultur erzeuge eine »zivilisatorische Resilienz«.

Den Grund für einen verbreiteten Zukunftspessimismus sieht der Psychologe Pinker in einer kognitiven Verzerrung. Das negative Weltbild werde durch die Negativverzerrung der medialen Berichterstattung beeinflusst. Menschen hielten das für wahrscheinlicher, woran sie sich erinnern könnten, unabhängig von der statistischen Eintrittswahrscheinlichkeit. Die Medienwissenschaftler Martin Hennig und Dennis Gräf konnten eine solche Negativbeeinflussung durch Sondersendungen im öffentlich-rechtlichen Fernsehen während des Lockdowns 2020 tatsächlich nachweisen. Als Wermutstropfen in der besten aller Welten erkennt Pinker den menschengemachten Klimawandel an. Dem Ökopessimismus setzt er allerdings einen Ökomodernismus gegenüber. Auch hier kann der technologische Fortschritt helfen. Ein aufgeklärter Umweltschutz erkenne, dass eine gewisse Verschmutzung zu akzeptieren sei, dass mit steigendem Wohlstand die Wertschätzung einer intakten Umwelt zunehme. Die Bekämpfung von Armut sei deshalb die wichtigste Umweltschutzmaßnahme.

Matthias Horx stellt mit seinem Zukunftsinstitut zur Umweltfrage das Konzept einer »blauen Ökologie« vor und richtet sich damit bewusst gegen die »Religion Nachhaltigkeit« und den »grünen Schuld-Ökologismus«. Blau sollte in Anlehnung an den blauen Planeten einen Ansatz aufzeigen, der sich vom Weltrettungsgedanken absetzt. Die Natur ist dieser Ansicht nach ein robustes, resilientes und anpassungsfähiges System, müsse also nicht gerettet werden. Wie also sieht die blaue Ökologie aus? Die Antwort des Zukunftsinstituts: Ökologie wird zum Standard. Bioprodukte sind für alle zu haben und werden zur Normalität; ebenso die Forderung von Kundinnen, dass Lebensmittel und Bekleidung ökosozial hergestellt werden. Weniger ist bei der blauen Ökologie nicht unbedingt mehr. Der Blue Commerce beschreibt eine neue Form des ökologischen Konsums, der cool, ästhetisch und nützlich ist und zugleich die Lebensqualität erhöht. Dass Spaß und ökologisches Handeln kein Widerspruch sein müssen, zeigen Projekte regionaler Vermarktung oder Tourismuskonzepte, die auf Qualität und Authentizität setzen.

Veränderungen gestalten, Muster wechseln

Eine Grundaussage der Possibilisten halte ich für besonders hilfreich und wegweisend: Veränderungen sind gestaltbar. Mit den Mitteln der Reflexion, der Analyse, des Lernens, der Kommunikation und der Kooperation kann der Mensch auch auf schwierige Fragen Antworten finden. Das Gebot einer nüchternen und klaren Vernunft hat die Aufklärer deshalb stets gegenüber romantischen Bewegungen aufgebracht. Ich betone dies deshalb, weil Technisierung, undurchschaubare globale Zusammenhänge, die Beschleunigung des Lebens bis heute ein Bedürfnis nach einer Idylle, nach einer Flucht ins Vergangene, ins Private und Provinzielle erzeugen. Das romantische Lebensgefühl wirkt auf den ersten Blick sympathisch. Es lässt Eigenschaften wie Authentizität und Naturverbundenheit assoziieren. Durch ihren Idealismus tut sich die romantische Gesinnung mit Wandel jedoch schwer. Glücksfantasien nehmen mehr Platz ein als die Formulierung realistischer Ziele und Maßnahmen. Die positive Zukunftssicht der Aufklärung wird von einer skeptischen

Haltung gegenüber dem Wandel überlagert. Deshalb ist das Schwermütige des romantischen Grundgefühls am schwelenden Pessimismus nicht unbeteiligt.

Dagegen setzt der Glaube an einen gestaltbaren Wandel Energien und Kreativität frei. Wer an das Machbare glaubt, der erhöht die Wahrscheinlichkeit des Gelingens. Ein Beispiel ist die Einschätzung des Zukunftsforschers Horst Opaschowski zu den Erfahrungen aus der Coronapandemie. Er geht davon aus, dass sich eine Selbsthilfegesellschaft bildet. Die Menschen würden sich nicht mehr nur auf Politiker und Manager verlassen, sondern seien bereit, wieder an der Gesellschaft mitzuarbeiten. Solche konstruktiven Ideen inspirieren und erschaffen ein Szenario an Handlungsmöglichkeiten.

Eine entscheidende Stärke der Möglichkeitsdenker sehe ich in der gezielten Erforschung neuer Denkmuster. Die Instrumente müssen erneuert werden, um neuen Herausforderungen gewachsen zu sein. Ein Anschauungsbeispiel für einen Musterwechsel bietet die Stadtentwicklung. Einst war die Stadt eine Agropolis. In unmittelbarer Nähe zur Stadt gab es Obstgärten, Getreidefelder und Wälder, die eine Versorgung mit Lebensmitteln und Holz auf kurzen Wegen ermöglichten. Für die Stadt der Vergangenheit war es wichtig, dass die natürlichen biologischen Abfälle wieder auf die Felder zurückgelangten, um auch zukünftig gute Ernten zu erhalten. Die industrielle Revolution brachte eine radikale Veränderung. Mit der Kohle war eine neue Energiequelle verfügbar, dazu kamen Öl und Gas. Aus der Agropolis wurde eine Petropolis. Die Städte verbrauchen weltweit rund achtzig Prozent der jährlichen Produktion von Öl, Gas und Kohle. Die Petropolis entnimmt der Natur riesige Mengen an Ressourcen und gibt sie als Abfälle aller Art zurück.

So kann es nicht weitergehen, und es ist unbedingt ein Musterwechsel von der Petropolis zur Ökopolis nötig, deren Konzeption unter anderem vom deutschen Umweltaktivisten Herbert Girardet ausgearbeitet wurde. Die Ökopolis besteht aus Null-Emissions-Häusern und der Versorgung mit regenerativen Energien. Der Pro-Kopf-Verbrauch an Energie in Haushalten, im Verkehr und im Konsum wird durch systematische Maßnahmen reduziert. Wie schon die Agropolis ist auch die Ökopolis in die umliegende Landschaft eingebettet, was Auswirkungen auf den Einsatz von Biogas, die Versorgung mit regionalen Lebensmitteln und die Nutzung des Umlandes für die Freizeit hat. Interessanterweise werden also Muster des Vorvorgängermodells, der Agropolis, im neuen Denken wieder nutzbar.

Ein Musterwechsel muss kein Geniestreich sein. Viele Denkansätze sind bereits vorhanden, müssen jedoch in anderen Fachgebieten entdeckt und transferiert werden. Man denke an die Bionik, die Vorbilder aus der Natur für technische Lösungen nutzt. So dienen die Flügelspitzen von Greifvögeln als Vorbild für moderne Flugzeugtragflächen oder die Rotoren in der Windkraft. In der Zwischenzeit werden sogar Computerlüfter nach dem Muster der Adlerschwingen hergestellt.

Der Mensch verliert sich
Das aufklärerische Denken sieht den Wandel als einen von Innovationen getragenen Fortschritt. Aus einer Gegenperspektive kann dies ganz anders interpretiert werden, nämlich als ein Innovationszwang. Für den Soziologen Hartmut Rosa können sich moderne Gesellschaften nur noch dynamisch stabilisieren, das heißt, sie sind systematisch auf Wachstum, Innovationsverdichtung und Beschleunigung angewiesen. Wer beim Immer-schneller und Immer-weiter nicht mitmacht, fällt unwillkürlich zurück. Der Mensch ist heute in eine sich rasant verändernde Welt gestellt, in eine Steigerungsdynamik, die zunehmend an psychische und planetare Grenzen stößt. Das Bruttosozialprodukt muss in einer kapitalistischen Gesellschaft ständig gesteigert werden, sonst geht es schnell bergab. Wer stagniert, fällt ab. Wer die permanente Veränderung nicht mitmacht, läuft Gefahr, seinen Platz in der Sozialordnung zu verlieren. Längst hätten, so Rosa, die Gesetze der Steigerung aus der ökonomischen Sphäre auf das Privatleben übergegriffen. Nicht nur

Hard- und Softwarekenntnisse müssten ständig aktualisiert werden, auch soziale Beziehungsnetzwerke würden veralten und entwerten, wenn sie nicht immerzu auf Vordermann gebracht würden. Das Ganze gipfelt in der Selbstoptimierung: erfolgreicher, beliebter, attraktiver.

Die Arbeit am perfekten Ich folgt dem Steigerungsdenken. Sogar Meditation und Yoga wirken wie ein Steigerungshelfer, weil die Leistungsfähigkeit dadurch erhöht wird. Am Ende steht eine wachsende Erschöpfung. Und der Wandel? Der Wandel stellt sich als »rasender Stillstand« dar. Der Mensch verliert sich, weil er in einem ungesunden Verhältnis zur Welt steht, die als materielle Ressource betrachtet wird. Die Menschen sind für Hartmut Rosa hungrig danach, ihre Reichweite ständig zu vergrößern. Mobil sein, reisen, weltweit kommunizieren – das Verfügbarmachen der Welt – sei wie ein Triebmittel und eine gigantische Aneignung der Welt. Doch stehen sich Mensch und Welt dabei innerlich unverbunden gegenüber. Das aufklärerisch-rationalistische Weltkonzept mit der Trennung von Geist und Körper, Mensch und Natur, Subjekt und Objekt habe den Menschen an einen Punkt gebracht, der ihn überlaste und entfremde.

In Resonanz treten

Rosa entwirft aus dieser Kritik heraus neue Perspektiven für den Umgang mit dem Wandel. Einen Ausweg aus dem Hamsterrad und aus der Beschleunigungsfalle sieht er in einer neuen Beziehungsqualität zwischen Mensch und Welt, die er Resonanz nennt. Der physikalische Begriff der Resonanz bedeutet ein Mitschwingen. Man hört bei Musikbands manchmal die Marschtrommel des Schlagzeugs mit dem Bass mitvibrieren. Das Fell der Trommel nimmt die Wellenlänge der schwingenden Basssaite auf und schwingt mit. Dieses Zusammenschwingen ist eine Metapher, die Rosa für die Berührung des Menschen mit der Welt übernimmt. Im Gegensatz zur bloßen Nutzung oder Aneignung findet in der Berührung und in der Resonanz eine Transformation statt. Ein Gespräch, ein Naturerlebnis, eine Beobachtung verwandelt etwas und hinterlässt etwas. Resonanzen im Bereich der Arbeit bilden sich dort aus, wo die Arbeitenden sich in ihrer Tätigkeit wiedererkennen und sich darin zu Hause fühlen. Ein Mitarbeiter erlebt sich dann als selbstwirksam und sieht sich in Einklang mit den Intentionen seines betrieblichen Umfelds. Das Gegenteil ist der Fall, wenn sich Mitarbeiter fragen, was sie in der Firma eigentlich sollen. Eine Missachtungserfahrung ist mit einem Resonanzerleben nicht vereinbar.

Hingegen entstehen Resonanzen, wenn sich ein echter Bezug zwischen Mensch und Welt bildet. Diese Qualität macht den Unterschied, weil darin der Mensch zu sich selbst findet und ein zufriedeneres Leben führen kann als im Modus der Selbstoptimierung und des bloßen Ausweitens aller möglichen Lebensvarianten. Resonanz ist spürbar: Was rührt mich an? In welchen Situationen bekomme ich Gänsehaut oder Tränen in die Augen? In welcher Weise erlebe ich in der Arbeit oder im Privatleben eine Verbundenheit, einen Gleichklang? Resonanz bedeutet nicht, sich lediglich wohlzufühlen. Zum Beispiel kann ein Streit zwischen Freunden mehr Resonanz hervorrufen als ein freundliches Miteinander, bei dem keine wirkliche Berührung stattfindet. Echte Freundschaften unterscheiden sich von kalkuliert aufgezogenen Freundes- beziehungsweise Bekanntenkreisen durch wechselseitige Berührung einschließlich der Erfahrung der Verletzung und Versöhnung.

Was also kann die Idee der Resonanz für den Umgang mit dem Wandel bedeuten? Zuerst: Es ist nicht nötig, auf jeden neuen Zug aufzuspringen. Wenn alle plötzlich ein Sabbatical in Australien machen wollen, dann heißt das noch lange nicht, dass mir selbst das etwas bringt. Die Frage, was einem etwas bringt, hängt allein von dem Bezug ab, den man zu etwas entwickelt. In einer Neuentdeckung der eigenen Heimatregion können mehr Resonanzerlebnisse stecken als in einer Weltreise, bei der man vielleicht aus den touristisch ausgetretenen Pfaden kaum herauskommt. Wer im Urlaub Freunde besucht, kann viel zwischenmenschliche Resonanz erleben und zugleich Orte kennen- und genießen lernen, an die ein normaler Tourist nicht hingelangt.

Das Resonanzkonzept gibt dem Wandel einen Maßstab. Es geht nicht um Verzicht und Einschränkung und auch nicht um eine meditative Weltflucht. Man kann Resonanz immer dann erleben, wenn sich eine Antwortbeziehung einstellt, wenn etwas zurückkommt, wenn ein Funke überspringt, wenn sich etwas in einem verwandelt. Die Resonanz ist ein Qualitätsmaßstab für Veränderungen, der Einfluss auf das nimmt, was ich tue und was ich lasse. Wie setze ich mein Geld ein? Wofür benötige ich kein Geld, aber erlebe Zufriedenheit? Wofür engagiere ich mich? Wie möchte ich Familie leben, wie Teamarbeit gestalten?

Die Spuren: Kreativität und Qualität
Zwei Spuren hin zum Wandel haben sich herauskristallisiert. Die eine ist, abgeleitet vom aufklärerischen Gestaltungswillen, die Kreativität und die andere die Qualität in Form eines resonanten Weltbezugs. Die Kreativität ist ein Wesenszug des Menschen und eine unerschöpfliche Quelle. Zu allem kann eine Lösung gefunden werden. Jeder hat Ideen, und in der Gruppe können sich Gedanken ergänzen und gegenseitig befruchten. Der Kreative schaut nach vorne und modelliert die Welt. Er ist originell. Alte Muster zu wiederholen, erscheint dem nicht gemäß. Kreativität ist Neuschöpfung. Der Musterwechsel ist ein Prädikat des kreativen Prozesses, und innovative Sprünge sind die logische Folge davon. Der kreative Drang nimmt Entwicklungen intuitiv voraus und bringt sie zum Ausdruck. Beispielhaft steht der Expressionismus in der Malerei dafür. Maler wie Franz Marc oder Wassily Kandinsky formulieren die Epochenwende im Übergang vom neunzehnte auf das zwanzigste Jahrhundert in einem freien Umgang mit Formen und Farben. Die Auflösung der monarchischen Strukturen findet eine Entsprechung auf der Leinwand. Intuitiv spüren die Künstler auf, was in der Luft liegt, verdichten und abstrahieren dies mit den ihnen eigenen Ausdrucksmitteln und sind zugleich ihrer Zeit voraus, zeigen Konturen einer neuen Welt auf. Kreation ist Wandel.

Das Schlüsselelement der Qualität, also der Lebensqualität, bewirkt eine Sensibilisierung für das, was man tut und wie man es tut. Es verlangt danach, ein Gespür für sich selbst auszuprägen und genau hinzuschauen, in welchen Momenten eine Wechselbeziehung mit der Umgebung einsetzt und in welchen nicht. Der Wandel spielt sich dann in der konkreten Situation in einem unmittelbaren Erleben und bei einem selbst ab. Ein gutes Gespräch kann etwas in einem verwandeln. Es werden Saiten in einem angeschlagen, die in dieser Weise noch nicht zum Klingen gebracht wurden, sodass eine Resonanz und eine Neuentdeckung entstehen. Man spricht von einer gleichen Wellenlänge. Aus diesem Erlebnis heraus erwächst etwas. Ein Vortrag, ein Buch, eine positive Teamerfahrung bewirken etwas, setzen etwas in Gang. Aus einer Resonanzerfahrung entsteht etwas. Zum Beispiel begeistert einen ein Freund von Städtereisen, verbunden mit architektonischen, kulinarischen und kulturellen Entdeckungen. Der Funke springt über und man macht sich bald selbst auf. Die Ansteckungskraft von Begeisterung weist auf einen Wandel hin, der von innen kommt. Der Mensch lebt von Resonanz und strebt danach, diese in unterschiedlicher Weise und immer aufs Neue zu erleben, weil darin eine persönliche Erfrischung und Erneuerung stattfindet. Dieser Vorgang ist die wahre Keimzelle für einen natürlichen und gesunden Veränderungsprozess.

2.2 Auf der Suche nach einer besseren Welt

Von dieser Keimzelle in jedem Organismus weiß der Philosoph Karl R. Popper. Er erklärt sich die Geschichte des Lebens auf der Erde als eine aktive Suche jedes Einzelorganismus nach Verbesserung. Vom Einzeller bis hin zum Homo sapiens ist alles Lebendige auf der Suche nach einer besseren Welt. Der permanente Wandel ist das Natürlichste der Welt. Das Leben macht ständig neue Erfindungen. Popper grenzt sich von dem Standpunkt des Darwinismus und des Determinismus ab, die Evolution sei eine Abfolge zufälliger Mutationen und natürlicher Auslese, nichts anderes als ein gegenseitiger Kampf und eine blinde Bekämpfung der Natur. So großartige Lösungen wie beispielsweise die Fotosynthese können für Popper nicht das Resultat des Zufalls sein. Die Urzelle lebt immer noch. Über Zellteilung hat sie sich in allem, was seither entstanden ist, erhalten.

Das unbedingte Streben nach Leben, nach der Fortsetzung des Lebens, nach Verschönerung des Lebens ist eine Urkraft, die in jedem Lebewesen steckt. Popper sieht den Selektionsdruck nicht durch eine lebensfeindliche Umgebung, durch ein Naturgesetz des Fressens und Gefressenwerdens ausgelöst, sondern von innen motiviert durch eine Suche nach einer besseren Umgebung, nach günstigeren ökologischen Nischen.

Das Abenteuer des Lebens
Die Organismen sind aktiv und machen die Umwelt lebensfreundlicher. Das Gen hat sich einen Mantel aus Proteinen gesucht. Der Mensch erfindet Kleidung, um nicht zu frieren und um sich zu schützen. Das Leben ist Problemlösen. Und Wandel ist das Ergebnis einer unendlichen Kette von Problemlösungsversuchen. Diese Einsicht verlangt nach einer Selbstbeobachtung, die darauf achtet, wie ausgeprägt diese Grunddynamik des Suchens und Forschens im eigenen Leben ist – man könnte auch sagen, wie lebendig man ist. Stellt man dabei fest, dass man im Stillstand verharrt, ergeben sich zwei Lesarten. Zum einen: Möglicherweise hat man seine ökologische Nische gefunden, so wie das Fossil, das sich über mehrere Millionen Jahre nicht verändern musste, weil es für sich eine optimale Umgebung gefunden hat. Zum Zweiten: Es fehlen die Probleme. So seltsam es klingt, aber ein Mangel an Problemen bewirkt Stagnation. Menschen und Organisationen benötigen herausfordernde Aufgaben, an denen sie wachsen können. Wer Kinder aufzieht, wächst mit den ständig neuen Phasen, in die ein Kind hineinkommt. Wickeln, Kinderkrankheiten, Schule, Pubertät, Berufswahl, fortwährend kommen neue Themen, neue Komplexitäten hinzu, die Eltern etwas abverlangen, die-

se ratlos machen und dazu zwingen, sich zu informieren, sich auszutauschen und dazuzulernen.

Das Leben an sich ist ein erkenntnissuchender Vorgang. Leben ist Lernen. Probleme und Unruhe sind der Treiber des Lebens. Ein Leben ohne ein gewisses Maß an Aufgewühltsein, an Suche, Entdecken, Lernen ist nur ein Teilleben. Leben zeigt sich im Drauflosgehen, im Willen zur Lösungsfindung und in der Bejahung der Veränderung. Das geht nicht risikolos. Das Leben ist ein Abenteuer. Wer eine Familie gründet, geht ein Wagnis ein. Keiner weiß, was kommt, ob die Kinder gesund sind und ob man den finanziellen Anforderungen gewachsen sein wird. Allein eine Partnerschaft einzugehen, ist ein Abenteuer. Jeder ist verschieden, Gewohnheiten und Werte sind nie absolut deckungsgleich. Die Konflikte sind also vorgezeichnet und dennoch finden sich Paare zusammen und setzen Kinder in die Welt. Ohne dieses Abenteuer würde die Menschheit buchstäblich aussterben.

Blickt man auf die großen Themen unserer Zeit, dann ist das genauso. Die Medizin ist eine Errungenschaft des aufgeklärten Zeitalters und der Wissenschaft. Die Sterblichkeit ist durch die moderne Medizin massiv zurückgegangen, was den Anstieg der Weltbevölkerung mitbewirkt hat. So entsteht aus der Lösung des einen Problems ein neues. Oder nimmt man den Individualverkehr als Errungenschaft von entwickelten Gesellschaften. Heute führen Staus und Abgase zu Einbußen der Lebensqualität und zu neuen Problemstellungen. Aus dem Traum des Autofahrens ist zuweilen ein Albtraum geworden. Nach über hundert Jahren stellt sich vieles anders dar und es bedarf neuer Lösungen, neuer Technologien und neuer Lebensweisen.

Das Offenheitsprinzip

Das Niveau der Evolution kann auch zurückgedreht werden. In Staaten wie dem Iran, dem Irak oder Syrien ist dies gut zu beobachten. Einst reiche und hoch entwickelte Länder sind in zivilisatorische Vorformen zurückgefal-

Das Leben als ein Abenteuer aufzufassen, als ein kleines wenigstens, vermittelt einen neuen, einen neugierigen Blick auf das Unvorhergesehene und Überraschende.

len. Auch eine über lange Zeit bestehende freiheitliche Demokratie ist kein Selbstläufer, sondern muss mit neuen Situationen zurechtkommen und von jeder Generation neu begriffen und gelebt werden. Einen Idealzustand kann es nicht geben, deshalb muss eine Gesellschaft offen und wandelbar bleiben. Wer auf ein Ideal fixiert ist, steht in der Gefahr, etwas festhalten zu wollen, das Leben zementieren und aufhalten zu wollen.

Große Pläne sind wenig nützlich, weil niemand die Zukunft kennt und das Leben viel zu komplex ist, um langfristig entworfen werden zu können. Popper hält große politische Entwürfe für gefährlich. Vor dem Hintergrund der Ideologien des zwanzigsten Jahrhunderts schreibt er: »Der Versuch, den Himmel auf Erden einzurichten, produziert stets die Hölle.« Was bleibt, ist die kleinschrittige Arbeit an greifbaren und naheliegenden Aufgaben. In der Kommunalpolitik etwa erscheint die Vision einer autofreien Stadt zu weit weg und wenig realistisch. Dagegen könnte das Ziel definiert werden, dem Konflikt zwischen den Verkehrsteilnehmern, also zwischen Fußgängern, Radfahrern, Rollerfahrern und Autofahrern, entgegenzutreten. Man könnte damit in einem oder zwei Straßenzügen beginnen. Befürworter und Skeptiker würden Erfahrungen sammeln und auf dieser Basis über das Konzept sprechen. Hier setzt Popper mit seinem Konzept der Offenheit an. Veränderungen kratzen am Sicherheitsbedürfnis. Deshalb ist es wichtig, in Gruppen und Gesprächen mit offenen Karten zu spielen, die Fakten auf den Tisch zu legen und rational vorzugehen. Überhitzung gefährdet eine vernünftige Auseinandersetzung und führt zu Rückzug. Dieses Offenheitsprinzip kann auf alle Lebenslagen angewendet werden.

Politische Gremien befinden sich permanent auf einer Gratwanderung zwischen einer Verhärtung der Fronten und einer Öffnung und Annäherung. Bei harten Fronten ändert sich nichts. Jeder verharrt auf seiner Position und in der Sache bleibt es beim Alten. Sobald die Parteien aufeinander zugehen, eröffnen sich dagegen Handlungsalternativen – und sei es ein Minimalkonsens.

Das Geheimnis eines vitalen Zusammenlebens ist es, sich gegenseitig einzubeziehen und Raum zu geben. Wenn nur immer einer recht bekommt, dann geht dies verloren. Unbekanntes, Ungewisses und Unsicheres lässt sich überwinden, wenn Beharrung und Verteidigungsmanöver minimiert werden. Die permanente Lösungssuche ist für Popper der Schrittmacher des Lebens. Die Menschen müssen dazu miteinander reden. Und selbst wenn sie sich streiten, kann daraus ein Erkenntnisgewinn gezogen werden, wenn nur wieder zu einem sachlichen Dialog zurückgefunden wird.

Evolutionäre Linien

Zunächst: Veränderung und Wandel – sind das Synonyme oder gibt es einen Unterschied? Beides ist zutreffend. Die Begriffe werden teilweise gleich verwendet. Hat sich das Leseverhalten geändert oder hat es sich gewandelt? Da ist kein großer Unterschied. Andererseits: Das Wetter ändert sich von heute auf morgen, jedoch wandelt sich das Klima über Jahrzehnte. Hier zeigt sich die Singularität und Kurzfristigkeit von Veränderung im Gegensatz zu einem grundsätzlichen und zeitlich länger gezogenen Wandel. In einem Unternehmen können eine Reihe von Veränderungsmaßnahmen angestoßen worden sein, ob damit ein Kulturwandel erreicht ist, ist nicht gewiss. Einzelne Ansichten ändern sich, aber bei tiefergehenden Entwicklungen und größeren Bewegungen ist von Wertewandel die Rede. Nach Popper entsteht der Wandel tatsächlich aus lauter kleinen Veränderungen. Die Evolution ist ein langsamer und schrittweiser Vorgang. Betrachtet man größere Zeiträume, lassen sich evolutionäre Linien erkennen. Ein Zugang dazu kann über die Megatrends erfolgen.

Matthias Horx zählt die Eigenschaften eines Megatrends auf. Ganz oben steht die Langfristigkeit. Ein echter Megatrend erstreckt sich über mehrere Jahrzehnte und hat tiefe historische Wurzeln. Megatrends strahlen auf unterschiedliche Branchen und Lebensbereiche aus und beeinflussen Werte und innere Orientierungen. Sie sind global spürbar. Ein entscheidendes Kriterium ist die Robustheit. Selbst Krisen können nicht daran rütteln. Megatrends verlaufen langsam, aber stetig. Horx gibt eine Standardgeschwindigkeit von einem Prozent pro Jahr an. Die Erwerbsbeteiligung von Frauen beispielsweise, ihr Einkommen und ihr Anteil an Managementpositionen steigen im Jahr rund um ein Prozent. Bildung ist aus demselben Grund ein Megatrend. Die Anzahl der höheren Bildungsabschlüsse steigt weltweit pro Jahr um ein Prozent. Machten Mitte der Sechzigerjahre in Deutschland circa dreizehn Prozent Abitur, sind es heute über vierzig Prozent. Oder der Wandel der Arbeit: Die Anzahl der Wissensarbeiter wie Forscher, Designer, Berater und Entwickler in den Industrienationen steigt circa um ein Prozent im Jahr.

Auch fundamentale neue Technologien haben eine lange Anlaufzeit. Die Pioniere werden noch belächelt, dann dauert es Jahrzehnte, bis sich das Gros der Bevölkerung anschließt. Das war beim Auto so und auch beim Computer. Schon im Jahre 1941 baute Konrad Zuse den ersten funktionsfähigen Computer. Je stärker ein Megatrend wirkt, umso stärker baut sich dazu ein Gegentrend auf. Die Globalisierung löst ein Suchen nach Heimat und lokalen Bezügen aus. Während internationale Handelsströme zunehmen, sind in einigen Ländern Abschottungs- und Isolierungstendenzen zu verzeichnen. Der Gegentrend baut den Megatrend aber nicht zurück, sondern führt zu einzelnen Korrekturen. Zwar kehren in vereinzelten Milieus Frauen in alte Rollenmuster zurück. Der Megatrend aufbrechender Geschlechtsstereotype bleibt jedoch bestehen und führt über die Jahre zu einem neuen Arrangement von Frauen und Männern hinsichtlich Beruflichkeit und Kindererziehung. Ein Zurück zu einem traditionellen Verständnis der Geschlechterrollen wird es nicht geben.

Heimisch werden im Wandel

Die Megatrends zeigen, dass der Wandel kein Monster ist, unberechenbar und gefährlich. Es ist nicht alles Zufall und stürzt auf die Menschen ein. Eher im Gegenteil: Der Wandel ist bis zu einem bestimmten Grad beobachtbar, einschätzbar und fassbar. Was gerade noch so schnell erschien, wirkt auf einmal gemächlich. Die evolutionären Linien begleiten einen durchs Leben wie ein Fixstern, an dem man sich orientieren kann. Man kann richtiggehend heimisch werden darin. Nimmt man zum Beispiel die Individualisierung. Beinahe alles dreht sich darum. Lebenspartner gestalten ihre Beziehung nach eigenen Vorstellungen, jeder richtet seine Wohnung nach dem eigenen Geschmack ein.

Anhand des Megatrends der Individualisierung kann gut gezeigt werden, welche Dynamik im Wandel steckt. Die Freiheit des Individuums ist eine große Errungenschaft, birgt aber auch Schattenseiten in sich. Der Schweizer Soziologe Peter Gross stellt mit seiner These von der »Multioptionsgesellschaft« die trügerische Seite der individuellen Freiheit heraus. Durch die Entpflichtung von überlieferten Normen und Gewohnheiten entstehen Optionen, ein ganzer Blumenstrauß an Wahlmöglichkeiten. Jeder kann seinen Beruf selbst wählen, seinen Lebenspartner, seinen Lebensort, seine Hobbys und, sofern er es sich leisten kann, alle möglichen Konsumgüter. Die unendliche Auswahl schafft aber auch Orientierungsschwierigkeiten und Versagensängste. Wer allein entscheiden kann, gewinnt oder verliert auch allein. Der Druck wird durch eine wachsende Palette an Möglichkeiten verstärkt. Der Megatrend der Individualisierung zeigt, wie sich einerseits ein fundamentaler Gegenentwurf zur traditionellen Familiensippe breitmacht und wie andererseits bei der jungen Generation ein neues Bewusstsein für Familie entsteht. Es ist heute keine Ausnahme, dass junge Familien die Nähe ihres Elternhauses suchen und ein Modell der gegenseitigen Unterstützung leben.

Am Beispiel der Globalisierung zeigt sich, dass ein Megatrend sogar gelassen machen kann. Wie alle Megatrends ist auch dieser nicht vom Himmel gefallen, sondern evolutionär gewachsen. Aus lokalen und regionalen Ökonomien wurden nationale und übernationale. Eine weltweite Arbeitsteilung führt zu einer größeren Wertschöpfung und damit zu mehr Wohlstand. Noch nicht alle, aber immer mehr profitieren davon. Aus der Logik der Megatrends heraus betrachtet, können aufflammende Nationalismen und staatlicher Isolationismus als ein vorübergehendes Phänomen eingestuft werden. Die große Bewegung erzeugt Gegenbewegungen, die jedoch nur in Einzelaspekten Einfluss nehmen, weil sie anachronistisch sind und nicht zu besseren Lösungen führen, sondern ins Leere laufen.

Der Wandel ist als eine Suche nach einer besseren Welt zu lesen. Alles Lebendige strebt danach, das Beste aus sich zu machen. Dieses innere Gesetz des Lebens treibt die Geschichte an, wälzt um und erneuert. Veränderungen wirken oft verwirrend. Blickt man dahinter, zeigt sich der Drang und die Suche nach etwas Wertigem und Höherwertigem.

2.3 Wandel ist wie Wandern

Der Wandel vollzieht sich als eine kontinuierliche und schrittweise Bewegung. Aus Naturfilmen kennt man Zeitrafferaufnahmen vom Wachstum einer Pflanze. Ein Trieb stößt aus dem Boden und bildet Stängel, Blätter und Blüten aus. In Echtzeit ist diese Bewegung nicht wahrnehmbar und doch entsteht auf diese Weise die gesamte Flora. Jedes organische Wachstum gleicht diesem Ausprägungs- und Wandlungsprozess. Auch handwerkliches oder industrielles Arbeiten erfolgt in gleichmäßigen Handlungsschritten. Überhastetes und hektisches Vorgehen geht auf Kosten der Sorgfalt und erhöht die Fehlerwahrscheinlichkeit. Denkvorgänge, kreative Prozesse und jegliche Art von Konzeptarbeit entfalten sich in der Gestalt eines ruhigen und gleichmäßigen Voranschreitens. Bei mir taucht mit dieser Betrachtung das Bild des Wanderns auf. Aus der gleichmäßigen Bewegung des Wanderns können erstaunliche Rückschlüsse zum Wandel gezogen werden.

Es ist kaum zu glauben, welche Strecken und Höhenmeter der Mensch mit einer Schrittlänge von unter einem Meter zurücklegen kann. Ein Schlüsselerlebnis hatte ich bei einer Rundwanderung im Piemont. Wir hatten uns als Wandergruppe für einen Teilabschnitt der Tour einen lokalen Bergführer engagiert. Es hat sich ergeben, dass ich direkt hinter dem Bergführer hergegangen bin. Nach meinem Empfinden war er sehr langsam unterwegs, mit einem zäh aussehenden Schritt. Zuerst hat mich das gestört. Da mir nichts anderes übrig blieb, habe ich mich auf seinen Rhythmus eingelassen. Aus Langeweile oder Experimentierlust habe ich angefangen, seinen Bewegungsablauf nachzuahmen. Er setzte betont den ganzen Fuß auf den Boden, rollte von weit hinten über die Ferse bis zur Fußspitze ab und nahm langsam den ganzen Körper in diese Bewegung mit. Die Hüften glitten weit mit nach vorne, sodass es etwas von einem Schlendern hatte. Die Geschwindigkeit blieb konstant, ungeachtet eines steileren oder flacheren Abschnitts, selbst bei höheren Stufen.

Ich weiß nicht, wie, aber es stellte sich bei mir nach und nach ein Wohlbehagen ein, fast so, als wollte ich nie wieder anhalten. Über den engen Kontakt der Sohlen zum Boden stieg eine Wärme vom Fuß über das Schienbein nach oben. Gehen, atmen, hören, riechen, alles war in einem Gleichklang. Ich glaube, dies war meine erste richtige Meditationserfahrung. Dabei haben wir richtig Strecke gemacht. Der rollende Gang funktioniert wie ein Uhrwerk, wie ein großes Rad, das stetig vorwärtstreibt und den Untergrund wie ein Laufband nach hinten schiebt. Seit dieser Zeit praktiziere ich diesen Stil. Ich konzentriere mich auf die ganzflächige Bodenberührung und nehme Außengeräusche wie den Vogelgesang oder den Wind wahr. Mit dieser Anleitung gelangt man in das Gefühl des Aufwärtsrollens und Meditierens. Das Gipfelerlebnis ist die Sensation, aber das eigentliche Erlebnis, der Flow, ist das Gehen selbst.

Gehen und Laufen sind kein moderner Spleen, sondern Teil des Menschseins. Der Mensch kann größere Strecken zurücklegen als jedes andere Säugetier. Noch heute leben Stämme in Afrika, die mehrere Tage lang zu Fuß Antilopen jagen. Sie laufen so lange den Antilopen hinterher, bis diese tot umfallen. Kein Pferd kann die Strecke eines trainierten Langstreckenläufers erreichen. Die archaische Erfahrung des Gehens oder Laufens im Freien bringt den Menschen zurück zu seiner ursprünglichen Konstitution. In dieser Verfassung kann ein Thema wortwörtlich von vorne angegangen werden.

In jedes meiner Trainings baue ich deshalb einen oder mehrere Spaziergänge ein. Die Teilnehmer unterhalten sich oder genießen die Bewegung in der frischen Luft. Zweiergespräche im Gehen haben eine besondere Qualität. Schulter an Schulter sind sich die Gesprächspartner recht nahe. Der Blick geht nach vorne, sodass der Blickkontakt nicht organisiert zu werden braucht. Eindrücke der Umgebung, der Verlauf des Weges, die Harmlosigkeit des Spazierens verleihen der Situation eine Unbeschwertheit. Die Gesprächsthemen können oberflächlich oder tiefgründig sein. Es besteht kein Zwang, etwas festzuhalten, das Gespräch kann fließen. Eine Frage oder eine Anmerkung bleibt nicht im Raum stehen, weil man sich ja in gar keinem Raum befindet. Entweder wird etwas aufgegriffen oder es verfliegt so wie der Vogel, der gerade vorbeifliegt. Fast immer ist es inspirierend. Ein Spaziergang oder eine Joggingrunde erzeugen bei mir manchmal so viele Ideen, dass ich mich danach hinsetze und eine Liste erstelle, damit ich es behalte.

Losgehen

Das Bild des Wanderns vermittelt ein menschliches Maß für Veränderungen. Die gleichmäßige Bewegung hat etwas Natürliches und Lustvolles. Dagegen führt ein zu hohes Tempo zu Ermattung. Unerfahrene Bergwanderer machen oft den Fehler, zu schnell zu beginnen. Am Ende geht ihnen dann die Kraft aus. Übersetzt könnte man sagen, tut eine gewisse Menge an Veränderungen gut und ist gesund, weil sie in Bewegung hält und einen fordert. Wenn es zu viel wird, brechen Konzentration und Körperspannung ab. Bei kontinuierlichem Training steigert sich die Kondition. Wer im Leben steht und Dinge anschiebt, ist andauernd mit neuen Situationen konfrontiert und übt sich im Abgleich mit der Umgebung. Beim Berggehen kommt es vor, dass der Kreislauf beim Losgehen noch nicht auf der Höhe ist, es ist kühl oder schwül und irgendwo zwickt es oder drückt es. Das Losgehen kann unbehaglich sein. Diese Reaktion kennt man auch aus anderen Lebensbereichen. Schüler haben ein mulmiges Gefühl, wenn nach den großen Ferien das neue Schuljahr beginnt. Man muss sich erst wieder vertraut machen. In der Arbeit wird ein neues Projekt gestartet, es kommt ein neuer Chef, ein international besetztes Meeting steht an.

Die Wandererfahrung kann dazu anregen, nicht stehen zu bleiben, sondern in die Situation hineinzugehen. Bei der Wanderung löst sich ein anfängliches Unwohlsein nach und nach auf. Ein Rhythmus stellt sich ein, der Körper hat sich aufgewärmt, die Atmung angepasst, der Rucksack angeschmiegt. Sich aufzumachen hat zwei Bedeutungen: Es heißt starten, aber auch aufmachen im Sinne von sich öffnen. Das Kind, das angespannt war vor dem ersten Schultag, kommt fröhlich nach Hause, ist stolz und freut sich auf die Schule.

Mit vielem verhält es sich wie mit dem Scheinriesen Herr Tur Tur im Kinderbuch »Jim Knopf und Lukas der Lokomotivführer« von Michael Ende. Als Jim und Lukas sich in der Wüste verirren, erscheint am Horizont eine riesige Gestalt. Beim Näherkommen verkleinert sich der Riese zu einem normalen Menschen. Wie sich herausstellt, ist Herr Tur Tur ein sympathischer und interessanter Typ. Im Arbeitsalltag ist der Scheinriese die schwierige Besprechung, der komplizierte Kunde oder das kritische Gespräch mit dem Vorgesetzten. Zumeist löst sich die Anspannung bald auf und es läuft viel besser als befürchtet. Die Schwellenangst baut sich ab und die Arbeit kommt in Fluss.

Nur wenige Menschen stürzen sich gerne ins Abenteuer. Um sich auf Veränderung einlassen zu können, braucht es dann oft einen Anstoß von außen, eine Brücke, in jedem Fall aber Rückendeckung. Oft kommt man beim Mitmachen auf den Geschmack. »Ich hätte nicht gedacht, wie großartig das ist«, hört man dann Leute sprechen, die an etwas für sie Ungewöhnlichem teilgenommen haben. Ein wichtiger Teil des Elternseins ist es, Kinder zu ermutigen. Wenn es an der Wunschuni mit dem Studienplatz nichts geworden ist, dann geht die Welt nicht unter. Hilfreich sind auch die Geschichten von erfolgreichen Menschen. Es gibt kaum eine Karriere ohne Brüche. Spitzensportler berichten von schweren Verletzungen und Rückschlägen, Musiker, Schriftsteller und Schauspieler von Ablehnung und wiederholten Versuchen, so lange, bis es etwas wird. Durchhaltevermögen und Zähigkeit zählen mindestens so viel wie Talent.

Hindernisse als Hilfen

Beim Wandern geht man auf etwas zu. Hinter dem Wiesenstück sieht man schon den Wald, den man gleich betreten wird. Schritt für Schritt kommt der Wald näher und das, was eben noch Zukunft war, ist gleich Gegenwart. Wenn man so will, kommt die Zukunft auf einen zu. Beim Blick aus dem fahrenden Zug stellt sich die gleiche Empfindung ein. Das Dorf und die Landschaft kommen auf einen zu, sind noch vor einem, dann auf gleicher Höhe und sogleich dahinter. Diese Bilder veranschaulichen die Lebensbewegung. Man läuft der Zukunft nicht hinterher, sondern etwas kommt auf einen zu. Den Tag am Morgen zu begrüßen, ist also gar nicht so verkehrt. Ganz nach dem Motto: »Was hast du dir heute für mich ausgedacht?« Sehr wahrscheinlich hat sich niemand etwas ausgedacht, aber es wird etwas passieren, mit dem ich konfrontiert werde, mit dem ich mich auseinanderzusetzen habe. Nicht jeden Tag geschehen neue Sachen, vieles wiederholt sich. In der Familie und im Büro trifft man dieselben Leute, man kauft beim selben Bäcker ein und so weiter. Jeder hat auch einen bestimmten Plan für die Woche, für das Jahr. Und doch kommt es oft anders.

Von dem Psychotherapeuten Wilfried Nelles stammt die Aussage »Das Leben hat keinen Rückwärtsgang«. Für Nelles ist das Leben eine fortwährende Wandlung und ein fortwährendes Wachstum. Nach dieser Ansicht schleift und bearbeitet das Leben den Einzelnen und bringt ihm das entgegen, womit er sich weiterentwickeln kann. Man begegnet einem Menschen und weiß plötzlich, dass man mit diesem zusammenbleiben möchte. Computergesteuerte Matchmaking-Dienste, wie sie etwa in Japan bei der Partnerfindung Verwendung finden, wirken absonderlich. Begegnungen passieren ebenso wie ein einzelner Satz, den man hört oder liest, der einem nicht mehr aus dem Kopf geht und an Bedeutung gewinnt, obwohl man täglich unzählige Sätze hört. Oder es geschieht ein Unfall. Der ehemalige Spitzensportler Boris Grundl ist nach einem Klippensprung querschnittsgelähmt. Der heutige Managementtrainer kommt zu einem unglaublichen Schluss: Er würde wieder springen. Man kann es kaum fassen. Wie kann es sein, dass ein geistig intakter Mensch einer starken Behinderung der Unversehrtheit den Vorzug gibt? Grundl begründet es mit einer Persönlichkeitsentwicklung und einer Erkenntnistiefe, die ihm ohne diese Erfahrung verwehrt geblieben wäre. Sein jetziges Leben sei wesentlich intensiver und erfüllender als sein Leben vor dem Unfall.

Die Vorstellung, das Leben auf sich zukommen zu lassen, kann etwas Befremdliches haben. Erfolgreiche Menschen halten sich für ihres Glückes Schmied. Sie sind davon überzeugt, ihren Weg gezielt geplant und verfolgt zu haben. Wenn ich meine eigene Laufbahn betrachte, finde ich viele Türöffner, für die ich persönlich nicht viel kann. Sie waren da wie ein Engel und haben mir geholfen. Durch die geöffnete Tür zu gehen und aus einer Chance etwas zu machen, ist etwas anderes. Dann ist man gefordert und muss das Seine dazutun.

Zu diesem Zusammenhang von Lebensherausforderung und persönlicher Weiterentwicklung ist mir bei einer Bildmeditation ein Licht aufgegangen. Der Seminarleiter hat jedem Teilnehmer eine Karte mit einer eigenartigen Figur darauf in die Hand gedrückt. Dazu hat er die Geschichte von einem Mönch

*An Schwierigkeiten,
Bedrängnissen und
Umwälzungen wächst
der Mensch.
An was denn sonst?*

erzählt, der im elften Jahrhundert als Schreiber die Aufgabe hatte, die Initiale eines Bibeltextes hervorzuheben. Diese Initiale war ausgerechnet ein »I«, also der schmuckloseste Buchstabe, den es gibt. Alle anderen Buchstaben geben etwas vor. Das »A« ist schon ein Gebilde an sich, das »B« mit den beiden Rundungen gibt auch etwas her. Selbst das »T« und das »L« füllen den Raum besser als das »I«. Also musste sich der Initialienmaler etwas einfallen lassen. Das entstandene Bild gehört der Reichenauer Malschule an und ging als »Der Kletterer im I« in die Kunstgeschichte ein. Wie ist das Bild aufgebaut? An einer goldenen, verschnörkelten Säule, dem »I«, befindet sich in der Mitte ein Kletterer mit einem orangefarbenen Überwurf. Er sieht aus wie ein Prinz aus dem Märchenbuch. Sein eingeschüchterter Blick zeigt nach oben. Offenbar kommt er nicht weiter, denn direkt über seinem Kopf ragt ein Vorsprung wie ein nach unten gebogener Haken heraus, ein nicht leicht zu überwindendes Hindernis. Betrachtet man das Bild als Ganzes, ist eine regelmäßige Anordnung von Schnörkeln in der Art dieses Vorsprungs zu erkennen. Jetzt fällt auch auf, dass der Kletterer auf einem solchen steht, und zwar höhenversetzt mit jedem Fuß auf einem anderen. Auf Hüfthohe leistet das gleiche Gebilde Widerstand. Was also soll das?

Der Aha-Effekt, den das Bild erzeugt, ergibt sich, da das Hindernis zugleich Steighilfe ist. Das, was zuerst behindert oder sogar gefährdet, wird bei der Überwindung desselben zur Unterstützung und gibt Halt. Der Kletterer symbolisiert das Prinzip des Lebens. Die Herausforderungen scheinen unüberwindlich. Zugleich sind sie die Treppe nach oben. Ebenso erging es dem Künstler selbst. Das langweilige »I« hat seine Kreativität herausgefordert, und es ist etwas Außergewöhnliches entstanden.

Wer sich auf den Weg macht, dem kann zwar etwas zustoßen, aber es kann ihm nichts passieren. Es kann ein Unfall dazwischenkommen, ein Gewitter niedergehen oder eine Krise eintreten. Doch wer weitermacht und die Bewegung aufrechterhält, der kommt immer wieder auf die Beine. Meist geht er gestärkt aus einer schwierigen Phase hervor. Wenn ich eine Bergtour betrachte, dann sind die schwierigen Passagen das Salz in der Suppe. »Dieser Regeneinbruch«, erzählen die Wanderfreunde in der Hütte aufgeregt, »so etwas habe ich noch nie erlebt. Wahnsinn, wie meine Regenjacke gehalten hat.« Natürlich bevorzugen alle die Sonne, einen schönen Weg und gute Stimmung. Aber wer ein echter Outdoor-Freak sein will, der muss alles Mögliche erlebt haben. Wenn der Wandel wie eine Wanderung begriffen wird, dann heißt es einfach weitergehen, annehmen, mitnehmen, etwas daraus machen, es als natürlichen Bestandteil der Bewegung begreifen. Die Umstände sind ein Bestandteil der Tour.

Mit den nicht berechenbaren Einflüssen klarzukommen und diese zu integrieren, ist der Reiz und elementarer Bestandteil jeder Sportart, aber auch des Lebens an sich. Zwänge sind unangenehm, haben aber Schubkraft, weil es keine Wahl gibt. Manchmal sind sie die einzige Möglichkeit, damit sich überhaupt etwas tut. Da der Kollege für längere Zeit ausgefallen ist, musste sich eine Mitarbeiterin in betriebswirtschaftliche Themen einarbeiten. Bis dahin hätte sie es sich nicht zugetraut, den Monatsabschluss durchzuführen. Nun hat sie Gefallen am Rechnen gefunden. Sich zu überwinden und von sich aus aktiv zu werden, ist nicht jedermanns Sache. Menschen können jedoch über sich hinauswachsen, wenn etwas sein muss. Der erste Klettersteig erzeugt noch Herzklopfen. Später gilt ein Rundkurs ohne Klettersteig als langweilig.

2.4 Sich auf Veränderungen einstellen

Für den, der sich ins Leben stürzt, der dem Leben traut, ist der Wandel kein Fremdkörper und keine Belastung, sondern das Leben und der Wandel sind identisch. Sich auf diese Spontaneität einzulassen, heißt aber nicht, sich nicht darauf vorbereiten zu können. Die Vorbereitung ist weniger ein minutiöser Plan als ein Sicheinstellen auf mögliche Ereignisse und auf Unerwartetes. Wer beispielsweise einen Hausbau plant, kann Kosten und Bauzeiten berechnen. Er und sie können sich aber gleich schon darauf einstellen, dass manches nicht nach Plan verlaufen wird und dass auch emotionale Grenzsituationen auftreten werden. Wie kann man aber grundsätzlich an eine Vorbereitung auf die Veränderungsdynamik der heutigen Zeit herangehen? Was kann man sich zurechtlegen, um davon nicht gestresst zu sein und davon nicht überrannt zu werden? Wie kann man sich für den Wandel präparieren?

Die Anpassung an gewandelte äußere Umstände wird in einer Zeit der schnellen Veränderungen zu einer Überlebensfrage. Die Adaptionsfähigkeit hat schon Einzug in die Arbeitspsychologie genommen. Mit dem AQ, dem Adaptilitätsquotienten, werden Bewerber danach bewertet, wie gut sie mit unbekannten Herausforderungen oder Krisen umgehen können und wie innovativ sie denken und handeln. Die Risikoinvestorin Natalie Fratto schaut bei der Auswahl von aussichtsreichen Start-ups besonders auf die Anpassungsfähigkeit. Sie fragt: »Was wäre, wenn?« Was wäre, wenn eine Hitzewelle oder eine Epidemie eintreten würde? Was wäre, wenn ein Mitbewerber mit einer ähnlichen Idee auftauchen würde?

Jeder kann sich die Was-wäre-wenn-Frage für das eigene Leben stellen. Was wäre, wenn der Lebenspartner ein Jobangebot im Ausland erhielte? Was wäre bei einer längeren Krankheit eines Familienmitglieds oder von einem selbst? Für Fratto sind die Menge und die Qualität der Antworten ein Indiz für Anpassungsfähigkeit. Sie testet auch die Fähigkeit des Verlernens. Inwiefern sind Unternehmensgründer in der Lage, überkommenes Wissen zu verwerfen und neue Modelle zu entwickeln? Auch dazu kann man sich selbst analysieren. Ein Unternehmensberater könnte sich heute fragen, welche seiner Erklärungsmodelle und Methoden in einer Zeit fehlender Langzeitperspektiven nichts mehr taugen. Eltern können die Relevanz der Lebensmodelle hinterfragen, die sie sich für ihre Kinder zurechtgelegt haben. Damit würden sie besser loslassen können, wenn die Kinder ihre eigenen Wege gehen.

Anpassungsfähigkeit ist die Balance aus Risikoeindämmung und Mut. Ein übertriebenes Absicherungsdenken macht nicht anpassungsfähiger. Man kann sich auch in etwas hineinsteigern und wird damit dem Leben nicht gerecht. Das zeigt sich bei den sogenannten Preppern. Be prepared, sei vorbereitet, heißt deren Devise. Besorgte Bürger mieten sich in den USA in Privatbunker, in ein Disaster Retreat ein oder lassen sich im eigenen Keller einen Schutzraum für den Fall eines Angriffs mit chemischen oder biologischen Waffen installieren. Das Survival Condo Project bietet fünfzehn Stockwerke unter der Erdoberfläche ein Gewächshaus mit Fischzucht. In der Nähe von Jena entstehen unterirdische vollmöblierte Wohneinheiten. Das Preppertum hat wenig mit Anpassungsfähigkeit zu tun. Es scheint sich dabei eher um die übergroße Sorge zu handeln, sich im Falle des Falles schwer damit zu tun, sich an seine Umgebung anpassen zu können.

Eine passende Strategie ist dagegen ein Denken in Optionen. Das geht mit einfachen Dingen los. Sollten die Freunde am Wochenende keine Zeit haben, dann gibt es einen Plan B und man besucht die Eltern. Wird das mit dem Gymnasium bei einem Kind nichts, dann stehen andere Wege mit vielen Vorteilen offen. Bahnt sich in der Abteilung ein missliebiger Führungswechsel an, dann wäre das möglicherweise ein guter Anlass, um eine berufliche Veränderung anzupacken. Wie die Coronazeit gezeigt hat, sind Krisen wie ein Trainingslager für Anpassungskompetenz. Der Urlaub an der Ostsee anstatt am Mittelmeer war besser als gedacht. Das Kurzarbeitergeld hat finanziell eingeschränkt, aber die gewonnene Zeit wurde als wertvoll empfunden. Die Online-Vorlesungen waren nicht der Hit, aber das Semester konnte trotzdem stattfinden. Die Coronakrise hat aufgerüttelt und allen vor Augen geführt, dass die Bäume nicht in den Himmel wachsen. Viele Jahre der Prosperität haben den Anschein erweckt, dass es mit den gleichen Mitteln und Wegen immer weiter nach oben geht. Die Krise hat diese Illusion wie einen Schleier weggerissen und die Augen für die Schlüsselkompetenz der Anpassung geöffnet. Die Möglichkeit von Unvorhergesehenem und rasanten Wechseln wird als real betrachtet.

An Anforderungen wachsen

Ein Anpassungsprozess verlangt einem viel ab, weil er mit Anspannung und Unsicherheit verbunden ist. Daueranspannung und Dauerbereitschaft würden aber den Menschen erschöpfen. Erstaunlicherweise können wir im Umgang mit unsicheren Situationen und Veränderungen einen bestimmten Grad an Routine entwickeln. Man spricht dann von Resilienz. Resilienz ist eine Art Immunsystem. Sie beschreibt die psychische Widerstandskraft und die Fähigkeit, schwierige Lebenssituationen unbeschadet zu überstehen. Stress in der Arbeit etwa kann durch ein gutes Kommunikations- und Beziehungsnetzwerk abgefedert werden. Während sich beruflich vieles ändert, bleiben die sozialen Bezüge stabil. Diese Nicht-Veränderung wird zur Stütze für die Anpassungsfähigkeit. Die passende Handlungsstrategie für den Umgang mit Wandel und Unsicherheit ist eine Kombination aus Anpassungsfähigkeit und Resilienz, aus Reaktionsschnelligkeit und Widerstandskraft.

Resilienz ist erlernbar. Bereits Kinder und Jugendliche üben sich mit unsicheren Situationen. Eltern sollten deshalb nicht mit allen Mitteln Belastungen von ihren Kindern fernhalten, sondern darauf vertrauen, dass diese selbst Bewältigungsstrategien entwickeln. Konflikte in der Jugendgruppe oder im Sportverein sind ideale Resilienzübungen. Auch Interventionen der Eltern bei schulischen Problemen sind meist kontraproduktiv. Das heißt nicht, seine Kinder nicht zu unterstützen oder sie im Stich zu lassen. Überbehütung jedenfalls stärkt das psychische Immunsystem nicht. Psychotherapeuten setzen auf die Abwehrkräfte ihrer Klienten. Nur über den Respekt vor deren Widerstands- und Selbstheilungskräften können diese zu eigenen Lösungen finden.

Noch einen Schritt weitergedacht, geht es nicht nur darum, die Abwehrkräfte zu stärken und eine Robustheit auszubilden, sondern die Veränderungsanforderungen als Stärkungsmittel zu nutzen. Der Finanzmathematiker und Essayist Nassim Taleb spricht von »Antifragilität«. Diese tritt dann ein, wenn Systeme und Menschen aus einer unvorhergesehenen Situation Nutzen ziehen. Extrem ausgedrückt: Etwas wird durch Zerstörung härter, so wie sich ein Diamant unter hohem Druck bildet. Taleb rät dazu, sich ganz bewusst in unsichere und unangenehme Situationen zu bringen, um daraus gestählt hervorzugehen. Dies könnte beispielsweise eine Präsentation vor einem hoch qualifizierten Publikum sein. Eine scharfe Kritik wäre die beste Abhärtung für zukünftige Auftritte.

Erfolgreiche Unternehmer und Künstler weisen fast ausnahmslos Phasen des Scheiterns nach. Taleb findet eine Bestätigung für seine Ansichten in der Natur. Ein Waldbrand erschafft einen außerordentlich fruchtbaren Boden, ein Fitnesstraining stärkt Knochen und Muskeln. Je höher die Belastung ist, umso besser ist das Resultat. Offenbar erhöhen Schwierigkeiten die Aufmerksamkeit. So kann ein Skandal um ein Buch den Verkauf fördern. Während unterforderte Schüler, Mitarbeiter oder Sportler in der Leistung nachlassen, steigt die Konzentration, sobald es um etwas geht.

3.
Loslassen lernen – eine neue wichtige Fähigkeit

Der Mensch ist ein unfertiges und offenes Wesen. Im Gegensatz zum Tier stehen ihm nur bedingt Instinkt und feste Verhaltensschemen zur Verfügung. Um überleben zu können, eignen sich Menschen nicht nur Fertigkeiten an, sondern verinnerlichen Werthaltungen und kulturelle Muster. Auf diese Weise ist es möglich, sich sicher in seiner Welt bewegen zu können. Als unfertiges Wesen braucht der Mensch etwas, woran er sich festhalten kann, er bleibt aber in einem positiven Sinne unfertig. Menschsein heißt, sich ein Leben lang weiterzuentwickeln und zu formen. Das bedeutet, beweglich zu bleiben, also Gewohnheiten und Überzeugungen immer wieder infrage zu stellen und sich davon zu lösen. Wenn sich junge Menschen von ihrer Herkunftsfamilie nicht lösen können, bleiben sie in ihrer Persönlichkeitsbildung beschränkt. Damit ist nicht gemeint, mit seiner Herkunft zu brechen, sondern eigene Anschauungen zu entwickeln und etwas Eigenes aufzubauen.

Der Reifungsprozess erschafft etwas Neues, indem das Alte integriert wird. Menschsein ist weniger ein Zustand als ein Werden, ein Lernen, eine Anpassung und Neugestaltung. Es gleicht einem Balanceakt, sich gleichzeitig sicher im Bekannten und Vertrauten fühlen zu können und sich loszulösen und loszulassen. Wer sich mit beiden Händen festhält, hat keine Hand frei, um etwas Neues anzufassen. Das Sicherheitsbedürfnis erzeugt aber nicht nur ein Festhalten, sondern zudem ein Anhäufen. Das Anhäufen kann sich auf Materielles und auf Immaterielles beziehen: Geld, Gegenstände, Gewohnheiten, Glaubenssätze. So entsteht ein Gewicht, das beschwert, einschränkt und die Lebensbewegung und die Veränderungsfähigkeit beeinträchtigt.

3.1 Den Rucksack leeren

Es fällt nicht leicht, sich von Ballast zu lösen. Der Blick in die Speicher, Keller, Schränke und Regale von Wohnungen und Häusern zeigt: Wenn nicht vorsätzlich ausgeräumt wird, werden die Sachen mehr. Auch große Speicher und

Keller sind irgendwann angefüllt. Autos müssen draußen bleiben, weil die Garage mit Surfbrettern, Fahrrädern, Skiern bis unter die Decke zugestellt ist. In den Büros ist es genauso. Regale und Schubladen quellen über. Die Tür zum Materialraum geht nur noch bis zur Hälfte auf, weil sich Kisten mit Computersteckern, Bildschirmen und Versandschachteln breitgemacht haben. Die Wirtschaftspsychologin Heike Bruch rät zu einem alljährlichen Frühjahrsputz. Einmal im Jahr sollte alles Überflüssige aus den Büros entfernt werden. Damit ist nicht nur eine neue Ordnung und mehr Platz geschaffen, sondern auch der Kopf ist wieder frei für aktuelle und zukünftige Aufgaben. Anfüllen und Vollstellen scheint wie von allein zu gehen. Ideal ist ein Umzug oder Umbau oder zumindest ein neuer Anstrich. Dann muss alles raus, und mit dem Schwung des Neuen fällt die Trennung vom Alten leichter. Etwas auszusortieren ist für viele wie eine moralische Überwindung. Darf ich die Bücher und CDs entfernen, die mir einst so wichtig waren? Im entrümpelten Zimmer fühlen sich alle wohl. Es ist so hell und luftig. Die freien Ecken lassen den Raum größer erscheinen, und dem Regal trauert keiner nach. Jetzt ist deutlich zu erkennen, wie die Zimmerpflanze alles andere zurückgedrängt hatte, ja bei weiteren Wucherungen die Menschen schier verdrängt hätte.

Ausräumen, entrümpeln, leeren – das steht dafür, etwas hinter sich zu lassen und neu zu beginnen. Menschen tragen schwer, wenn sie sich von Altlasten nicht trennen können. In der Familientherapie werden psychische Gewichte symbolisch abgelegt. Mit der Rückgabe einer Bürde an die Eltern oder Großeltern entsteht Erleichterung und die Lebenskraft kann für echte Aufgaben eingesetzt werden.

Alte Socken, Hamsterrad und Angstpäckchen

In meinen Trainings verwende ich die Übung »Den Rucksack leeren«. Der Rucksack wird im Sprachgebrauch gerne als Bild für eine belastende Situation hergenommen. Sportler sprechen vom schweren Rucksack bei entscheidenden Wettbewerben. Die Beine fühlen sich bleiern an und Bewegungen, die im Training leichtfallen, sind wie verklemmt. Es dauert dann, bis sich die Nervosität legt und der Rucksack abgelegt ist. Bei Menschen, die sich Veränderungssituationen gegenübersehen, bekommt man manchmal den Eindruck, dass der Rucksack mit schweren Steinen gefüllt ist, so schlecht kommen sie vom Fleck. Im Laufe der Zeit ist der Rucksack immer voller geworden. Aber was hat sich da angesammelt und wie kann Gewicht entfernt werden? Die Übung geht so: Ich stelle einen Rucksack auf den Tisch und ziehe symbolische Gegenstände heraus. Meist beginne ich mit einem Paar Wollsocken. Beide Großmütter von mir haben Socken gestrickt. In der Verwandtschaft galten diese als unverwüstlich und für kalte Wintertage als unverzichtbar. Lange Zeit hatte ich diese auch zum Wandern hergenommen, obwohl sie gerieben haben und auch nicht gut getrocknet sind. Den Umstieg habe ich durch ein Weihnachtsgeschenk geschafft. Seither genieße ich die Vorzüge von Funktionssocken. Was aber heißt das?

In der Gruppe entsteht ein Gespräch über Gewohnheiten, Traditionen und selbst gestrickte Lösungen. Ein Teilnehmer erzählt die Geschichte selbst gebastelter IT-Lösungen in seinem Team. Als das Unternehmen einen IT-Standard einführen wollte, haben sich alle dagegengestemmt, er selbst genauso. Erst später sei ihm klar geworden, wie engstirnig er war. Menschen richten sich ein und entwickeln Lösungen, die aber auf einmal nicht mehr in die Umgebung passen. Aus Gewohnheit halten sie daran fest.

Veränderungen, könnte man sagen, sind ja schön und gut, aber ich komme gar nicht dazu. An Innovationen und Verbesserungen ist im täglichen Wahnsinn gar nicht zu denken. Alle fühlen sich wie in einem Hamsterrad. So ziehe ich ein Hamsterrad aus dem Rucksack. Führungskräfte kommen nach einem Besprechungsmarathon erst am Nachmittag an den Schreibtisch. Dort warten schon über fünfzig E-Mails, die sich seit dem Vortag angesammelt haben. Der Alltag läuft wie eine große Maschine und der Einzelne kommt sich darin vor wie ein Zahnrädchen. Schon Kinder und Jugendliche sind in einen dichten Wochenplan eingepfercht. Alle fühlen sich gejagt und haben den Eindruck, den Problemen hinterherzuhetzen. Die Abläufe werden immer schneller und die Informationen mehr. Wie aber dem Hamsterrad entkommen?

Effektiv ist die Summe kleiner Maßnahmen. Privat könnte man das Wochenende zum Beispiel einmal komplett freihalten. Ein probater Ansatz ist, seine sozialen Kontakte mehr mit Ritualen, also zeitlich fixierten Treffen zu planen. Das sichert ein regelmäßiges Zusammentreffen und minimiert den Organisationsaufwand. In der Arbeit können teamintern die E-Mails durch Kurzabsprachen reduziert werden. Wenn Regelbesprechungen zeitlich strikt begrenzt werden, werden auch die Ergebnisse besser, weil weniger zerredet wird. Die Vertiefung wichtiger Themen geschieht dann in gesonderten Konzepttreffen. Kommunikationsfreie Zeiten mit geschlossener Tür und stummem Handy ermöglichen ein konzentriertes Arbeiten. Und auch im Homeoffice heißt es, bewusst Pausen zu machen.

Das Hamsterrad wird mit einem hohen Maß an Fremdbestimmung gleichgesetzt. Doch kommt der Druck bei genauerer Betrachtung oft von einem selbst. In der Psychologie spricht man von inneren Antreibern wie »Sei perfekt« oder »Mache es allen recht«. In den Antreibern steckt Nützliches, sie belasten aber auch unnötig. In den wenigsten Fällen müssen ein Entwurf, ein Schriftstück oder eine Präsentation perfekt sein. Viel wichtiger als eine perfekte Präsentation ist es, flexibel zu bleiben und Feedback aufzunehmen. Selbst bei Chirurgen oder Piloten sind gute Nerven wichtiger als Perfektionismus. Auch der Antreiber »Mache es allen recht« entpuppt sich als kontraproduktiv. Im Qualitätsmanagement existiert dazu eine hilfreiche Definition: Qualität ist die Erfüllung der Kundenerwartung. Bei einem Dreisternehotel für siebzig oder achtzig Euro die Nacht hat der Kunde die Erwartung, freundlich behandelt zu werden, ein sauberes Zimmer mit einer guten Matratze vorzufinden und ein ordentliches Frühstück zu bekommen. Alles, was darüber liegt, wird weder erwartet noch bezahlt.

Diesen Maßstab könnte man auf alle Handlungen anlegen: Gut ist gut genug. Ganz davon abgesehen: Allen recht machen kann man es ohnehin nicht. Je mehr jeder sein eigener Manager wird – und danach sieht es aus –, umso wichtiger wird es, mit seinen Kräften zu haushalten und diese effizient einzusetzen. Hier heißt es, den Rucksack regelmäßig auszuleeren und den Antreibern im Hamsterrad den Schwung zu nehmen.

Die größte Last im Lebensrucksack ist das Angstpäckchen. Genau betrachtet ist die Angst ein Fantasiegebilde. Im Buddhismus heißt es: »Der Geist erzählt Geschichten.« Ziel der buddhistischen Meditation ist es, negative Gedanken ins Leere laufen zu lassen. Dahinter steht die Überzeugung, menschliches Unglück komme von der Anhaftung an Gedanken und eigene Vorstellungen. Man strebt eine bestimmte berufliche Position an, man hat ein Bild, wie die eigenen Kinder sein sollen. Jede Abweichung davon ist angstbesetzt, weil dann scheinbar das eigene Leben nicht gelingt. Die Bilder im Kopf sind hausgemacht. Wer sich davon lösen kann, verliert die Angst und die Verspannung.

Das Gehirn erschafft gedankliche Konstruktionen, die mit der Wirklichkeit oft wenig zu tun haben. Der Kopf ist ein Kontrollorgan und passt auf, dass nichts passiert. Der Ausdruck ist doppeldeutig. »Nichts passieren« bedeutet, dass nichts schiefgeht, es heißt aber auch, dass nichts geschieht und nichts vorangeht. Wie ein Dämon flüstert einem der Denkapparat Zweifel ein: »Du kannst scheitern, du kannst dein ganzes Geld verlieren, du wirst den neuen Anforderungen nicht gewachsen sein, die Welt wird schlechter, mit der Wirtschaft geht es bergab, deine Kinder werden es nicht schaffen, von dir wird keiner mehr etwas wissen wollen, das Neue ist unsicher, das Neue ist gefährlich, das Neue kann dein Untergang sein.« Kein Tier kann zweifeln. Kein Tier hat Angst vor der Zukunft. Erst mit dem Denken kommt der Zweifel und kommt die Zukunftsangst in die Welt. »Ich zweifle, also bin ich.« Mit diesem Ausspruch Descartes beginnt die Neuzeit und beginnt unsere spezielle Art, dem Leben gegenüberzustehen.

Nicht selten lösen Veränderungen Unsicherheit und Angst aus. Doch ist es möglich, die Angst zu entmachten. Man kann sich ihr kraftvoll entgegenstellen und sie abschmettern. Oder man lernt, wie man sie ins Leere laufen lässt. Beides geht, nach und nach.

Die Lösung besteht darin, dem Zweifel und der Angst keine Macht zu verleihen. Über das Denken meldet sich die Angst zu Wort. Aber über das Denken kann diese Stimme auch in Schach gehalten werden: »Sei still! Mich interessiert das nicht! Ich glaube dir nicht! Verschwinde!« Man kann die Angst attackieren, man kann sie niederreden und sie zurückdrängen. Mir fällt dazu eine Szene aus der Verfilmung von »Der Herr der Ringe« ein. Die Gruppe der Gefährten ist in den Zwergenhöhlen von Moria auf der Flucht vor einem Balrog, einem flammenden Ungeheuer mit einer langen und tückischen Feuerpeitsche. Als Anführer der Gruppe stellt sich der Zauberer Gandalf auf der Brücke Balrog entgegen. Gandalf überwindet seine Angst und bleibt unbeeindruckt stehen. Er streckt sein Schwert dem Feind entgegen und setzt zu einem lang gezogenen Schrei an: »Du kannst nicht vorbei!«

Die Szene ist eine Darbietung über die Vertreibung der Angst. Der Schriftsteller Tolkien hat diese Episode genau vorbereitet. Jede Figur ist nach einem bestimmten Psychogramm gezeichnet. Gandalf ist der Seher und Denker. Die ganze Zeit beschäftigt sich Gandalf mit den Gefahren der Mission und er weiß um die Ängste von Frodo, dem Ringträger. Nun ist Gandalf der Gefahr unmittelbar ausgesetzt und muss sich stellen. Er muss jetzt handeln. Während das Grübeln die Angst fördert, überwindet das Handeln die Angst.

Das Angstpäckchen verliert sein Gewicht, wenn man sich einer Angelegenheit und den Fakten stellt. Die Pläne der achtzehnjährigen Tochter, für ein Jahr ins Ausland zu gehen, erzeugen bei den Eltern Ängste. Doch noch ehe sich das Kopfkino alles Mögliche ausmalen kann, beginnt man sich anzunähern, Gespräche zu führen und ein Teil des Vorhabens zu werden. Die Angst weicht der Tat. Kleine Kinder beruhigen sich in ihrer Aufregung, sobald sie in den Arm genommen werden. Der Kontakt macht alles gut. Auch bei der Angst vor Veränderungen ist es das Beste, mit der Sache in Kontakt zu kommen. Zwei Abteilungen werden zusammengelegt, der Einkauf stellt auf eine neue EDV um, in der Produktion werden externe Berater eingesetzt. Große, schwere

Pakete könnte man füllen mit Bedenken, Befürchtungen und schlimmen Prophezeiungen. Außer nervlichen Problemen bringt das jedoch nicht viel. Es handelt sich um Ferndiagnosen. Deshalb gibt es nur eines: sich die Dinge anschauen, damit in Berührung kommen und mitmischen.

3.2 Mit Routinen spielen

Eingeübte Denkstrukturen, Routinen und Automatismen helfen bei der Alltagsbewältigung. Wie überlebenswichtig diese inneren Programme sind, merkt man, wenn man sich beispielsweise in einem anderen Kulturkreis befindet und die eigenen Verhaltensstrukturen nicht passen. Um nicht in Fettnäpfchen zu treten, erkundigt man sich zurecht im Voraus, wie man am besten reagiert, wenn man etwa in England oder Amerika zum Abendessen eingeladen wird. Handelt es sich, was leicht sein kann, um eine reine Höflichkeitsform, dann wäre es besser, erst einmal einen Vorwand zu finden und abzusagen. Schließlich hat der Einladende lediglich das Potenzial einer sich anbahnenden näheren Bekanntschaft ausgesprochen. Eine Zusage könnte barsch wirken. Zu Hause weiß man sofort, was richtig ist, weil man die Sitten kennt und die angemessenen Schritte verinnerlicht hat. Die zur Verfügung stehenden kulturellen Modelle sind deswegen immer beides: Hilfe und Hindernis.

Wenn sich die Welt ändert, kann es sein, dass Denk- und Verhaltensroutinen nicht mehr passen, ja, dass uns diese sogar behindern. Einmal bin ich mittags in einem McDonald's gelandet. Vom Tresen wurde ich zur Bestellung an ein Terminal verwiesen. Am Touchscreen habe ich mich vorgearbeitet, bin aber beim Bezahlmodus hängen geblieben. Hinter mir hat sich eine Schlange von Jugendlichen gebildet, die gleich noch schneller Kaugummi kauten, als sie mein Scheitern mitansehen mussten. Die Psychologie spricht von Schemen, wenn es um die Zuordnung von Informationen geht. Mein Bestellschema bezieht sich auf einen kurzen Dialog mit einem Kellner, also einem Menschen.

Die Bearbeitung eines Bestellautomaten stand mir als Schema nicht zur Verfügung.

Interpretationsmuster

Routinen sind eingeübte Reaktionsmuster. Am Tisch Platz nehmen, Speisekarte durchschauen, beim Ober bestellen. Solche Schemen und Interpretationsmuster greifen bei allen möglichen Vorgängen. Zur Verdeutlichung davon nutze ich in Kommunikationstrainings das bekannte Stille-Post-Spiel. Während einer Kaffeepause bitte ich zwei Teilnehmer vorzeitig in den Seminarraum zurück. Die beiden bekommen von mir einen kurzen Text vorgetragen, den ich nach realen Begebenheiten eines Unternehmens zusammenstelle. Geeignet sind strategische Themen oder Veränderungsthemen. Die beiden Zuhörer geben das Verstandene an die nächste Gruppe weiter, sodass eine Kommunikationskette über mehrere Stationen entsteht. Die inhaltlichen Verluste sind immer immens. Besonders bemerkenswert aber sind die Sinnverschiebungen. Handelte der Ursprungstext von »Neuausrichtung und Kulturwandel«, steht am Ende der Kette plötzlich der Begriff des »Mitarbeiterabbaus«. Einer oder mehrere Teilnehmer haben von einem Wort wie »Umstrukturierung« unmittelbar auf »Entlassung« geschlossen und dies kommuniziert. So entstehen Gerüchte.

Man könnte bildlich gesprochen von gedanklichen Holzwegen sprechen. Holzwege werden in Wäldern zum Abtransport von Holz angelegt. Bei den Holzwegen im Hirn werden Gedanken geschleift und Spurrinnen in den Boden gescheuert, in die man leicht hineinrutscht. Die Holzwege im Wald enden in einer Sackgasse. Die Sackgasse entspricht auf der mentalen Ebene verfestigten Vorstellungen, die ein wesentlicher Grund dafür sind, dass Menschen mit Veränderungen nicht zurande kommen. In Stresssituationen wie beim Stille-Post-Spiel, bei dem man sich in kurzer Zeit viel merken muss, rutscht man leicht in gewohnte Denkbahnen und greift auf seine Interpretationsmuster zurück.

Die Musterüberwindung funktioniert nur in einer ruhigen und angstfreien Atmosphäre. Wenn in Familien die Frage aufkommt, wie die Lebens- und Wohnsituation der Eltern im hohen Altern aussehen soll, so kann das nicht auf die Schnelle geregelt werden. Bei Stress tauchen Schnellinterpretationen wie »Abschieben« oder »Altersheim« auf. Die Beteiligten müssen sich an den Gedanken einer Veränderung gewöhnen und sich Lösungsmöglichkeiten annähern. Der amerikanische Sozialpsychologe Milton Rokeach hat schon in den 1960er-Jahren untersucht, wie aus einem »closed mind« ein »open mind« werden kann, wie also eine Öffnung für neue Umstände entstehen kann. Ein wesentlicher Aspekt dabei ist die Neugier. Wer andere für Veränderungen aufschließen und ermuntern möchte, sollte mit der Neugier arbeiten. Das stelle ich auch in meiner Arbeit mit Unternehmen fest. Selbst wenn Mitarbeiter einer technischen oder methodischen Veränderung skeptisch gegenüberstehen, nehmen sie gerne an einem Unternehmensbesuch teil. Oft springt der Funke bei einer Besichtigung über. Der Umbau des Lagers nach neuen Ordnungsprinzipien wirkte bei der Beschreibung noch abstrakt. Die Praxis unmittelbar zu erleben aber imponiert. Ein Kunde von mir hat eine Reihe von Exkursionen ins Leben gerufen. Die Branche der besuchten Firmen spielte keine Rolle, es sollten einfach inspirierende Aspekte dabei sein. Bei den visitierten Start-ups war es die Begeisterung und das Unternehmertum, bei Traditionsunternehmen die Fähigkeit zur permanenten Erneuerung. Die Besuche haben neugierig gemacht und eine Lust auf Veränderung erzeugt.

Alltagsroutinen

In einem Selbstversuch bin ich eigenen Routinen zu Leibe gerückt. Der Gegenstand ist einfach und das Thema ist überhaupt nicht neu. Seit vielen Jahren höre ich vom papierlosen Büro, aber wirklich betroffen hat es mich nie. Ich habe mir also das Ziel gesetzt, weniger Papier auszudrucken. Schon seit Längerem habe ich bemerkt, dass ich Unterlagen in meinen Computerordnern besser finde als in physischen Ordnern. So habe ich begonnen, Mitschriften aus Kundengesprächen zu digitalisieren. Mein Papierkorb ist jedoch immer noch übergequollen, hatte ich doch meine Notizen eingescannt und die Originale weggeworfen. Mir ist klar geworden, dass mein Vorhaben nicht trivial ist, sondern eine Art von Tiefenstruktur in sich trägt.

Bei dem Papierexperiment handelt es sich nicht bloß um die Änderung eines Ablagesystems. Es betrifft eine Kulturtechnik, in diesem Fall die Handschrift. Seit der ersten Schulklasse, eher schon seit der Kindergartenzeit verinnerlicht man, Gesehenes, Gehörtes, Gedachtes mit einem Stift in der Hand auf ein Blatt Papier zu übertragen. So war ich bis vor Kurzem der Auffassung, dass ich etwas nur wirklich verstanden habe, wenn ich es handschriftlich festhalte. Gerne habe ich mit Skizzen Sachverhalte mittels einfacher Figuren und Pfeile visualisiert. »Ich bin ein Schreibdenker«, habe ich oft gesagt. Damit habe ich eine Theorie verbunden, nach der das Nervensystem die Berührung des Stiftes auf dem Tisch, den Druck des Aufsetzens, die schwingende Bewegung, einen Punkt, den man setzt, ein Kratzen und Stoppen über die Fingerspitzen an das Gehirn weiterleitet. So als würde man Gedanken eingravieren. Man hört von Schriftstellern, die ihre Texte heute noch handschriftlich aufsetzen. Andere können von ihrer Schreibmaschine nicht lassen. Dabei hat doch der Laptop alle Vorteile. Man kann spielend etwas korrigieren, abspeichern, den Arbeitsort wechseln. »Nein«, sagt der Vertreter der alten Kulturtechnik. »Der feste Druck der Schreibmaschinentasten, der dadurch erzeugte Knall, gerade die Umständlichkeit der Ausbesserung, das alles hilft mir, um mich zu konzentrieren und richtig arbeiten zu können.«

In dem Roman »Rot« von Uwe Timm schwärmt die Hauptfigur, ein Beerdigungsredner, wie es ihm Spaß mache, die Typenhebel zuschlagen zu sehen. Als einer der Letzten, der sich auf einer mechanischen Schreibmaschine abmüht, spürt er die Stahlgelenke wie verlängerte Finger. An die Schreibmaschine kann ich mich kaum noch erinnern. Aber Stift und Papier aufgeben? Inzwischen spiele ich mit getippten Simultanprotokollen bei Telefonaten.

Konzeptarbeiten finden papierlos statt. Meine Theorie der handschriftlichen Gedanken konnte ich schnell verwerfen.

Bei Veränderungen handelt es sich häufig um die Umgewöhnung von physischen Routinehandlungen. Neurologen sprechen vom Körpergedächtnis. Wer einmal Fahrradfahren, Skifahren oder Schwimmen gelernt hat, kann die Bewegungen nach jahrelanger Pause sofort abrufen. Für Tennis- oder Golfspieler, die sich eine verkehrte Schlägerhaltung angewöhnt haben, ist es schwierig, den verinnerlichten Bewegungsablauf zu korrigieren. Es bedarf dazu eines hartnäckigen Techniktrainings. Alltagsroutinen bestehen aus Handgriffen und Bewegungsabläufen. Dazu ein Praxisbeispiel: Bei einem Handelsunternehmen habe ich die Umstellung des Vertriebs auf Tablet miterlebt. Ich dachte, das wäre keine große Sache. Dann nimmt halt der Außendienstmitarbeiter anstelle des Katalogs oder des Laptops ein Tablet zur Hand, meinte ich. Entstanden ist eine mehrjährige, zähe Umstellungsphase. Verbunden mit den Tablets sollten dem Vertreter mögliche Kauferwartungen des Kunden auf der Basis von Big Data aufgezeigt werden. Das klingt vielversprechend, missachtet aber die individuelle Verkaufsroutine. Jeder Vertreter hat über die Jahre eigene Kniffe und Schliche gefunden, bei seinen Kunden zu landen. Die Erfolgreichsten sind in die beruflichen und privaten Netzwerke vorgedrungen. Die brauchten kein Big Data. Sie kannten Geburtstage, Hochzeitstage und jeden Einzelnen aus der Schafkopfrunde eines Kunden. Fünfundneunzig Prozent der Zeit war Beziehungsmanagement, fünf Prozent ein satter Eintrag von Bestellungen. Selbstverständlich hatten sich die Vertriebsmanager bei ihrer Vorgehensweise etwas gedacht. Schließlich gab es auch weniger Ausgebuffte, deren Zahlen zu wünschen übrig ließen. Da konnte die Meldung auf dem Tablet durchaus weiterhelfen. Durchweg alle Vertreter hatten aber ein banal klingendes Problem: Sie taten sich schwer, mit dem Tablet zu hantieren.

Ich hatte mir das selbst einmal angesehen. Die Kunden waren meist auf dem Sprung. Es musste also mit viel Geschick schnell etwas eingefädelt werden. Wie aus dem Hut gezaubert, lag gleich der Katalog da. Es wurde gedeutet, geblättert, geredet, noch einmal zurückgeblättert und tatsächlich ein Treffer gelandet. Für mich überraschend nuschelte der Kunde: »Dann mach mir einen anständigen Preis.« Der Vertreter griff zum Taschenrechner, tippte kurz etwas ein und nannte einen Preis. Die beiden waren handelseinig. Später erfahre ich, dass der Verkäufer schon seit mehreren Wochen den Kunden mit einem bestimmten Produkt an der Angel hatte und er schließlich zum Abschluss kommen konnte. »Das ist genau das Problem«, ergänzt er. »Mit dem Tablet bekomme ich das nicht so hin wie mit dem Katalog. Aber was überhaupt nicht geht, ist die Preisangabe.« »Wie?«, frage ich nach. »Das neue System schreibt einen Preis vor und macht diesen sichtbar. In unserem Metier muss aber ich den Preis machen. Da entscheidet das Bauchgefühl.«

Bis zu einem bestimmten Grad ist der digitale Umbau nichts anderes als ein Umtrainieren von Handgriffen und Ablaufroutinen. Das Hantieren mit dem Tablet im Kundengespräch muss genauso in Fleisch und Blut übergehen, wie zuvor der Umgang mit Katalog, Laptop und Taschenrechner. Dies kann trainiert werden wie der Aufschlag beim Tennis. Ein weiterer Aspekt beim Umlernen ist der Spaßfaktor. Vermutlich war mein Papierexperiment nicht nur deshalb erfolgreich, weil ich es selbst gewählt habe, sondern auch weil ich es spielerisch anging. Ich habe mir einen Spaß daraus gemacht. Im Spiel entwickelt man eine Lust am Experimentieren und an einer Steigerung des Niveaus. Digitale Lernprogramme mit einem hohen Anteil an Gamification, also an Spielelementen, sind besonders erfolgreich. Der Lernende nimmt an einem Quiz teil oder muss eine besondere Aufgabe lösen und erhält dafür eine Belohnung. In einer Art Bundesligatabelle kann er sich mit anderen vergleichen und sein Level erhöhen. Lernen und Umlernen verlaufen mit einem spielerischen Element deutlich besser.

Routinen sind keinesfalls schlecht. Sie sind ein notwendiger Bestandteil der Lebensbewältigung. Ob beim Kochen ober bei der Bearbeitung von E-Mails, bei seinen Routinen muss man nicht viel denken, sie laufen wie von selbst. In der Industrie werden Ablaufroutinen angestrebt, weil sie ein Höchstmaß an Effizienz ermöglichen. Im Basketball oder Fußball studieren die Spieler so lange Spielzüge ein, bis diese zur Routine werden und automatisch ablaufen. Auf diese Weise kann auch jeder für sich seine Routinen immer wieder neu programmieren. Zum Beispiel besteht die Arbeit im Homeoffice überwiegend aus Sitzen vor dem Computer. Im Betrieb entsteht Bewegung durch Termine, den Gang in die Kantine oder das Wahrnehmen eines Auswärtstermins. Wer seine Routine beibehält, bei der Computerarbeit sitzen zu bleiben und sich nur bei entsprechenden Anlässen zu bewegen, der wird bald Rückenprobleme, Kopfschmerzen und Verspannungen bekommen. Eine neue Routine könnte darin bestehen, nach einer vollen Stunde für zehn Minuten aufzustehen, in der Küche etwas zu erledigen, ins Freie zu gehen oder ein paar Dehnübungen durchzuführen.

Geht doch nicht

Das Beispiel Homeoffice zeigt, dass zwingende Umstände zu einer Neuinterpretation und zu einem Aufbrechen von Routinen führen. In der Coronapandemie sind Unternehmen in nur wenigen Wochen zu mobilem Arbeiten übergegangen. Noch kurz davor wäre das nicht gegangen. Solche Erfahrungen können ein Auslöser sein, um seine eigenen Geht-doch-nicht-Standpunkte zu relativieren. Der Vorstoß der Ehefrau, einmal eine Auszeit einzulegen, war vielleicht doch nicht absurd. Und der Vorschlag des neu gewählten Mitglieds, die öffentliche Stadtratssitzung per Livestream zu senden, ist nicht einfach Blödsinn.

Man kann sich selbst dabei beobachten, wie man »Geht doch nicht« denkt und wie man »Geht doch nicht« sagt. Es lohnt sich, seine Auffassung von verschiedenen Seiten her zu betrachten und sich zu fragen, ob das überhaupt stimmt. Die Lebenszwänge haben immer bewiesen, dass es geht. Als der Vater im Betrieb krankheitsbedingt ausgefallen ist, lief die Firma trotzdem weiter. Das Kind am Karriereanfang hat nicht in die Planung gepasst, und doch war es das Beste, was passieren konnte. Es scheint viel mehr zu gehen, als man aus seiner Denkroutine heraus für möglich hält.

Wer die Augen aufmacht, kann sehen, wie eigene Geht-doch-nicht-Aussagen auf andere wirken. So wie in diesem Beispiel: In einem Basketballverein hat der Jugendleiter über mehrere Generationen ein bestechendes Trainingskonzept nach einem einfachen Prinzip eingeführt: Die Älteren trainieren die Jüngeren; die Vierzehnjährigen die Zwölfjährigen, die Sechzehnjährigen die Vierzehnjährigen und so weiter. Die Jüngeren waren angespornt, von ihren Vorbildern trainiert zu werden, und die Älteren konnten ihre Ideen als Trainer umsetzen. Das ging so lange, bis der Initiator die Führung an einen Kollegen abgab. In wenigen Jahren war die erfolgreiche Jugendarbeit am Boden. Der neue Leiter konnte sich nicht vorstellen, dass die Jugendlichen ein anständiges Training zustande brächten, und hat permanent dazwischengefunkt. Die Jungtrainer haben daraufhin die Lust verloren. Doch trotz des Unmutes und des Schwundes an Spielern und Trainern konnte der neue Jugendleiter seine So-geht-das-nicht-Manie nicht lassen. Er hat es immer besser gewusst und damit alle demotiviert.

Die Willigen zu lassen, ist ein passabler Ermöglicher von Veränderungen. Auf einer Konferenz von Führungskräften beendete ich einmal einen Vortrag mit dem Satz: »Es wäre schon gut, wenn Sie nicht im Weg stehen würden.« Der Vortrag handelte von der Führungsrolle bei Veränderungen. Ich meinte damit eine Vorreiterrolle. Aber aus gutem Grund habe ich diese Minimalforderung gestellt. Mir haben dann etwas pikierte Gesichter entgegengeblickt. Dabei meinte ich es ernst. Etwas nicht zu verhindern, also nicht im Weg zu stehen, würde den Wandel schon erleichtern. Der Leitspruch dazu lautet: Lasse andere vor!

3.3 Glaubenssätze hinterfragen

Für oder gegen etwas zu sein, ist eine Frage des Glaubens. Die Aufklärung und das rationale Weltbild irren, wenn davon ausgegangen wird, dass Meinungen und Entscheidungen überwiegend aufgrund von Informationen und Analyse gebildet werden. Menschen tun das, woran sie glauben. Sogar im scheinbaren Unglauben steckt ein Glaube. Bei einem launigen Feierabendgespräch haben sich in meiner Bürogemeinschaft zwei gestritten. Es ging um Gott. Der eine war ein praktizierender Christ, der andere bezeichnete sich als Agnostiker. Nach einigem Hin und Her habe ich mich eingemischt mit den Worten: »Aha, du glaubst also an Gott und du glaubst, dass Gott nicht erkennbar ist.« Beiden hat mein Lösungsversuch nicht sonderlich gefallen. Gleichgesetzt wollten sie schon gar nicht werden. Glaube ist nicht gleichbedeutend mit Religion. Jeder glaubt an etwas. Anselm Bilgri, dessen Geschäftspartner ich einige Jahre war, hat eine treffende Gleichung formuliert: »Das Gegenteil von Glauben ist nicht Unglauben, sondern Angst.«

Glaube heißt, einen Orientierungspunkt und damit einen Haltepunkt zu kennen, so etwas wie Urvertrauen. Im Zustand der Angst fehlt dieser Anker. Ein Forscherteam um den Neurologen Rüdiger J. Seitz kommt in der Studie »Processes of Believing« zu dem Schluss: Glauben ist eine fundamentale Gehirnfunktion, auf die individuelles und soziales Verhalten aufbauen. Glaube ist eine Gesamtreaktion auf das Leben. Er ist auch kein fester Zustand, sondern entsteht in der Wechselbeziehung mit der Außenwelt und ist in dieser Hinsicht nie ganz abgeschlossen. Das Glaubenssystem ist ein Gebilde aus übernommenen Überzeugungen, aus Lebenserfahrungen und Schlussfolgerungen. Es kann Berge versetzen oder in die Depression führen.

Glaube und Wandel

Veränderungen werden angenommen, wenn das eigene Glaubenssystem zustimmt. Die Psychiaterin und Trauerforscherin Elisabeth Kübler-Ross hat herausgefunden, dass Menschen Phasen der Leugnung, des Haderns und der Wut durchlaufen, ehe sie beginnen, den Tod eines nahen Angehörigen als Realität anzuerkennen. Diese Trauerphasen sind auch bei Ereignissen wie einem Arbeitsplatzverlust oder dem Wegzug an einen anderen Wohnort feststellbar. Erst wenn man wirklich fassen und glauben kann, dass es so ist, wie es ist, ist man wieder handlungsfähig und kann sich neu orientieren. Heute können manche Menschen die Erderwärmung nicht für wahr halten. Sie hoffen darauf, dass der nächste Winter kalt und schneereich sein wird und glauben daran, dass doch alles wieder wird, wie es einmal war.

Die Akzeptanz eines neuen Zustandes führt oft über den Schmerz. Wer dem Abschiedsschmerz aus dem Weg geht, bleibt im Alten hängen, weil er sein Glaubenssystem nicht ändert. Die Verrentung beispielsweise ist nicht für alle der langersehnte Glückshafen. Viele tun sich schwer, eine neue Lebensperspektive zu entwickeln. Sie haben an den Sinn der Arbeit geglaubt, an Leistungsziele, an die Firma, an die Zusammenarbeit mit den Kollegen, an die Abwechslung von Anspannung und Entspannung. An was sollen sie jetzt glauben, da dies alles wegfällt? Erst wenn jemand einer neuen Wirklichkeit zustimmt und daran glaubt, kann etwas Neues entstehen und sich mit Sinn füllen. Wenn beispielsweise die Kinder das Haus verlassen, müssen sich die Eltern umstellen. Wie stark aber sind Glaube und Vorstellungskraft, als Paar eine gute Zeit zu verleben? Wenn die Partner an die neue Phase nicht glauben, bleibt das Neue kraftlos und beide leben nebeneinanderher.

Der Zusammenhang von Glauben und Wandel ist in allen Lebensbereichen beobachtbar. Der neue Mannschaftstrainer im Handball hat in der Regel nicht die besseren Trainingsmethoden. Dazu existieren Standards, denen alle Trainer folgen. Die Verbesserungschance besteht im Auslösen eines Glaubens an den Erfolg. Und auch die Spieler berichten, der neue Coach glaube mehr an sie als sie es zuvor empfunden hätten, was ein unheimliches Selbstbewusstsein freisetze. Jede Ambition baut auf den Glauben an das Erreichbare. Ein Großteil der Autoingenieure in Deutschland glaubt nicht an den Elektromotor. Sie sehen in dieser Technologie maximal einen Übergang. Der zäh verlaufende Wandel hin zur Elektromobilität braucht einen nicht zu wundern, wenn die Hersteller selbst daran zweifeln. Wie aber ist das Glaubenssystem zu beeinflussen? Welcher Mechanismus steckt dahinter? Kann ich auf das eigene Glaubenssystem zugreifen und wie kann ich anderen weiterhelfen?

Das ABC der Veränderung

Das Glaubenssystem ist die Schlüsselstelle für alles Denken, Handeln und Tun. Auf dieser Erkenntnis baut Albert Ellis mit der rational-emotiven Verhaltenstherapie eines der erfolgreichsten psychotherapeutischen Verfahren auf. Ellis praktizierte zunächst als Psychoanalytiker, war aber unzufrieden mit der Wirksamkeit. So besann er sich philosophischer Schulen. Ein Satz des Stoikers Epiktet (50 bis 138 nach Christus) entspricht genau seiner eigenen Erfahrung: »Nicht die Dinge selbst beunruhigen die Menschen, sondern die Vorstellungen von den Dingen.« Ellis entwickelt das ABC-Modell. Es besteht aus A für Activating Event, also auslösendes Ereignis, B für Belief System, das Glaubenssystem, und C, Consequences, kennzeichnend für emotionale Reaktionen und Verhaltensweisen. Die Entdeckung von Ellis: Emotionen und Verhaltenskonsequenzen werden nicht direkt durch das auslösende Ereignis verursacht, sondern durch die Art der Bewertung eines Ereignisses hervorgerufen. Der Mensch ist also den Ereignissen nicht ausgeliefert, sondern kann durch die Kognition, durch die geistige Verarbeitung über sein Erleben selbst bestimmen.

Die Aufgabe der kognitiven Umstrukturierung besteht darin, irrationale Überzeugungen in rationale zu überführen. Eine typische irrationale Interpretation ist das Katastrophendenken. Bei Veränderungen ist das Katastrophendenken symptomatisch. Das Unbekannte ist vielen unheimlich und eignet sich deshalb für die Konstruktion dunkler Szenarien. Die kognitive Therapie versucht, Konstrukte durch Fakten zu ersetzen. Wenn etwa das heimische Produktionsunternehmen Standorte im Ausland eröffnet, dann gehen in der Belegschaft die Warnlampen an. Die Fakten jedoch zeigen, dass das Unternehmen nur durch die Internationalisierung zukunftsfähig ist.

Oder ein anderes Beispiel: Die Eltern sehen wegen des Leistungsabfalles ihres Kindes in der neunten Klasse schon den Abgrund vor sich. Doch kann die Lehrerin im Elterngespräch bestätigen, dass eine derartige Krise in diesem Alter nicht unüblich ist. Anstatt überzureagieren sollten die Eltern ihr Kind unterstützen und es begleiten.

In einem Sokratischen Dialog stellt der Therapeut die irrationalen Bewertungen infrage. Wie es heißt, hat Sokrates den Menschen auf dem Marktplatz eine Frage nach der anderen gestellt, um irrige Anschauungen zu entblößen. Ebenso weist die kognitive Verhaltenstherapie verzerrte Realitätswahrnehmung und -interpretation nach. Zum Beispiel werden Einzelsituationen verallgemeinert. Unsichere Veränderungssituationen bieten hierzu einen Nährboden. Gerade in Umstellungsphasen passieren viele Fehler, die man zum Anlass nehmen kann, um die eigene Skepsis bestätigt zu sehen. Jemand verfährt sich in der Innenstadt nach der Umstellung auf ein Parkleitsystem und verdammt gleich die ganze Stadterneuerung. Mit den Schwierigkeiten bei der Installation eines Computerprogrammes wird die digitale Zukunft angeprangert. Im Sokratischen Dialog findet eine Realitätsüberprüfung statt. Die verzerrten Gedankenkonstruktionen werden an der Wirklichkeit getestet. Inwiefern stimmen die Schlussfolgerungen und an welchen Stellen hat sich jemand in etwas hineingesteigert? Die sokratische Fragekette ist deshalb so wirksam, weil dem Gegenüber permanent seine eigenen Aussagen gespiegelt werden. Das kann dann so aussehen: »Du bist also der Meinung, dass die jungen Menschen keine Leistungsbereitschaft mehr zeigen? Wie kommst du darauf? Wie warst du selbst als Jugendlicher? Wie waren deine Freunde und was ist aus ihnen geworden? Wie geht es dir selbst mit Leistung?« Man kann sich zudem Fakten besorgen: »Die Shell-Jugendstudien der letzten Jahre zeigen deutlich: Die Jugendlichen von heute sind engagiert, mit klaren Vorstellungen und Forderungen sowohl gegenüber der Arbeitswelt als auch gegenüber der Politik und dem gesellschaftlichen Miteinander. Wie erklärst du dir das?« Sokrates wollte kein Besserwisser sein, sondern er regte den Dialog an. Der Blick richtet sich dabei auf das Glaubenssystem. Was steckt hinter einem Standpunkt?

Der Kognitionspsychologe Aaron Beck spricht von »automatischen Gedanken«, also reflexhaft auftretenden und in der Situation plausibel erscheinenden Selbsterklärungen, die zwischen einem Ereignis und dem emotionalen Erleben auftreten. Diese automatischen Gedanken liefern einen Zugang zum dahinterliegenden Glaubenssystem. Im Training nutze ich diesen Ansatz für eine Übung. Ich rufe einen Begriff aus wie »Digitalisierung« oder »Work-Life-Balance« und fordere die Teilnehmer zu spontanen Assoziationen auf. Schon nach wenigen Sekunden breche ich wieder ab, weil die Teilnehmer danach rationalisierte und geformte Gedanken abliefern. Mich interessiert aber das Glaubenssystem, und das zeigt sich in der spontanen und ungefilterten Antwort.

Beck verordnet seinen Klienten Tagesprotokolle mit negativen Gedanken. In der linken Spalte werden Ereignisse erfasst, die unangenehme Emotionen wie Angst oder Niedergeschlagenheit auslösen. In die Spalte daneben kommen die automatischen Gedanken dazu. So werden auf einen Blick die Reaktionsmuster deutlich. Diese Übung kann jeder einmal machen. Man schaut auf eine Veränderungssituation und erfasst die unangenehmen Emotionen. Was verärgert mich? Was ängstigt oder bedroht mich? Was sind meine automatischen Bewertungen? Heftige negative Urteile sind ein guter Indikator für einen Glaubenssatz. Als die Demonstrationen zu Fridays for Future aufgekommen sind, hörte ich eine verärgerte Stimme in mir: »Muss das unbedingt während der Schulzeit sein?« Dieses Urteil war einfach da. Der Glaubenssatz, der sich dahinter verbirgt, könnte lauten: »Anarchisches Verhalten führt zu nichts.« Oder: »Protestieren steht nur dem zu, der seine Leistung erbringt.« In der Zwischenzeit würde ich sagen, dass die Wirkung des Protests ohne den Aspekt des zivilen Ungehorsams weitaus geringer wäre und dass die Sache allemal ein paar verpasste Schulstunden rechtfertigt.

Ungünstige Annahmen abändern

Ellis hat sein Modell noch erweitert. Menschen bestätigen sich selbst in ihren Glaubenssätzen und Annahmen. Man sieht und hört dann das, was der eigenen Gesinnung entspricht, und das Gehirn sucht nach Beweisen dafür. Das kann zu einer Abwärtsspirale führen. Menschen mit einem negativen Selbstbild sehen sich schon in kleinen Alltagsniederlagen als komplett unfähig. Deshalb baut Ellis noch zwei weitere Schritte D und E in sein Modell ein. D steht für Dispute und meint das Hinterfragen ungünstiger Annahmen und Thesenbildungen.

Jeder kann sich die Philosophie geben, die günstig für ihn ist. Ich kann die anstehenden Aufgaben als Belastung oder als anregende Herausforderung betrachten. Ich kann von mir glauben, dass ich einer Veränderung nicht gewachsen bin. Ebenso gut kann ich von mir glauben, dass ich es doch bin. Im Hinterfragen (Dispute) wird schnell deutlich, dass die zweite Annahme günstiger ist, weil ich unmittelbar in einen Lösungsmodus komme.

Schon kleine Erfolgserlebnisse können den Glauben an das Gelingen stützen. Der Schritt E sieht genau dies vor. E deutet hin auf Effect, was bedeutet, positive Auswirkungen auf sein Handeln zu erleben. Wenn sich ein siebenjähriges Kind nicht zutraut, allein ins Sporttraining zu gehen, dann versucht man Zwischenschritte aufzubauen, etwa zusammen mit einem Nachbarskind oder einem Klassenkameraden zu gehen. Schon nach kurzer Zeit ist die Anfangsscheu vergessen, und der Gang zum Training ist keine Frage mehr. Dieselbe Logik gilt für die typische Haltung »Ich kann vor Leuten nicht sprechen«. Ich kenne Berater und sogar Redner, die nach der Überwindung dieses Glaubenssatzes besonders gute Referenten geworden sind. Sie haben sich irgendwann einen Stoß gegeben oder wurden gestoßen. Erst haben sie vor kleinem Publikum gesprochen und sich dann gesteigert. Aus einer ungünstigen Annahme wurde eine günstige gemacht.

Welche Glaubenssätze sind günstig für mich und welche ungünstig? Günstig ist eine Annahme, die Handlungsspielräume eröffnet, und ungünstig eine, die mich in mir selbst gefangen hält. Wer mit Mitte oder Ende fünfzig davon ausgeht, im Leben könne nichts mehr kommen, verbaut sich vielleicht seinen besten Lebensabschnitt. Im letzten Lebensdrittel steckt die Chance, sich selbst und die eigene Lebensmission wirklich kennenzulernen und versöhnlich und produktiv mit der Welt in Verbindung zu treten. Einem Freund habe ich zum achtzigsten Geburtstag einen gemeinsamen Ausflug geschenkt. Er hat es als besonders angenehm quittiert, kein Fotoalbum oder etwas nach hinten Gewandtes geschenkt bekommen zu haben, sondern etwas in die Zukunft Gerichtetes. Ganz nach der Art, wie er sein ganzes Leben geführt hat.

Ungünstig ist jedes Negativ- und Katastrophendenken: »Wird nichts, bringt nichts, kann nichts.« Das sind Glaubenssätze, die alles im Keim ersticken. Man kann den Sokratischen Dialog mit sich selbst führen: »Was bringt mich auf? Wieso winke ich ab? Wie kann ich der Veränderung eine Chance geben?« Das Ausräumen negativer und ungünstiger Glaubenssätze ist nicht nur eine Therapieform, es ist eine Lebensform. Es ist der konstruktive Umgang mit Veränderungen und der zuversichtliche Blick auf das, was neue Zeiten hervorzubringen vermögen. Das eigene Welt- und Glaubensbild transformiert sich dann Hand in Hand mit dem gesellschaftlichen Wandel. Der Ausdruck »Mit der Zeit gehen« trifft es. Man schließt sich dem Wandel an und verschließt sich nicht.

Der eine glaubt an eine gute Zukunft, ein anderer zweifelt. Glaube oder Skepsis erscheinen wie tief eingerammte Pflöcke. Annahmen und Glaubenssysteme sind aber von einem selbst beeinflussbar. Dann sieht plötzlich vieles anders aus.

3.4 Normen und Werte neu interpretieren

Werte und Normen sind Überlebensmittel. In unsicheren Zeiten wird dies besonders spürbar. Was bleibt, wenn es in der Arbeit nicht gut läuft? An was kann man sich bei Krankheit und Krisen festhalten? Ohne geistige und soziale Verankerung wird der Mensch vom Fluss der Veränderungen mitgerissen und bleibt als ein Häufchen Elend zurück. Der Wertebegriff leitet sich vom lateinischen »valere«, gesund sein, ab. Werte sind das, was einen körperlich, seelisch, geistig und sozial gesund erhält. Gute Luft, Bewegung, die Nähe zur Natur, menschliche Beziehungen, ein schönes Zuhause, eine befriedigende Arbeit, Kulturerlebnisse, ein Leben in Freiheit. Bei jedem Menschen definiert sich das Wertvolle anders. Das entscheidende Kriterium eines Wertes ist die Tragfähigkeit, die dann deutlich wird, wenn es einem nicht so gut geht. Wer im Leben gut verankert ist, der kann schwierige Zeiten und Veränderungen besser bestehen.

Dieser Zusammenhang kommt in der Klosterregel der Benediktiner zum Ausdruck. Darin ist die »stabilitas loci« ein zentraler Wert. Der Mönch gelobt die Beständigkeit an einem Ort. Auf den heutigen Menschen wirkt dies wie eine Freiheitseinschränkung. Doch ist gerade die bewusste Beschränkung ein Akt der Freiheit. Was ist Freiheit? Verstehe ich darunter die Möglichkeit, mein Leben wie auf einer Leinwand entwerfen und beliebig abändern zu können? Oder ist Freiheit die Zustimmung zu den Gegebenheiten und Notwendigkeiten des Lebens? In der Familie und am Arbeitsplatz ist nicht immer alles ideal. Doch genau dem zuzustimmen und daraus etwas zu machen, kennzeichnet Freiheit.

Manche Menschen projizieren ihr Freiheitsideal in ein vermeintlich schönes Leben in Italien, Schottland oder Kalifornien. Sie malen sich etwas aus, treten aber dem Leben, so wie es sich ergibt, nicht wirklich entgegen. Kinder zu erziehen, einem Beruf nachzugehen, an einem Ort mit schönen und weniger schönen Seiten zu leben, Mitmenschen mit angenehmen und weniger angenehmen Seiten um sich zu haben – dies alles wirkt erst auf den zweiten Blick spannend. Dieser zweite Blick ist aber die eigentliche Freiheit, weil sich darin etwas finden lässt, was die eigene Lebensverwirklichung mehr befördert als das ganz andere. Menschen mit häufigem Orts- oder Partnerwechsel wirken nicht frei, sondern so, als wären sie auf der Suche nach dem festen Bezugspunkt, den sie noch nicht gefunden haben. Wer weiß, wo er im Leben hingehört und auf was er sich berufen kann, der erlangt eine Leichtigkeit im Umgang mit Lebensfragen. Wer festen Boden unter seinen Füßen hat, für den ist Veränderung nicht bedrohlich. Das Ziel der stabilitas loci ist die Erlangung einer inneren Freiheit und einer Öffnung des Herzens als das Gegenteil von Starrheit.

Werteabgleich
Als Negativbeispiel eines versteinerten Normengefüges fällt mir ein Herr ein, der am Sonntag in Wohnsiedlungen herumschleicht und Leuten, die sich in ihrem Garten oder an ihrem Haus zu schaffen machen, darauf aufmerksam macht, dass der Sonntag ein Ruhetag sei. Dieses Beispiel zeigt die Unfähigkeit, einen sinnvollen Grundsatz an eine veränderte Zeit anzupassen. Der Grundsatz der Sonntagsruhe ist insofern sinnvoll, als es dem Menschen guttut, einen Tag in der Woche nicht zu arbeiten und Abstand von der Alltagsroutine zu bekommen. Geschlossene Geschäfte und weniger Straßenverkehr am Sonntag tun gut. Dass aber der Büromensch von heute seinen Ausgleich in einer handwerklichen Betätigung am Wochenende findet, ist nachvollziehbar. Wer diesen Wandel nicht anerkennt, unterliegt einem starren und lebensfeindlichen Normenkonzept.

An einer Stelle wird jeder mit den eigenen Werten und Normen konfrontiert. Angesprochen ist der Generationenkonflikt. Die Einstellung gegenüber Kindererziehung oder dem Umgang mit Arbeit und Freizeit unterscheidet sich zwischen den Altersgruppen. Mir selbst ist in der Konfrontation mit jüngeren

Mitarbeitern erst bewusst geworden, welche Werte und Normen ich mit Arbeit verbinde. Wegen einer Geburtstagsfeier einen Auftrag abzublasen oder am Sonntagnachmittag keine Geschäftsreise anzutreten, wäre mir nie in den Sinn gekommen. Darin spiegelt sich ein Generationenkonflikt der in den 1960er- und 1970er-Jahren Geborenen mit der sogenannten Generation Y. Das »Y« steht für »why«, weil die Generation Y vieles infrage stellt, was davor für selbstverständlich angesehen wurde. Wenn den jüngeren Mitarbeitern die Lebensbalance über alles geht, wirkt das für Menschen, die sich den Arbeitsanforderungen immer angepasst haben, wie eine Anmaßung. Gleichzeitig gibt die Spannung zwischen den Generationen Anlass zum Nachdenken. Das Aufeinandertreffen unterschiedlicher Altersstufen ist ein ideales Übungsfeld für eine Neubetrachtung des eigenen Weltbildes.

Ein gutes Beispiel für eine Neuinterpretation von Normen und Werten ist die Einordnung des mobilen Arbeitens vor und nach der Coronakrise. In den meisten Unternehmen wurde das Arbeiten im Homeoffice lange kritisch gesehen. Normen wie pünktliches Erscheinen am Arbeitsplatz oder die Nützlichkeit der täglichen sozialen Kontrolle durch Vorgesetzte und Kollegen kamen dabei zur Geltung. Dahinter stehen Werte wie Fleiß, Disziplin, Zuverlässigkeit oder Anpassungsfähigkeit. Diese Werte gelten mit dem mobilen Arbeiten weiter, aber sie werden neu interpretiert, indem etwa der Wert des Vertrauens an Bedeutung gewinnt. Den Mitarbeitern wird zugestanden und zugetraut, aus eigenem Antrieb heraus zu arbeiten und im Stande zu sein, den Arbeitstag zu strukturieren.

Ein neues Familienbild

Wie die Erneuerung eigener Werte aussehen kann, möchte ich am Erleben meiner eigenen frühen Großvaterschaft zeigen. Die Analyse ist aufschlussreich für die Frage nach der Veränderbarkeit von Werten und Normen, weil ich vermutlich etwas recht Typisches durchlebt habe. Ein derartige Erfahrung greift in das eigene Weltbild und in die Vorstellung vom richtigen Leben ein.

Was ist Familie? Vater, Mutter, Kind. Natürlich. In der historischen und ethnologischen Perspektive finden sich dazu alle möglichen Ausformungen. Für das Kind ist aber nicht das soziologische Gebilde wichtig, sondern es sind die Liebesbeziehungen. Wenn ich meine Enkeltochter heute anschaue, dann erhält sie reichlich Liebe. Die Eltern wohnen nicht zusammen, das mag ihr einmal zu denken geben. Aber das Erleben von Zuneigung und Zugehörigkeit ist nicht eingeschränkt. Im Gegenteil: Das Kind hat mehrere Standbeine, Beziehungsnetzwerke, Erfahrungshorizonte.

Dazu passt ein Radio-Talk mit Gabriele Krone-Schmalz, den ich auf einer Autofahrt verfolgen konnte. Der eine oder andere erinnert sich an die langjährige Moskaukorrespondentin der ARD mit der auffälligen Kurzhaarfrisur. Sie erzählt, wie sie im bayerischen Wald aufgewachsen ist. Später zog ihre Familie nach Köln. Da ihr die Luft in Köln gesundheitlich nicht bekommen ist, ist sie gependelt. Sie spricht von ihrem Glück bei den Großeltern auf dem Bauernhof und davon, wie sie abwechselnd an zwei Orten in die Schule gegangen ist. Dann kommt sie zu einem überraschenden Resümee. Sie sei sich sicher, dass das Aufwachsen in zwei unterschiedlichen Milieus zu ihrer Befähigung als international tätige Journalistin beigetragen habe. Eine außergewöhnliche Kindheit hat also auch Vorzüge.

Das eigene Wertesystem wird einem bewusst, wenn einem etwas gegen den Strich geht. Dies entspricht meiner ersten Reaktion auf die Kindesnachricht. Beim Blick in meine eigene Verwandtschaft finde ich weder Scheidungen noch getrennte Erziehung. Patchworkfamilien haben in meiner Herkunftswelt auf einem anderen Planeten stattgefunden. Ich bin also überrascht, wie rasch sich mein Familienbild und scheinbar tief sitzende Überzeugungen ändern konnten. Die Kleine ist umwerfend. Sie hat die Abläufe in unserer Familie umgeworfen und für neue Prioritäten gesorgt. Sie hat meine Weltsicht verändert. Ich empfinde es sogar so, als würde mich eine solche Erfahrung menschlicher machen. Diese Planabweichung hat mich den Menschen und der

Menschheit mit ihren Varianten des Lebens nähergebracht. Sie hat mir aufgezeigt, dass verinnerlichte Normen nicht immerwährend sind und wie das eigene Wertesystem jederzeit bereichert werden kann. Die Voraussetzung ist allerdings, dass ich das zulasse und dass ich mich damit beschäftige. Öffnen kann ich mich nur auf der Basis einer Selbstbeobachtung. Die Fragen an mich selbst lauten dann: »Wie sehen meine Urteile aus? Was verurteile ich?« In meinen Seminaren frage ich: »Was bringt mich auf die Palme?« Diese Selbsterforschung fördert zutage, was hinter meiner Emotion steckt und wie meine Werte, Normen und inneren Bilder aussehen. Eine gute Übungssituation für die Erweiterung seines Wertehorizontes ergibt sich immer dann, wenn etwas ganz anders läuft als gedacht und gewollt. Das sind die Momente der Wahrheit. In diesen Lebenssituationen kann ich am Wandel wachsen.

Der gebildete Mensch

Hätte ich an meinem Familienbild festgehalten, dann hätte ich mich und meine Familie unglücklich gemacht. Ich wäre in Vorwürfe verfallen und hätte am Ende alle Beziehungen zerstört. Im Überwinden des bestehenden Wertegebildes ist etwas Neues aufgeblüht und kann sich entfalten. Ich bin Teil eines Lebensexperimentes geworden, das ich neugierig weiterverfolge. So wie sich in diesem Beispiel der Wert »Familie« gewandelt hat, sollte auch die Einstellung gegenüber Arbeit, Eigentum oder Gesundheit beweglich bleiben können. Was mache ich denn, wenn ich schwer erkranke? Ist dann alles nichts? Bestimmt nicht. Schwerkranke berichten, wie sie durch die Krankheit gelernt haben, in der Gegenwart zu leben und überhaupt den Wert des Lebens zu erkennen.

In meiner Selbstreflexion kann ich mich fragen: Wieso empöre ich mich? Wieso klage ich an? Wieso resigniere ich? Was passt da nicht mehr zusammen? Was ist mein eigener Anteil daran? Im geschilderten Fall habe ich meine Vorbehalte, meine vorgefertigten Urteile und meine Untergangsfantasien abgelegt. Für Religionsstifter wie Buddha oder Jesus hat die Selbstbefreiung von überkommenen Werten und Normen eine entscheidende Bedeutung. Der

Buddhismus strebt das Nichtanhaften und Leerwerden an. Wer zu sehr an etwas hängt, macht sich unglücklich. Im christlichen Menschenbild ist es die Umkehr. Die Umkehr ist die Fähigkeit, seine Bewertungen nicht als absolut gültig zu sehen, sondern von seiner Fehlerhaftigkeit, vom Balken im eigenen Auge auszugehen. Der Mensch wird darauf verwiesen, vor der eigenen Türe zu kehren und sich neu zu justieren: Wer ohne Schuld ist, der werfe den ersten Stein.

Werte und Normen sind Ideen vom Leben. Inwiefern diese geistigen Konstrukte mit der Wirklichkeit übereinstimmen, ist immer wieder zu prüfen. In der Konfrontation mit dem Leben werden Vorurteile offenbar. »Die türkische Lebensweise war mir immer suspekt«, sagt einer, »bis ich auf einer türkischen Hochzeit war und es wirklich genossen habe.« Für Europäer ist es unverständlich, dass Amerikaner eine gesetzliche Krankenversicherung ablehnen. Dahinter steht ein Freiheitsverständnis, das es jedem selbst überlässt, für sich zu sorgen. Eine Folge dieser Selbstverantwortung sind beispielsweise Spenden für erkrankte Freunde oder Nachbarn. Man kann dies sozialpolitisch diskutieren, aber es nur abzutun spricht für eine geringe Wertereflexion. Wer seine Werte und Normen neu interpretiert, wird dem Wandel der Welt gerecht. Es ändern sich Familienbilder, es ändert sich die Arbeitswelt, es entsteht eine höhere Sensibilität gegenüber Umweltfragen und Gerechtigkeitsfragen. Wer das Tierwohl ins Auge fasst, muss nicht gleich Vegetarier oder Veganer werden. Jedoch mehr als früher darauf zu achten, woher das Fleisch kommt und wie die Tiere gehalten werden, ist dann geboten.

Die Justierung der eigenen Weltinterpretation hat Einfluss auf das eigene Rollenverständnis. Als Würden- und Normenträger erreichen Pfarrer heute kaum mehr jemanden. Dagegen sind sie als Sinnübersetzer und Lebensbegleiter gefragt. Führungskräfte interpretieren ihre Aufgabe neu. Angesichts eines immer stärkeren Spezialistentums sehen sie sich nicht als die besten Fachleute, sondern sorgen für eine gute Zusammenarbeit der Abteilungen und Experten. Aus »Ich weiß es und kann anderen sagen, was sie zu tun haben« wird »Ich kann andere dazu bringen, dass sie es lösen«. Nicht nur die Rolle von Pfarrern und Vorgesetzten unterliegt einem Wertewandel. Wissen persönlich anzuhäufen, wurde einst geschätzt. Der erfahrenen Buchhalterin konnte keiner etwas vormachen. Wer heute sein Wissen nicht weitergibt, gilt als teamunfähig und wird zurecht kritisiert.

Eine gute Übung der Werteaktualisierung ist der Austausch mit Andersdenkenden. »Ich suche bewusst den Austausch mit Leuten, die andere Ansichten haben als ich selbst.« Dies hat ein älterer Mitarbeiter zu mir gesagt, der in seiner Abteilung als ein Mann der Mitte zwischen Traditionalisten und Reformern bekannt ist. Oft höre ich diese Aussage nicht. Es ist nicht üblich, sich offen mit einer Gegenposition auseinanderzusetzen. In den sozialen Medien treffen sich nur Gleichgesinnte, von Andersdenkenden bekommt man da nichts mit und will es auch nicht. Der Wunsch, dazuzulernen, weist dagegen auf den rechten Ort der Wertereflexion hin, und dieser Ort ist die Bildung. Mit Bildung ist hier nicht die Anhäufung von Wissen gemeint – und die Anlaufstation ist keine Bildungsinstitution.

Der Wiener Philosoph Konrad Paul Liessmann setzt sich mit der Verkürzung des Bildungsbegriffs auf ein Kompetenztraining auseinander. Kommunikationsfähigkeit oder digitale Fitness ergeben aber noch lange keinen gebildeten Menschen. Für Liessmann gehört zu einem Gebildeten fundiertes fachliches Wissen, aber darüber hinaus auch ästhetische und literarische Kenntnisse, ein historisches und sprachliches Bewusstsein, ein kritisches Verhältnis zu sich selbst, eine abwägende Urteilskraft und eine Sensibilität gegenüber Hypes und Phrasen der Gegenwart.

Ich hatte einmal in ein Führungsseminar mit jungen Ingenieuren einen erfahrenen Industriemeister eingeladen, der aus seiner Sicht sagen sollte, was er sich unter einem guten Vorgesetzten vorstellt – wohl wissend, dass die

Teilnehmergruppe genau für eine derartige Aufgabe als Produktionsleiter vorgesehen war. Der Mann antwortete lakonisch: »Einen gebildeten Menschen.« Der Meister kennt sich in Fertigungsangelegenheiten bestens aus. Er braucht nicht in erster Linie eine fachliche Unterstützung seines Chefs. Er braucht einen Gesprächspartner, an den er sich wenden kann, wenn er mit seinen Mitteln nicht mehr weiterkommt. Er braucht einen, der in der Lage ist, ein Problem in einen größeren Zusammenhang zu stellen, der etwas von einer anderen Seite beleuchten kann, der ruhig abwägen kann und die richtigen Fragen stellt. Er braucht einen, der ihn auf neue Gedanken bringt, der ihn wegführt von verkürzten Interpretationen und Urteilen, damit neue Zugänge möglich werden, auf die er ohne ein gutes Gespräch alleine nicht gekommen wäre. Ähnliches stelle ich bei meinen Beratungskunden fest. Die Geschäftsführer und Abteilungsleiter machen sich viele Gedanken und können gut analysieren. Als Berater suchen sie einen Ansprechpartner, mit dem sie über ihr Alltagsdenken hinauskommen, sie suchen einen interessanten Gesprächspartner, ja, einen gebildeten Menschen, mit dem sie philosophieren und über den Tage hinaus sich unterhalten können.

Der gebildete Mensch ist ein sich selbst permanent Weiterbildender. Der Gebildete, so drückt es Peter Bieri aus, weiß Bücher so zu lesen, dass sie ihn verändern. Er ist nicht mit dem gelehrten Menschen zu verwechseln, der sich viel Wissen aneignet. Der Gegenstand der Bildung ist er selbst in seiner Menschwerdung. Bildung zeigt sich in der lebendigen Auseinandersetzung mit der Vielfalt des Lebens. Das Gegenteil des gebildeten Menschen ist der einfältige Mensch. Die Einfalt zeigt sich in einem geschlossenen Weltbild aus Vorurteilen und bewegungsunfähigen Meinungen. Persönlichkeitsbildung und Herzensbildung finden in einem pluralen Raum statt und kommen nie an einen letzten Weisheitsschluss. Auf diese Weise ist immer wieder ein Neuanfang möglich. Deshalb ist es so wichtig, dass Entscheidungsträger gebildete Menschen sind. Das Gegenteil wären der Fachidiot, der Bürokrat und der Technokrat, denen die gründliche Bearbeitung eines Gegenstandes und Vorganges wichtiger ist als der Sinngehalt und die längerfristigen Folgen. Dem gebildeten Menschen geht es nicht ums Rechthaben, er möchte etwas bezwecken. Deshalb übt er sich darin, sich und seine Denkansätze zu hinterfragen. Er tut dies, indem er die Vielfalt sucht und unterschiedliche Lebenssichten an sich heranlässt.

3.5 Den Pessimismus ablegen

Pessimismus ist weitverbreitet. Wenn ich Workshopteilnehmer nach ihrer Einschätzung zum Wandel frage, dann überwiegen die negativen Sichtweisen. Typische Befürchtungen sind: Klimawandel, Flüchtlingsströme, der Niedergang der Demokratie oder vermehrter Shitstorm in den sozialen Medien. Auch bei Abendrunden im Bekanntenkreis ziehen Untergangspropheten die Aufmerksamkeit auf sich. Sie scheinen die besseren Argumente auf ihrer Seite zu haben. Ein positives Zukunftsbild, etwa, dass die nächsten Generationen zufriedener leben könnten, weil sie ein ausgewogenes Verhältnis zu Arbeit und Freizeit anstreben, ist nie zu vernehmen und würde vermutlich kein großes Interesse hervorrufen. Zwar gibt es Zustimmung, dass sich vieles verbessert hat: Der Wohlstand ist gestiegen, die Bildungslandschaft ist durchlässiger geworden, die Umgangsformen lockerer, die Speisekarten vielfältiger, der Führungsstil weniger autoritär. Jedoch wird damit keine Fortsetzung in bessere Zeiten in Verbindung gebracht.

Pessimisten halten sich für die wahren Realisten. »Ihr werdet schon sehen«, sagt einer, »die nächste Regierung wird auch wieder viel versprechen und wenig halten.« Oder: »Die Jugendlichen möchten sich nicht mehr an einen Sportverein binden und bleiben fern.« Immer wieder geht etwas schief, immer wieder gibt es Niederlagen, immer wieder wird man enttäuscht, immer wieder entstehen Rückschritte. Jedes Weiterkommen, jede Neuentdeckung, jegliche Veränderung ist aber gerade darauf zurückzuführen, dass Einzelne und Gruppen etwas verfolgt haben, was sowohl gut als auch schlecht enden konnte. Sie sind einfach davon ausgegangen, dass daraus etwas werden kann.

Mit Pessimismus ist deshalb im wahren Wortsinn nichts anzufangen. Pessimismus bringt nichts und hat keine Berechtigung. Es können Bedenken geäußert werden, es kann Kritik geübt werden, es kann auf Risiken und Gefahren hingewiesen werden, es kann abgeraten werden, ein Schwarzmalen aber ist einfach nur destruktiv.

Erwachsen sein
Die Ratgeberliteratur propagiert die Umformung des Pessimisten zum Optimisten. Der Optimist ist der Siegertyp, der seinen Erfolg als selbstverständlich erachtet und dessen sich selbst erfüllende Prophezeiung aufgeht. Das Training oder das Selbsttraining besteht in der Schule des positiven Denkens. Überspitzt gesagt, soll die schwarze Brille durch eine rosa Brille ersetzt werden. Das Glas ist dann nicht halb leer, sondern halb voll. Ich würde sagen, Optimisten sind in jedem Fall hilfreicher als Pessimisten. Sie stoßen Projekte an, bringen Energie in ein Team und sehen auch in misslicher Lage den Silberstreif am Horizont. Dennoch ist der Optimismus ebenso wie der Pessimismus eine gedankliche Übersteigerung, ein Denkexzess. In beiden Fällen ist dem Betroffenen die Fantasie durchgegangen, einmal in diese, einmal in die andere Richtung. Der grundsätzliche Vorgang ist derselbe. Die Wirklichkeit wird durch eine Brille gesehen, nur eben mit unterschiedlicher Färbung.

Edward de Bono hat aus diesem Spiel mit der Wirklichkeit eine Kreativitätstechnik abgeleitet. Er arbeitet dabei nicht mit Brillen, sondern mit Hüten. Der blaue Hut vertritt das ordnende Denken, der weiße das analytische, der rote das emotionale, der schwarze das kritische, der gelbe das optimistische und der grüne Hut das kreative Denken. Bei der Bearbeitung eines Themas oder der Kreation neuer Konzepte setzen alle Teammitglieder einen gleichfarbigen Hut auf und versuchen in der Weise der Hutfarbe zu denken. Dadurch entsteht ein paralleles Denken, das Konflikte vermeidet und eine gleiche Wellenlänge herstellt. Analog wird nacheinander mit allen Hüten verfahren, sodass alle Denkweisen des Gehirns zum Zug kommen. Man kann sich das ganz anregend vorstellen. Es zeigt aber, wie willkürlich das Denken eingesetzt werden kann. Der Optimist würde nach de Bono ständig mit dem gelben Hut herumlaufen und der Pessimist mit dem schwarzen. Beide bilden nur ein Siebtel der möglichen Denkweisen ab. Und selbst wenn jemand den ganzen Tag die Hüte wechseln würde, wäre dies ein sonderbarer Zugang zur Wirklichkeit.

De Bono stellt eine Kreativitätstechnik zur Verfügung, die aber keine Lebenstechnik ist. Leben ist etwas anderes als Denken. In seiner Bewusstseinstheorie spricht Wilfried Nelles den Ideen und Gedanken einen Wirklichkeitsgehalt ab. Die Bildung geistiger Konstrukte sind für Nelles adäquat für einen Jugendlichen, der damit seine eigene Welt erschafft, um sich aus der Kindheit lösen zu können. Der Erwachsene dagegen denkt sich die Welt nicht aus, sondern geht auf die Wirklichkeit zu, so wie sie ist. Er nimmt sich selbst, wie er ist, und bejaht das Leben, so wie es ist.

Weder der Pessimismus noch der Optimismus sind ein angemessener Umgang mit dem Wandel. Beides sind unreife Herangehensweisen. Der Erwachsene lebt mit den Höhen und Tiefen des Lebens, mit Freud und Leid, sie gehören einfach dazu. Er muss sich nicht einreden, dass der Unfall des Kindes auch gute Seiten haben kann. Er muss aber auch in keine Depression verfallen. Er nimmt es an und lebt damit. Er tut das, was zu tun ist, ist für das Kind da, organisiert, sucht die beste Lösung. Der Erwachsene akzeptiert das Leben, wie er es vorfindet. Positives Denken ist eine künstliche Übung. Die Lebenskunst besteht vielmehr im Annehmen der Realität und der Normalität. Dazu gehören die eigenen Stärken und Talente ebenso wie die eigenen Schwächen und Grenzen, die gelungenen Momente ebenso wie das Scheitern, der Regen ebenso wie der Sonnenschein. Der Optimist will die Grenzen überschreiten und der Pessimist macht sich erst gar nicht auf den Weg. Darin sind der übermütige und der verzagte Jugendliche zu erkennen. Erwachsen sein bedeutet, dem Leben entgegenzutreten, die realen Anforderungen aufzugreifen und etwas daraus zu machen.

Ein pessimistischer Denker wie Arthur Schopenhauer vertritt die These, der Mensch müsse sich abwenden von der Welt und sich dem Nicht-Sein zuwenden. Ebenso sehen Existenzphilosophen wir Karl Jaspers die Verwirklichung der menschlichen Existenz in der Abkehr von der Welt, in der Erfassung ihrer Negativität, Wertlosigkeit und Nichtigkeit. Negative Gefühle wie Schwermut, Verzweiflung, Angst und Langeweile deckten die wahre Seinsart und Beschaffenheit der Welt auf. Als Student habe ich diese Gedanken aufgesogen, weil sie offenbar mein jugendliches Lebensgefühl getroffen haben. Aus der Sicht des Erwachsenen muss man sich wundern. Interessant ist jedoch sowohl bei Schopenhauer als auch bei Jaspers die Kehrtwendung am Ende ihrer Gedankenkette. In Schopenhauers fünfzig Lebensregeln scheint eine anschauliche Lebenshilfe auf. Zum Beispiel, sich Gedanken in Schiebefächern vorzustellen und immer nur ein Fach herauszunehmen: »Dann wird uns nicht eine schwere Sorge jeden gegenwärtigen kleinen Genuß zerstören und alle unsere Ruhe nehmen« (Lebensregel 21). Oder die Lebensregel 13: »Nichts ist seines Lohns sicherer als die Heiterkeit: denn bei ihr ist Lohn und Tat eines.« Schopenhauer wendet sich hier der Lebenspraxis zu und verleiht seinen Analysen einen Nutzen. Offenbar hat sich im Laufe des Philosophenlebens eine gedankliche Reifung von der Überhöhung des Nichts hin zu einer konstruktiven Lebensbewältigung vollzogen. Jaspers spricht am Ende von einer »Wiederaufnahme der Welt« und davon, dass die Existenzverwirklichung »in der Welt« geschehen muss.

Die Verpflichtung zur Zukunft

Dem Pessimismus ist nicht leicht beizukommen, weil er sich selbst bestätigt. »Ich habe gleich gesagt, dass unsere Mannschaft das Spiel nicht gewinnen wird.« Und wurde das Spiel doch gewonnen: »Es war einfach Glück, dass die anderen heute noch schlechter waren.« Der Pessimismus ist eine Vermeidungsstrategie. Es wird der vitalen Auseinandersetzung mit der Wirklichkeit und damit der Gestaltungs- und Veränderungsmöglichkeit aus dem Weg gegangen. Eine Aktivität habe keinen Sinn, weil diese oder jene Einflüsse dagegenstehen. Hinter dieser Sicht verbirgt sich eine Schwäche, es mit dem Leben aufnehmen zu können oder aufnehmen zu wollen. Eine erwachsene Lebenseinstellung zeigt sich in einer Verbindung mit den Realitäten, die ganz natürlich auf die Zukunft ausgerichtet sind. Damit geht eine Verpflichtung zur Zukunft einher.

Der Pessimismus kann dem nicht gerecht werden, weil er mit den Dingen hadert und dadurch eine Vorwärtsbewegung abbremst. Der Zukunft wird keine Chance gegeben und die Kraft entzogen. Eine wirksame Intervention kann darin bestehen, die Schwäche des Pessimisten direkt anzusprechen. Ich habe einmal einen Freund, der Vater und auch schon Großvater ist, auf seine ständigen pessimistischen Aussagen innerhalb der Familie angesprochen. Er hat mich erstaunt angeblickt, als ich ihm das als Schwäche ausgelegt habe und von ihm als Familienoberhaupt erwartet habe, seinen Kindern und Enkelkindern Mut zu machen, anstatt sie zu verunsichern. Mein Vorstoß zeigte Wirkung. Offenbar hat der Stolz des Familienoberhaupts gegen die Schwäche des Negativdenkens gesiegt. Was Jammern und Schwarzmalen in Unternehmen anbetrifft, halte ich es für angebracht, dies zu unterbinden, weil es zu nichts führt. In meiner Beratungsarbeit stelle ich manchmal eine Problemtrance fest. Mitarbeiter schauen wie gebannt auf ein Problem oder sehen überhaupt nur noch Probleme. Bei uns wird die Fachbasis nicht mehr gehört, wird in einem Unternehmen geklagt. Vorschriften würden ohne Rücksicht von oben eingekippt. Natürlich ist es wichtig, Problempunkte zu besprechen, dabei ist jedoch die Problemtrance, also das Kleben an den Problemen, aufzulösen.

Eine Entsprechung zur Zukunftsverpflichtung sehe ich im sogenannten Biophilie-Gebot von Erich Fromm. Der Jesuit Rupert Lay hat dies für sein Konzept der Unternehmensberatung weitergeführt. Die Biophilie ist die Liebe zum Leben und allem Lebendigen und besagt, alles zu tun, um Leben und Wachstum zu fördern. Mit diesem Gebot ist jeder aufgerufen, pessimistische Neigungen abzubauen und seine Energie für Lebenswachstum einzusetzen. Pflanzen benötigen Licht und Nährstoffe, um sich entfalten zu können. Bei ständiger Dunkelheit gehen sie ein. Dieses Bild kann dem Pessimisten entgegengehalten werden, und es stellt sich die Frage, ob die Liebe gegenüber Zweifel und Bedenken obsiegt. Ich hätte meinen pessimistischen Bekannten auch fragen können, ob er seine Kinder und Enkelkinder liebt. Selbstverständlich hätte er das bejaht. Auf diesem Weg wäre schnell klar geworden, dass Licht und Lebensfreude seine Pflänzchen besser gedeihen lassen als Missmut und Trübsinn. Das Biophilie-Gebot kann sich jeder vor Augen führen: Liebe ich meine Aufgabe? Was möchte ich zum Wachsen bringen? Auf diese Weise verliert sich der Pessimismus, weil der Blick auf das Erstrebenswerte gerichtet wird.

Dem Pessimismus fehlt das Bewusstsein für die vorhandenen Ressourcen. Dem Pessimisten ist anzumerken, dass er sich zu wenig ausgerüstet und genährt für die Aufgaben sieht. In der Folge distanziert er sich und betont die schlechten Vorzeichen eines Vorhabens. Der altmodisch klingende Begriff der Demut gibt darauf eine Antwort. Demut kommt vom lateinischen Wort »humilitas«. Darin ist der Humus, also der fruchtbare Boden herauszulesen. Die Demut ist die Hinwendung zu den vorhandenen Bodenressourcen. Wer sich seiner Lebensgrundlagen nicht bewusst ist, hat Schwierigkeiten, seine Lebenskraft zu entfalten. Das Mitgegebene wird missachtet, der Reichtum der Mittel wird nicht gesehen und nicht berücksichtigt.

Der Geist neigt zuweilen zur Verdunkelung, bevorzugt, wenn etwas anders kommt als gedacht. Warum auch immer. Vieles wirkt dann verhängnisvoll und negativ. Bei Licht betrachtet sind die Dinge, wie sie sind. Und am besten, wir nehmen sie, wie sie sind. Der Geist beruhigt sich dann auch wieder.

Intelligenz, soziale Fähigkeiten, technische Möglichkeiten, ökonomische Ressourcen, die Unterstützung durch andere – dies alles ist vorhanden. Wer sich in Demut und in Dankbarkeit übt und die Lebensausstattung wahrnimmt und als Geschenk entgegennimmt, der kann sogleich darauf bauen und muss nicht den Mangel beklagen. In der Erziehungs- und Führungsarbeit ist deshalb darauf zu achten, dass der Zugang zu den vorhandenen Ressourcen freigelegt wird.

Sich den Aufgaben stellen
Auf seine Weise hat der Pessimist ein intensives Verhältnis zum Wandel. Er ist fixiert auf die Veränderungen, die ihn besorgen. In seiner Unsicherheit dem sich wandelnden Leben gegenüber greift der Pessimist zu einem Trick. Er prognostiziert einen schlechten Ausgang, sodass die Wirklichkeit nur besser werden kann. So wie es einen Zweckoptimismus gibt, gibt es auch einen Zweckpessimismus. Ich erlebe das bei Verantwortungsträgern in der Wirtschaft. Bei schwierigen Vorzeichen werden gleich negative Zukunftsszenarien gebildet. Kommt es dann besser, dann sieht man selbst auch besser aus. Mit einem weitsichtigen Umgang mit Wandel hat das wenig zu tun. Reflexhaft wurden in der Coronakrise in der Industrie Sparprogramme aufgelegt. Anstatt die sichtbar gewordenen Strukturmängel anzugehen, wurde häufig nur das Jahresergebnis gesehen.

Die antike Philosophie kennt den Blick in den Abgrund. Hier wird bewusst auf ein Negativszenario geschaut. Es soll helfen, nicht zu euphorisch an etwas heranzugehen, die Schwierigkeiten eines Projektes nicht zu unterschätzen und Sollbruchstellen frühzeitig zu erkennen. So wie bei der Vorbereitung auf einen sportlichen Wettbewerb, bei dem die Sportler die Tücken eines Parcours oder die Raffinesse des Gegners studieren und antizipieren. Der Blick in den Abgrund ist aber eben ein Blick, eine konzentrierte Phase, eine Besinnung, eine mentale Vorbereitung. Der Sportler ist voller Tatendrang und prüft Möglichkeiten des Scheiterns. Mit der Notwendigkeit einer Negativprüfung rechtfertigt sich auch der Pessimist: »Was ist, wenn ...« Nur verlässt der Pessimist den Abgrund nicht mehr, sondern bleibt wie gebannt davor stehen. Der Abgrund erscheint ihm unendlich breit und tief. Diese Selbstbelastung macht den Pessimisten für kritische Situationen unbrauchbar, weil er andere herunterzieht und mehr zur Verunsicherung als zu einer Lösung beiträgt. Wie also ist dem Pessimismus beizukommen?

Jeder kann sich in Entscheidungssituationen versetzen und sich selbst dabei anschauen: Neige ich zum Zaudern? Was geht dabei in mir vor? Oder man kann sich die nächsten zehn Jahre seines Lebens vorstellen: Welche Bilder tauchen auf? Sind diese Bilder hell oder dunkel? Man kann auf seine Kinder schauen oder auf die Organisation, in der man tätig ist: Sehe ich Wachstum, Freude, Aufstieg oder drängen sich Schwierigkeiten in den Vordergrund? Der Pessimist kann sich selbst an dem Aber-Reflex erkennen. Ein Vorhaben, ein Plan, eine Veränderung erzeugt den Aber-Reflex: »Was ist aber, wenn sich der Markt doch nicht so entwickelt ... Sich selbstständig zu machen ist schön und gut, aber in der heutigen Zeit viel zu unsicher ...«

Der erste Schritt ist es, den Pessimismus in sich ausfindig zu machen, ihn vor sich hinzulegen und anzuschauen. Man kann sich eine schwarze Brille vorstellen und damit spielen, sie aufzusetzen und wieder abzunehmen. Diese Übung könnte ein guter Übergang von einem Pessimismus als Dauerzustand hin zum gezielten Blick in den Abgrund sein. Wer in den Abgrund schaut, beschäftigt sich zwar mit der Möglichkeit der Niederlage, aber nur deshalb, weil er den Sieg will. Der Abgrund wird bald wieder verlassen.

Wer die Welt in einem schlechten Licht sieht, sieht sich selbst in ähnlicher Weise, nämlich mangelhaft und unvollkommen. Das Menschsein an sich ist aber unvollkommen, und das Leben an sich kann nicht perfekt sein. Es ist, was es ist, faszinierend, enttäuschend, überraschend. Vor allem ist es in Bewegung, formt sich um und stellt neue Versuche an. Dabei kann nicht alles gelingen. Die durchschnittliche Zahl der Tore pro Spiel in der Fußballbundesliga in der Saison 2019/20 betrug 3,21 Tore. Das war der höchste Wert seit zwanzig Jahren. In der Saison 2002/03 waren es laut Statistik nur 2,68 Tore. Das reicht nicht einmal für ein 2:1. Bei einem Spiel von neunzig Minuten kann man sich denken, wie viele Fehlversuche, Fehlpässe, Missverständnisse, Abseitsstellungen und schwache Schüsse daran beteiligt sind. Vielleicht ist dieses Abbild des Lebens das Geheimnis für die Popularität des Sports allgemein und insbesondere des Fußballs. Es gewinnt derjenige, der immer wieder von neuem anrennt und unaufhörlich den gelungenen Moment sucht. Der Jubel ist dann umso größer.

Es reicht also aus, wenn ab und zu etwas funktioniert. Ein Sieg ist nicht von permanenten Erfolgserlebnissen abhängig. In einer normalen Arbeitswoche verhält es sich ähnlich. Wenige Erfolgsmomente stehen einer Reihe von durchschnittlich erfreulichen und unangenehmen Ereignissen gegenüber. So viel zur Alltagsstatistik. Auch hier hilft nur der Neuanlauf, das Weitermachen, das Weiteranrennen, so lange, bis wieder ein Tor gelingt.

Veränderungen bringen eine ungewisse Zahl an Fehlversuchen mit sich. Für einen, der sich ohnehin in der Defensive befindet, kann das eine unerträgliche Aussicht darstellen. Doch diese missliche Lage kann der Pessimist für eine Bewährungsprobe und eine Persönlichkeitsreifung nutzen. Er kann darauf achten, standzuhalten und schwierige Phasen nicht als Bestätigung seiner Skepsis zu nehmen, sondern als eine vorübergehende Erscheinung. Er kann sich und der Welt zugestehen, dass es einer gewissen Entwicklung bedarf, bis ein Durchbruch entsteht, und dass bis dahin vieles unvollkommen sein wird. Mit diesem Akt des Aushaltens verlässt der Pessimist sein defensives Über-etwas-Denken und wird zum Mitstreiter. Er ändert seinen Maßstab, der nicht länger der pure Erfolg ist, sondern der engagierte Veränderungsweg. In diesem Erleben kommt er sich selbst näher, weil im Mittragen eines

Projektziels, einer Verantwortung und einer Last fühlbar wird, was man der Welt geben kann und wozu man auf dieser Welt da ist.

Wer den Pessimismus abstreift, schafft Platz für die realen Anforderungen, die Veränderungen mit sich bringen. Er entscheidet sich dafür, sich den Aufgaben zu stellen, etwas auf sich zu nehmen und es darauf ankommen zu lassen. Gut ist dann das, was man guten Willens verfolgt. Wer damit sein Leben ausfüllt, bei dem kann nicht viel Schlechtes übrig bleiben. Der Wandel ist das Ergebnis vieler Bemühungen. Nicht immer geht alles auf und trotzdem entsteht etwas, von dem der Einzelne sagen kann, er hätte seinen Teil dazu beigetragen.

3.6 Entstehen lassen

Im Mittelalter gab es das Lebensbild des Viator Mundi, des Reisenden durch die Welt. Der Mensch lässt sich durch sein Leben treiben, er wandert mit so manchen Beschwerden, um schließlich die Welt wieder zu verlassen. Er ist ein Durchreisender, der nicht im Diesseits beheimatet ist, sondern im Jenseits. In der Renaissance entsteht der Faber Mundi, ein Schaffender und Beherrscher der Welt. Der Mensch behauptet einen Gestaltungsanspruch, er versteht sich als Künstler und Erbauer der Welt. In der Moderne wird daraus der Homo Faber, ein aktiver Veränderer, der seine Umwelt nach seinen Vorstellungen formt. Heute sprechen wir vom Macher. Im amerikanischen Traum ist der Selfmademan eine Ikone. Je höher der Anteil der Lebenseigenleistung ist, desto größer ist das Ansehen. Das Glück ist machbar, so lautet der Wahlspruch. Das Leben wird gemacht, Veränderung wird gemacht. Sie ist das Ergebnis eines bewussten und geplanten Herstellungsprozesses. Diese Überzeugung und dieser Geisteszustand bestimmen die Gegenwart.

Mathematik und Naturwissenschaften sind die geeigneten Instrumente der Veränderung, weil sie Planungen berechenbar machen. Die Technik verdankt ihre Erfolge der systematischen Rückführung von Prozessen auf berechenbare Einzelschritte. Selbst soziale Wissenschaften wie die Psychologie und die Ökonomie basieren auf mathematischen Modellen. Doch der Wandel spricht eine andere Sprache. Er macht, was er will. Ein gutes Beispiel war die Finanzkrise 2008/2009. Sie hat die Theoriemodelle der Ökonomen kalt erwischt. Mit dieser Krise hat buchstäblich keiner gerechnet. Zukunftsforscher räumen heute ein, dass die Welt viel zu komplex ist, um sichere Vorhersagen machen zu können. Niemand hätte den Fall der Mauer an der deutsch-deutschen Grenze vorhersagen können, niemand die Ausmaße einer Pandemie.

Eine Gegenposition zur Machbarkeitsgesinnung nimmt Wilfried Nelles ein, der aus therapeutischen Prozessen die Einsicht ableitet: Das Leben geschieht. Die Machbarkeit des Lebens ist für Nelles ein modernes Märchen und die Idee einer jugendlichen Bewusstseinsstufe. Leben und Werden sind ein eigendynamischer Entstehungsprozess. Schon die Befruchtung des Eies durch den Samen ist kein Zeugen in Sinne des Kindermachens, sondern ein eigenwilliger Vorgang, bei dem von Millionen von Samen ein einziger zum Zuge kommt. Auch die Geburt eines Menschen vollzieht sich mehr, als dass sie bewusst gesteuert würde. Lebensphasen wie die Kindheit, die Jugend, das Erwachsenenalter, das Alter erfolgen ebenso wie der Tod aufgrund einer inneren Entwicklung, die ganz unabhängig von gestaltenden Eingriffen von außen vonstattengeht. Auf diese Weise geschieht das Leben und wird nicht gemacht.

Vom Machen und Lassen

Unter einem Manager stellt man sich einen Macher vor, der die Dinge anpackt und nach seinen Vorstellungen lenkt. In Wirklichkeit ist es kaum möglich, ein kleines Team, selbst einen einzelnen Mitarbeiter in linearer Weise zu steuern, geschweige denn eine Organisation. Menschen und Organisationen sind komplexe Systeme. Für den Systemtheoretiker Bernd Schmid heißt Führung, jemanden über Kommunikation zu bewegen, sinnvoll an der Gestaltung der Wirklichkeit mitzuwirken. Führung ist ein mittelbarer Vorgang. Um ihre Ziele zu erreichen, muss eine Führungskraft auf Mitarbeiter einwirken und diese überzeugen. Ein Unternehmen zu managen in dem Sinne, dass die Mitarbeiter genau das machen, was sich die Unternehmensleitung vorstellt, hält Schmid für eine Illusion. Führung ist eine komplexe Kulturleistung, eine Beziehungsgestaltung, die mit einem technischen Herstellungsprozess wenig zu tun hat.

Eine Führungskraft kann eine Kultur prägen und eigene Werte einbringen: Zum Beispiel setzt eine Vorgesetzte auf Vertrauen und regt auf diese Weise die Selbstverantwortung der Mitarbeiter an. Wie der einzelne Mitarbeiter damit umgeht, ist eine andere Frage. Schmid vergleicht eine Führungskraft mit einem Theaterregisseur, der ein Drehbuch in Szene setzt. Das Drehbuch ist eine Vorlage und Vorgabe, doch ein Filmregisseur wie Wim Wenders lässt die Schauspieler nach eigenem Antrieb agieren. Das Drehbuch verändert sich während der Umsetzung, und es entsteht etwas ganz Eigenes. Das Lassen des Wim Wenders könnte man als ein Treibenlassen auslegen, als Führungsschwäche, weil die Schauspieler keine genaue Regieanweisung erhalten. Doch schafft er dadurch unvergleichbare Kunstwerke. Was hat es also mit dem Lassen auf sich?

Die Rückschau auf das eigene Leben lässt den Schluss zu, dass es offenbar genau so kommen musste, wie es gekommen ist. Natürlich hat man immer wieder Entscheidungen getroffen: für eine bestimmte Arbeitsstelle, für einen Hausbau, für Familie. Und doch überwiegt der Eindruck, das Leben als Ganzes sei auf seine Weise geschehen. So wie Reinhard Mey in einem frühen Lied singt: »Ich habe stets geglaubt, das Ruder selbst zu halten, und fuhr doch nur auf vorbestimmten Bahnen hin, denn alle Hoffnung und alle Ängste mussten dahin führen, wo ich bin.« Der Gedanke, vieles entstehe von selbst, ist schwer zu fassen. Die Annahme, das Ruder nicht selbst in der Hand zu halten, ist beängstigend. Auch Sackgassen und Schmerzen finden in der eigenen Biografie einen logischen Platz. Lebenskrisen erweisen sich oft im Nachhinein als klärende Phasen. Die Krise sucht sich keiner aus. Sie kommt über einen und macht einem zu schaffen, doch am Ende wirkt sie heilsam. Dieser Blick auf das Leben lässt den Schluss zu, dem Zulassen mehr Raum einzuräumen und das Machen weniger wichtig zu nehmen.

Einer intensiven Studie zum Geschehenlassen gleicht die Kindererziehung. Eltern möchten ihre Kinder perfekt auf das Leben vorbereiten und versuchen, ihre eigenen Werte und Ideale in dem Kind zu verwirklichen. Auf diese Weise ziehen sie die Kinder in eine bestimmte Richtung, geben ihnen eine Ausrichtung und eine Form. Andererseits können Eltern vom ersten Lebenstag an etwas ganz Eigenwilliges in einem Kind sehen. Väter und Mütter berichten erstaunt von der Unterschiedlichkeit ihrer Kinder. Selbst bei Zwillingen ist jeder einzelne ganz anders. Wenn die Kinder zu jungen Erwachsenen werden, werden langsam die Zusammenhänge klar und man erkennt im Eigensinn der Vierjährigen die Zielorientierung der Studentin wieder. Dann fragt man sich, ob es die täglichen Reibungen überhaupt gebraucht hätte oder ob nicht eh alles so gekommen wäre, wie es kommen musste, weil in diesem Kind schon vieles so angelegt war, wie es sich später entpuppt hat.

Der Erziehungsprozess ist sicher notwendig, aber die Bedeutung der Selbstentwicklung wird aus meiner Sicht zu wenig beachtet. Dabei könnte gerade diese Seite des Lebens zu mehr Gelassenheit führen. Eltern könnten gelassener sein, wenn sie davon ausgehen, dass in jedem Kind ein eigener Plan steckt. Ein Grund für die Gelassenheit von Großeltern mag in diesem Umstand liegen. Sie haben bei ihren eigenen Kindern die Eigendynamik in der Entwicklung vom Kind über den Jugendlichen zum Erwachsenen erlebt und gesehen, dass etwas gut wird, was sich zunächst ganz verwickelt und unheilvoll anfühlt.

Manches im Leben bleibt dem Modus des Machens unzugänglich. Beispielsweise der Umgang mit Verlust, der ein verlässlicher Begleiter bei Veränderungen ist. Hier greift der Modus des Lassens in Form der Fähigkeit zu trauern. Ein Machenwollen auf Teufel komm raus führt in die Depression.

Geschehenlassen heißt nicht, nichts zu tun. Das Lassen ist mit Aushalten verbunden und kann Kraft kosten. Als wir einmal bei Freunden zum Abendessen eingeladen waren, rief der neunzehnjährige Sohn an, er hätte eine Reifenpanne und ob jemand kommen könnte. Er befand sich circa eine Autostunde entfernt. Die Mutter fing am Telefon gleich an zu organisieren, als der Vater winkend bedeutete, das Gespräch übernehmen zu wollen. Kurzerhand meldete er dem Sohn zurück, sie hätten Freunde zu Besuch und er solle nun selbst schauen, wie er das Problem löse. Es war noch kurz von Pannendienst die Rede, bevor das Telefonat schnell beendet war. Mit einem verschmitzten Gesicht vermeldete der Vater an die staunende Abendessensrunde: »Das ist ein idealer Moment. Auf diese Weise werden Kinder selbstständig.« Als Chef einer Notaufnahme war der Mann vielleicht besonders abgebrüht. Aber sein Befund des idealen Moments in Zusammenhang mit einem Loslassen ist verallgemeinerbar.

Die alten Griechen kannten unterschiedliche Begriffe für die Zeit. Chronos ist die fortlaufende Zeit, die einem der Sekundenzeiger auf der Uhr besonders anschaulich macht. Kairos dagegen ist der rechte Augenblick. Crisis und Kairos fallen oft zusammen. Der schwierige Moment ist der rechte Augenblick, der Wendepunkt. Der Sohn im Beispiel hat auf seine Weise die Situation gemeistert, was seinem Erwachsenwerden geholfen hat. Der Mutter hat die Geschichte erst einmal Kraft gekostet. Sie hat sich vorgestellt, wie der Junge im herbstlichen Nebel die Warnweste nicht findet, sich beim Wählen der Pannennummer vertippt und vielleicht den ganzen Tag noch nichts Richtiges gegessen hat. Für ihr emotionales Gerüst wäre es einfacher gewesen, die Sache in die Hand zu nehmen, am besten selbst hinzufahren und dem Sohn zur Hand zu gehen.

Machen ist oft einfacher als Lassen. Abteilungsleiter stürzen sich auf Tagesprobleme, eilen in die Fertigung, um bei der Lösung eines technischen Defekts mitzumischen. Der Vorarbeiter hat dann den Meister, den Gruppenleiter und den Abteilungsleiter um sich herum, die alle irgendetwas machen wollen. Vernünftiger wäre es, den Vorarbeiter mit seiner Mannschaft machen zu lassen. Das hieße nicht, nichts zu tun. Zum Beispiel könnte darauf geachtet werden, ob das Problem richtig angegangen wird, ob das Qualitätsmanagement ordentlich arbeitet und ob die Maßnahmen fußen; alles, außer den Spezialisten vor Ort ihren Platz zu nehmen.

Der Führungsrolle wird das Lassen oftmals gerechter als das Machen. Führungskräfte können nachgerade zu Verhinderern werden, wenn ihr Gesprächsanteil in Besprechungen siebzig Prozent überschreitet, wenn sie andere Gedankengänge als die eigenen nicht zulassen können und Mitarbeiter nicht vorlassen können. Zuhören ist ein Akt des Zulassens.

Das Gelingen und der Wandel

Das Zulassen ist ein Entstehenlassen. Damit wird nicht der Tatenlosigkeit das Wort geredet. Etwas entstehen zu lassen, ist ein sehr aktiver Vorgang. Betrachtet man einen Künstler, so hat er zwar eine Idee von seinem Bild und vielleicht schon Skizzen angefertigt. Im Wesentlichen entsteht das Bild aber beim Malen selbst. Der Maler produziert nicht, sondern gibt sich dem Entstehen hin. Kopisten und Fälscher können produzieren. Kunst aber ergibt sich aus einer Mischung von Intuition, Aktion und dem Eintauchen in einen schöpferischen Prozess. Der Künstler ist Akteur, doch gleichzeitig spielt sich ein eigenwilliges Geschehen ab. An manchen Tagen entsteht gleich das halbe Bild, an anderen geht nichts voran.

Der Neurobiologe Gerald Hüther hat auf die Bedeutung des deutschen Wortes Gelingen hingewiesen, das nicht adäquat ins Englische übersetzt werden kann. Wie will ich den Satz »Das Leben gelingt« übersetzen? Life succeeds? Das bedeutet eher »Das Leben verläuft erfolgreich« und hat etwas von Zielerreichung. Ein gelingendes Leben stellt sich eher ein, als dass es einem zielorientierten Verlauf folgt.

Die Formel aus Aktion und Entstehenlassen kann auf den Wandel angewendet werden. Eine Teamleiterin setzt Zeichen wie der Maler den Strich. Zum Beispiel führt sie Unterteams ein, die bestimmte Themen und Aufträge verantworten. Sie verfolgt damit eine Idee, kann deren Realisierung aber nicht vollständig erzeugen. Sie ist darauf angewiesen, dass die Mitarbeiter darauf anspringen und etwas daraus machen. Also beobachtet sie viel und achtet auf das Entstehende. Sie schaut, ob etwas gelingt, und stellt fest, dass ihre Idee lebt, aber ganz andere Formen annimmt, als sie dachte. Fixe Unterteams scheinen nicht zu funktionieren, aber Mitarbeiter finden flexibel und temporär zusammen. Hätte die Teamleiterin sofort eingegriffen und korrigiert, hätte sich diese Lösung womöglich nicht ergeben.

Das Zusammenwirken von Wandel, Lassen und Tun vor Augen fällt mir das Bild des Windsurfers oder des Seglers ein. Der Wind entspricht einem Geschehen, das der Segler nicht beeinflussen kann, dessen Energie er aber für seine Zwecke nutzen kann. Beim Segeln spielen Machen und Lassen ineinander. Der Segler beobachtet die Windrichtung, setzt Segel, steuert. Er kommt umso besser voran, je mehr Wind er in die Segel lassen kann. Je besser jemand Segeln kann, desto ruhiger geht er vor und umso geschickter nutzt er die Naturkraft. Guten Surfern macht es erst ab einer höheren Windgeschwindigkeit richtig Spaß.

Der »Wind of Change« ist sprichwörtlich, und vielleicht kann man unsere Zeit des Wandels auch unter dem Aspekt sehen, wie langweilig für einen Surfer oder Segler eine Flaute ist. Die heute lebenden Generationen sind Zeitzeugen historischer Wendepunkte. Eine mehr als zweihundertjährige Entwicklung der Industrialisierung und des materiellen Wachstums geht zu Ende. Noch weiß keiner genau, wie das Steigerungsdenken ersetzt werden kann und wie der nächste Schritt genau aussehen wird. Mächtige Kräfte versuchen gegen den Wind des Wandels anzukämpfen und ihn in großen Dampfern in Form von wirtschaftlichen und politischen Machtkomplexen zu ignorieren. Doch einerseits zeigen sich die Kollateralschäden in Form ökologischer Katastrophen immer stärker, andererseits baut sich langsam, aber stetig ein neues Bewusstsein auf, das die alte Epoche Stück für Stück überwindet und hinter sich lässt. Das Neue entsteht in einer Evolution des Bewusstseins. Ohne Kraftaufwand kann jeder Kontakt zu dieser geistigen Bewegung aufnehmen, so wie der Segler den Kontakt zum Wind aufnimmt. In Texten, Gesprächen, Projekten und Einzelhandlungen nimmt der Wandel Form an.

In der Bewusstseinstheorie von Nelles steht der Wandel von einem jugendlichen hin zu einem erwachsenen Bewusstsein an. Der Jugendliche sucht sich selbst und schlägt über die Stränge. Die Analogie zu einem entfesselten Ressourcenverbrauch liegt nahe. Der Erwachsene ist bei sich angekommen und erkennt die Grenzen des Lebens an. Der Bewusstseinswechsel erfolgt nicht über eine Anstrengung oder über einen Verzicht, so wie man sich an Silvester vornimmt, weniger Süßes zu essen, woraus dann doch nichts wird. Ein anderes Bewusstsein ist eine andere Sicht und ein anderer Zugang zur Welt. Wenn sich heute Männer und Frauen Berufs- und Familienarbeit aufteilen, dann strengt sich keiner mehr an oder nimmt sich irgendetwas vor. In ihrem Bewusstsein sehen die Paare das als normal an. Sie haben den Wandel der Geschlechterrollen und der Verhältnismäßigkeit von Arbeit und Freizeit in sich aufgenommen und leben danach. Sie segeln im neuen Wind.

Der Epochenwechsel folgt dem Gesetz des Wandels: Was sich über eine geraume Zeit erst andeutet und dann ausbreitet, kann in einem Moment umschlagen. Ein banales Beispiel ist – zumindest in meiner Familie – der Wechsel von der Sommer- zur Winterbettwäsche und umgekehrt. Im Herbst kommt eine kalte Nacht, in der es einen fröstelt. Gleich am nächsten Tag kommt die dickere Zudecke zum Einsatz. Dieser Ablauf ist vorgegeben und entsteht von selbst. Das neue Bett ist die neue Realität, in der es sich wunderbar schläft. Noch ist das Steigerungsdenken in vollem Gang. Ohne signifikantes Wachstum entstehen in unserem heutigen Wirtschaftssystem sehr schnell Krisen.

Wir können uns im alten Bewusstsein ein neues System nicht recht vorstellen. Das Frösteln hat zwar begonnen, aber keiner kennt das neue Bettzeug. Eine Vorstellung davon entwirft der Soziologe Gerhard Schulze, wenn er im Gegensatz zum Steigerungsspiel vom Zeitalter der Ankunft spricht. Der Lust an der Bewegung folgt die Lust, an einem Ziel angekommen zu sein. Die Welt ist weitgehend erschlossen und wir können die Grenzen nicht weiter nach außen schieben. Den Fantasien eines Lebens auf dem Mars, wie sie der amerikanische Großunternehmer Elon Musk hegt, sind noch Reste jugendlicher Entdeckungslust und Träumereien anzumerken. Der Phase der Grenzüberschreitung folgt die Phase einer Intensivierung des Lebens.

Die Leichtigkeit des Seins
Das Entstehenlassen ist ein Loslassen von der Ideologie des Machens, des Eingreifens, des Kontrollierens und des Steuerns. Der Segler ist nicht untätig, aber er weiß um den Wind als die entscheidende Antriebsquelle. Wer seinen Lebenserfolg nicht mehr nur von der eigenen Anstrengung abhängig macht, sondern lernt, sich tragen zu lassen, der kann eine neue Leichtigkeit des Seins entdecken und gelassener werden. Der Wind des Lebens bringt immer etwas Brauchbares mit sich. Es lohnt sich, mehr darauf zu achten, was das für einen selbst sein kann. Zeiten des Wandels schwemmen etwas weg, was einem lebenswichtig erschien; womöglich weltweit reisen zu können oder seine Arbeit in der gewohnten Routine zu erledigen. Sie bringen aber auch etwas mit und erzeugen neue Sichtweisen. Die Idee der Ankunft könnte so etwas sein, womit dem intensiven Erleben eines näheren Lebensumfeldes eine höhere Bedeutung beigemessen würde.

Der Tunnelblick des Machers wird durch ein bewusstes Schauen ersetzt. Ich schaue darauf, was entsteht. Ich schaue darauf, was gelingt und wie es gelingt. Wenn ich auf meine Kinder schaue und auf das, was bei ihnen entsteht und was gelingt, dann muss ich weniger eingreifen. Vielmehr erfreue ich mich an dem Entstehenden und unterstütze es. Dies ergibt eine Leichtigkeit, die als Befähiger beim Umgang mit Veränderungen dient. Der Homo Faber ist angetrieben von dem Gedanken, die Welt nach seinen Vorstellungen zu gestalten. Dies hindert ihn an einem Perspektivenwechsel, weil er nicht sieht, was in der Luft liegt und was die Welt verändert. Als Segler würde er viel zu viel machen und dadurch mehr bremsen als befördern. Als Bergwanderer hätte er nur den Gipfel im Kopf und würde nicht anhalten, um den Ausblick zu genießen, die Hummel und den Enzian zu entdecken, das Heu und das Moor zu riechen. Die Faszination des Höher-schneller-weiter treibt ihn an, doch verkörpert er ein Auslaufmodell. Ihm fehlt die Anschlussfähigkeit für eine neue Weltsicht. Er schaut nicht. Er nimmt seine Umgebung nicht wahr. Er kann sein Tempo nicht verringern und nicht anhalten. Es sieht nicht, was um ihn herum entstehen kann.

Es geht beim gegenwärtigen Wandel um den Wechsel in ein neues Lebensmodell. Noch fehlen die ökonomischen Modelle einer postindustriellen Zeit. Auch diese müssen sich ergeben aus Praxisversuchen, Krisen und politischen Auseinandersetzungen. Was sich zeigt, ist ein Bewusstseinswandel. Seit den 1980er-Jahren hat sich der Begriff der Ökologie ausgebreitet. Die Ökologie beschreibt die Wechselbeziehungen zwischen den Lebewesen und ihrer Umwelt. Sich selbst mehr im Zusammenwirken mit seiner Umwelt, mit seinen Mitmenschen, mit seiner Geschichte zu sehen, ist für mich der Kern dieses neuen Lebensmodells.

4.
Sich einlassen – mehr als nur eine neue Gewohnheit

Mit dem Loslassen fängt es an. Wenn das Alte nicht losgelassen wird, hat das Neue wenig Platz. Anfänge sind dann ideale Momente für Veränderungen, wenn wenig vorgegeben ist und man unvoreingenommen an etwas herangeht. Es herrscht eine angeregte Spannung, so wie im Kino oder im Theater kurz bevor die Vorstellung beginnt. Neuanfänge heben die Aufmerksamkeit. Mit der Neuausrichtung müssen in einem Arbeitsteam die grundlegenden Fragen neu beantwortet werden: Wie definieren wir unser Ziel? Welche Kompetenzen brauchen wir? Wie arbeiten wir zusammen? Das gilt auch für das Privatleben. Langjährigen Partnerschaften tun Neuanfänge gut. Zum Beispiel kann man damit beginnen, unter der Woche einen kulturellen Abend oder einen Ausflug zu installieren. Man begegnet sich dabei auf eine neue Weise und frischt die Beziehung auf. Mit zunehmendem Alter wird einem die Kostbarkeit eines jeden neuen Tages bewusst. Ohne etwas anders zu machen, entsteht durch dieses Bewusstsein eine Art von täglichem Neuanfang.

Der gegenwärtige Strukturwandel der Industriegesellschaft entspricht dem Aufbruch in eine neue Ära. Wir wissen nicht genau, was auf uns zukommt. Was werden die tragfähigen Technologien sein? Wie wirkt sich die Automatisierung aus? Wie bewältigen wir den demografischen Wandel? Was wird aus dem Facharbeiter- und Handwerkermangel? Wie werden sich Familien in Zukunft organisieren? Welche Antworten finden wir auf den Klimawandel und auf globale Katastrophen? Eine Neueinordnung von Denken, Fühlen und Handeln setzt ein Loslassen voraus und geht über in ein Sich-Einlassen.

4.1 Geschehen lassen und Antwort geben

Der Kerngedanke eines neuen Umgangs mit dem Wandel hängt mit dem Verlassen der Vorstellung zusammen, man könne sein Leben einem selbst gemachten Plan unterwerfen. Gewiss können private und berufliche Pläne gemacht werden und auch in Teilen aufgehen. Doch es gleicht einer Selbstüberschätzung und einer Anmaßung, im komplexen Geschehen des Lebens alles bestimmen zu können. Es erscheint mir heilsam zu sein, den Blick zu wechseln und den Menschen als Bestandteil eines größeren Geschehens des Werden und Vergehens zu betrachten. Nur: Was kann das bedeuten und wonach richte ich dann mein Handeln?

Das Leben drängt

Leben ist Wandel. Ein stillstehendes Leben gibt es nicht. Stillstand ist der Tod. In der Evolution zeigen sich die Selbstgestaltung des Lebens, das Wunder des Lebens, die unfassbaren Ausprägungen des Lebens in einem unbändigen Vorwärtsdrang, den der französische Philosoph Henri Bergson den Élan vital, den Lebensschwung nennt. Als ein »Ausdruck des Lebens«, wie Wilfried Nelles es nennt, lässt sich der Mensch auf die Bewegung des Lebens ein, lässt sich ins Leben hineinfallen wie in einen offenen Raum. Die Lebensaufgabe besteht in einer Bejahung des Geschehenden, in einem Eintauchen in die Ereignisse. Das Gelingen des Lebens gleicht der Hingabe an das Leben. Die Aufgabe besteht dann darin, in Kontakt mit dem zu kommen, was in einem angelegt ist, sich selbst kennenzulernen und das auszuführen, was in einem steckt. Die Umwelt spiegelt einem sehr treffend, ob man das tut, was einem liegt, oder ob man sich etwas vormacht. Die Sichtweise, sich als ein Teil eines größeren Lebensgeschehens einzuordnen, entlastet davon, alles richtig machen zu müssen. Viel wichtiger ist es, ein Gefühl für das eigene Leben zu bekommen und dem inneren Lebensplan zu folgen.

Der Mensch ist Ausdruck des Lebens, er ist aber auch ein Erkennender, der sich selbst beobachtet und sich darüber Gedanken macht, wer er ist und was er aus dem Leben macht. In der Aufklärung hat diese Vorstellung eine herausragende Bedeutung. Der Mensch wird aufgefordert, sich die Dinge anzusehen und Schlussfolgerungen zu ziehen. Karl Popper als ein moderner Aufklärer glaubt daran, dass der Mensch durch seine rationalen und kommunikativen Fähigkeiten in der Lage ist, die Evolution auf einer zivilisierten Ebene weiterzuführen. Der Mensch ist dann ein Veränderer und Gestalter, der Verantwortung übernimmt und lernt. Er ist beides zugleich: Teil des Wandels und Veränderer. Wie aber hängt das zusammen, wie kann man sich diesen Mechanismus vorstellen?

Der Desperado

Wie Geschehenlassen und Gestalten zusammenfinden, wird im Schaffen des Filmemachers Wim Wenders deutlich. In ihrem Dokumentarfilm »Desperado« schildern Eric Friedler und Andreas Frege die Arbeitsweise von Wenders. Darin beschreiben die Schauspieler die Vorgehensweise von Wenders als etwas Spielerisches. Zwar existiert ein Drehbuch, aber eigentlich entsteht der Film beim Drehen. Für die Beteiligten ergibt sich eine rätselhafte Atmosphäre, weil man wie in einem großen offenen Raum steht, der gefüllt werden will. Nebensächliche Erscheinungen geraten in den Fokus und gewinnen an Bedeutung, Spuren werden aufgenommen und verfolgt, eine Nebenrolle wird zur Hauptrolle. Der Film wird von einem Tag auf den nächsten weitererzählt, und dieses Einlassen darauf führt zu Resultaten, die vorher nicht absehbar waren. Der Schauspieler Patrick Bauchau bezeichnet Wenders als einen Desperado und vergleicht ihn mit einem Fallschirmspringer. Wörtlich sagt er: »Der freie Fall bringt einen dem Ziel sehr schnell näher und Wim springt ohne Netz und doppelten Boden.« Und die Sängerin Patti Smith ergänzt: »Falls der Fallschirm versagt, lässt er sich einfach Flügel wachsen und überlebt.« Die Produktion des Filmes »Paris, Texas«, der Wenders die Goldene Palme einbrachte, war von großen Geldproblemen und ständigen Unterbrechungen begleitet. Doch auf seine Umgebung wirkte Wenders während der Dreharbeiten beseelt und in sich ruhend. Er genoss es, nicht zu wissen, was am nächsten Tag passiert – und auf diese Weise den Film wachsen zu sehen.

Die Schauspieler und Techniker stehen Wenders in großer Bewunderung gegenüber. Alle sehen es als großes Glück an, mit Wenders zusammengearbeitet zu haben. Aber: Mit einem Desperado, einer Mischung aus verzweifeltem und verwegenem Kerl, einem schwer zu durchschauenden Sucher? Was die Umgebung aufnimmt, ist diese Fähigkeit, dem Leben selbst, der Kunst selbst Ausdruck verleihen zu lassen. Wenders hat es einfach geschehen lassen und hat alles getan, damit es geschehen kann. Die großen Schwierigkeiten, Konflikte und Kämpfe rund um seine Projekte hat er nicht an seine Leute herangelassen. Wenders hat seine Filmcrew und den Filmentstehungsprozess abgeschirmt, sodass der Film von innen wie ein Samen aufgehen konnte. Das zu erleben, hat ihn beseelt. Sein persönliches Fazit zu seinem Schaffen lautet: »Bei Filmen wie ›Buena Vista Social Club‹, ›Himmel über Berlin‹ oder ›Paris, Texas‹ habe ich viel gearbeitet, aber große Teile sind mir geschenkt worden. Die Hälfte ist das, was man macht, die andere Hälfte ist das, was man bekommt.«

Mit dieser einfachen Formel bringt Wenders alles zusammen: Das Lassen und das Machen, das Wollen und das Aufnehmen, das Gestalten und das Kommenlassen. Er hat eine Idee für die einzelne Szene, eine genaue Vorstellung und bezeichnet sich selbst als Perfektionisten. Seine Mitarbeiter spüren das und sehen ihm förmlich an, wie es in seinem Kopf arbeitet. Doch er hält es für einen Fehler, zu viel zu erklären. Er sagt dazu: »Schöner ist es, wenn es von selber erscheint, es ist besser, es kommt, ohne dass es benannt wird.« Einen idealen künstlerischen Prozess sieht Wenders darin, als Team wie in einen Fluss zu steigen und in der gemeinsamen Bewegung etwas zu erschaffen. Der Produzent Francis Ford Coppola (»Der Pate«, »Apocalypse Now«) erkennt bei Wenders eine eigene Art von Durchsetzungsfähigkeit. Er diktiere nicht und dirigiere nicht, er lasse die Schauspieler und Kameraleute machen und doch spüre jeder Beteiligte, ob er der Lösung näher oder ferner ist.

Der Desperado fällt in das Leben hinein. Er geht volles Risiko und vertraut seinem eigenen Lebensdrang. Er rechnet nicht auf, was die Zukunft bringt, er analysiert die Anforderungen nicht, sondern geht schnurgerade darauf zu. Die Filmprojekte des Wim Wenders verlaufen nicht gedankenlos. Ganz im

Gegenteil: Man hat den Eindruck, er denkt die ganze Zeit, er ist voller Gedanken, strukturiert und ordnet sie. Wenders geht ins Detail, Aufnahmen werden ein ums andere Mal wiederholt, abgewandelt, verfeinert. Das Geschehenlassen und der Eingriff werden auf einer Stufe der Nuancen miteinander verwoben. Darin zeigt sich ein Modell für den Umgang mit dem Wandel.

Eine Handlungsanleitung

Wie sieht dieses Handlungsmodell aus? Das Geschehenlassen ist kein passiver und tauber Vorgang. Immer wieder ruft einem das Leben etwas zu. Veränderungen klopfen an die Tür und wecken einen auf. Man muss dann aufstehen, sich auf den Weg machen und Antworten finden. Der Arbeitgeber strukturiert um, und auch meine Stelle ändert sich. Was mache ich damit? Mein Geschäftspartner möchte sich verändern und sich mehr seiner Familie widmen. Wie richte ich mich aus? Ich wurde darauf angesprochen, in ein Start-up einzusteigen. Was mache ich? Immer wieder ruft das Leben einem etwas zu: »Hallo, ich bin es, das Leben. Ich hätte da etwas für dich.« Im Studium habe ich ein Praktikum in einer Drogenberatungsstelle absolviert. Die Materie hatte mich brennend interessiert und doch ist etwas Eigenartiges passiert. Als die Klienten von sich und damit auch von ihrer Arbeit gesprochen haben, ist bei mir das Gefühl aufgekommen, nicht dort zu sein, wo sich das Leben wirklich abspielt, nicht dort, wo die Musik spielt. Diesen Ort habe ich aus irgendeinem Grund mit einem Wirtschaftsunternehmen gleichgesetzt. Es war wie ein Ruf dorthin, der seit diesem Moment latent vorhanden war. Jahre vergingen, schließlich kam es zum Einstieg als Erwachsenenbildner in der Wirtschaft.

Die Mythen erzählen uns davon, den Ruf anzunehmen. Der Held stellt sich dem Ruf, er läuft nicht davon, sondern geht ihm nach. In »Der Herr der Ringe« übernimmt der Hobbit Frodo die gefährliche Aufgabe als Ringträger. Er ist klein und ängstlich und würde lieber friedlich und froh in seinem Dorf leben. Aber irgendetwas sagt ihm, er müsse das tun. Der Held ist nicht groß, stark und genial. Der Held ist jedermann. Indem er die Herausforderung annimmt, wird er mit seinem Lebensmut konfrontiert. Herausforderungen und Veränderungen werfen einen auf sich selbst zurück. Der Sieg über das Gefährliche ist der Sieg über die Bedenken und das Gewahrwerden der eigenen Stärken. Der Psychotherapeut Alfried Längle drückt es so aus: »Problemloses Leben, das ist nicht Leben, sondern eine Vorstellung bloß! Leben, das kräftige, wirkliche, pulsierende Leben, versucht aus allem etwas zu machen, aus dem Problem, aus dem Unfertigen, aus dem Unvermögen, aus dem Fehler, der Schuld.«

Menschen, die verkehrte Vorstellungen von sich selbst haben, die nur gefallen und äußeren Erwartungen gerecht werden wollen, tun sich schwer, passende Antworten zu finden. Die Innenseite des Wandels ist eine Rückbesinnung auf die eigene Vorsehung. Diese Selbstentdeckung geschieht weniger als ein meditativer oder therapeutischer Akt, sondern in einer Anteilnahme an der Welt, im Wirksamwerden. Die Lebensverwirklichung findet in den Alltagsaufgaben statt. Der Existenzphilosoph Martin Heidegger beschreibt das menschliche Dasein als ein »In-der-Welt-sein«. Der Mensch ist nicht außerhalb oder über der Welt, sondern er ist mittendrin und ein Teil davon. Im Lebensalltag lauern Tücken und Gefahren. In den mythologischen Geschichten muss der Held den Kampf gegen den Drachen bestehen, um einen Schatz erobern zu können. Er muss sein Leben riskieren und sich in ein Abenteuer stürzen, damit sein Leben aufgeht. Sicherheit ist ein fundamentales Bedürfnis des Menschen. Wer aber sein Leben gegen jede Veränderung abzusichern versucht, erstickt es.

Ein Leben ohne Herausforderungen wäre keines. Das Paradies ist statisch und deshalb nur ein Traumbild, aber kein echtes Leben. Das echte Leben zeigt sich in den Anforderungen, auch in den Lasten und in der Ungewissheit. Die einzige Gewissheit ist, dass jeder ein Teil des Lebens ist und als dieser Teil in der Welt einen Platz und einen Wert hat. Jeder wird gebraucht. Die Gaben verbinden sich im Leben mit Aufgaben. So wie der Stoiker Marc Aurel schreibt: »Was ist nun wirklich wertvoll? ... Ich glaube, den eigenen Fähigkeiten entsprechend wirksam zu sein.«

Ein Maßstab für eine passende Antwortbeziehung ist das Resonanzerlebnis, wie es Hartmut Rosa beschreibt. Wer einen Gleichklang zu den Herausforderungen des Lebens findet, steht diesen nicht fremd gegenüber, sondern schwingt sich darauf ein. Als in der Coronazeit laufende Beratungsprojekte ausgesetzt wurden, hat sich bei mir ein intensiver Austausch mit Kollegen ergeben, bei dem innovative Konzepte entstanden sind. Wir haben nach Antworten für eine neue Zeit gesucht. Ganz unterschiedliche Beratungsansätze sind in Resonanz gekommen und haben einen Schub erzeugt. Das Leben ruft einem Fragen zu und fordert Antworten ein. Das scheint mir der zentrale Vorgang beim Umgang mit dem Wandel zu sein. Das Problem des Klimawandels erzeugt Lösungsansätze zu einer Energiewende. In seiner Arbeit erlebt jemand seit längerer Zeit Leerlauf. Der Leidensdruck erschafft eine Neuorientierung. Die junge Familie findet keine ausreichend große Wohnung. Also übergibt die ältere Generation das Haus und sucht für sich etwas Neues. Etwas schiebt einen an, und man setzt sich in Bewegung.

Wir reagieren nicht nur auf Lebensfragen, wir werten unsere Erfahrungen auch aus und entwerfen Leitideen für die Zukunft. Ich möchte das mit einer persönlichen Erfahrung belegen. Mit einem Kunden hat mich eine langjährige Zusammenarbeit verbunden. Der Manager wurde in seinem Unternehmen regelmäßig bei schwierigen Veränderungsprozessen eingesetzt und hat mich hinzugezogen. Wir haben uns dadurch sehr gut kennengelernt. Die Gespräche gingen häufig über das Berufliche hinaus, sodass ich von seinen sechs Kindern wusste, von seiner Scheidung und von seinem Herzleiden, das er von Geburt an hatte. Mit Ende fünfzig ist er gestorben. Auf seiner Beerdigung hat der älteste Sohn eine Rede gehalten, in der er einen Nachruf aller Geschwister zusammengefasst hat. Eine Aussage eines der Kinder ist bei mir eingeschlagen wie ein Blitz. Sie lautete: »Mit dir gab es immer eine Lösung.«

Für mich war es eine der größten Resonanzerfahrungen meines Lebens, und Hartmut Rosa hat recht, wenn er von Tränen als der Verflüssigung des Weltverhältnisses spricht. Mir ging nur noch der eine Gedanke durch den Kopf: Ich möchte auch ein Vater sein, von dem seine Kinder auf der Beerdigung sagen können: »Mit dir gab es immer eine Lösung.« Der Satz hat etwas in mir ausgelöst, er leitet mich elementar und gebietet mir, das Leben meiner Kinder genau zu verfolgen und jedes Anliegen ernst zu nehmen. Er verbietet mir, etwas zu verkomplizieren, weil einer, der Lösungen unterstützt, aus meiner Sicht nicht kompliziert werden darf, sondern klar und einfach, eben hilfreich sein muss.

Als Handlungsanleitung kann ein Dreischritt dienen. Am Anfang steht das Sich-Einlassen auf das Geschehen des Lebens, das immer auch einem Wandel unterliegt und Veränderung bedeutet. Ich kann das Leben nicht allein bestimmen, aber ich kann – und das ist der zweite Schritt – die entstehenden Fragen aufgreifen und nach Antworten suchen. Aus dieser Erfahrung leite ich drittens eine Ausrichtung für mein weiteres Tun ab. Bezogen auf jeden Einzelnen ist zu fragen: Was will das Leben von mir und was will ich vom Leben? Was ist mir mitgegeben und was mache ich damit? Was sind die fünfzig Prozent Arbeit und was die fünfzig Prozent Geschenk, von denen Wim Wenders spricht? Wenn beides zum Tragen kommt, das Sich-Einlassen und das Tun, dann könnten als Zugabe die Flügel wachsen, die Patti Smith bei Wim Wenders festgestellt haben mag. Mit anderen Worten: Wer aufmerksam ist und aktiv lebt, der findet immer eine Lösung und wird zu einer Anlaufstation für Lösungssuchende.

Zwei Sensoren

Ein Instrument für einen passenden Umgang mit Veränderungen kann mit zwei Sensoren veranschaulicht werden. Der eine Sensor richtet sich nach innen, der andere nach außen. Der innere Sensor fühlt, wo es mich im Leben hindrängt. Dies kann sich in der Lebendigkeit und Stimmigkeit mit dem, was

Wenn es eine Anleitung für den Umgang mit dem Wandel gibt, dann diese: Lass die Geschehnisse auf dich wirken, lass dich darauf ein. Warte ab, was passiert – um dich herum, in dir. Bleibe ruhig. Schaue dir an, was da auf dich zukommt. Tritt in Dialog mit anderen, mit dir selbst. Eine Antwort ergibt sich dann.

ich mache, wie ich es mache und wie ich mich dabei fühle, zeigen. Es äußert sich in dem, was sich fügt und was gelingt. Man kann sich eine Standortbestimmung vorstellen: Wo hat mich das Leben hingeführt? Was heißt das für mich? Wie kann diese Reise weitergehen? Welcher Ahnung folge ich? Der äußere Sensor nimmt das auf, was von außen auf mich zukommt. Was tut sich in der Welt? Was kommt auf mich zu? Wie wirken Veränderung und Wandel auf mich ein? Dieser Sensor gleicht dem wachen Blick auf das, was gerade abläuft und sich ergibt. Vieles im Leben ergibt sich. Begegnungen, Ereignisse, Gespräche sind Boten, die einem etwas entgegenbringen. Man erfährt von einem neuen Projekt und es ergeben sich berufliche und private Anknüpfungspunkte. Es wird einem ein Buch empfohlen, das einem ganz neue Aspekte und wichtige Hinweise für die aktuelle Lebenssituation vermittelt.

Wer die Lebensbewegungen wahrnimmt, sieht offene Türen vor sich. Plötzlich ist man gar nicht mehr so unglücklich über die Absage des einen Kunden, weil sich bei einem anderen eine viel interessantere Zusammenarbeit anbahnt. Der Sensor nimmt die Fragen auf, die in der Luft liegen. »Welche Folgen hat die Coronapandemie«, könnte heute gefragt werden. Wie wirkt sich diese Krise auf das politische, wirtschaftliche und soziale Gefüge aus? Woran können wir unmittelbar arbeiten? Die Symbolik der Sensoren weist darauf hin, im Umgang mit dem Wandel dem Schauen und Fühlen mindestens eine gleichrangige Bedeutung wie dem Denken, Analysieren und Planen einzuräumen. Wer sich und seine Umwelt intensiv wahrnimmt, erhält Hinweise für seine Ausrichtung und sein Tun. Der Sprung ins Leben erfolgt dann nicht blindlings, sondern er folgt einem inneren Kompass.

4.2 Schauen, was entgegenkommt

Bei der Vorfreude auf eine Reise wird auf natürliche Weise die entgegenkommende Zukunft aufgenommen und erzeugt einen Tatendrang. Wer freudig und neugierig in die Zukunft blickt und schaut, was auf einen zukommt, lässt sich anregen für neue Ideen und Lösungen. Doch ist dieses Ergreifen des Neuen kein simpler Vorgang, so als würde einem auf einem geraden Weg etwas entgegenrollen, was man nur aufheben und an sich nehmen müsste. Die Geschichten von Forschern und innovativen Unternehmern zeigen, wie verschlungen diese Wege oft sind. Ein Beispiel ist der Werdegang des gelernten Försters und heutigen Bauunternehmers Erwin Thoma. Als eine Art Erweckungserlebnis beschreibt der Österreicher Thoma die Begegnung mit Geigenbauern, die in seinem Waldgebiet nach einem passenden Baum für das Holz ihrer Geigen suchten. Klopfend und hörend liefen sie stundenlang im Wald umher, bis sie fündig wurden. Ein Jahr nach dem Fund des Geigenbaums kamen die Geigenbauer zurück und spielten für ihn und seine Familie ein kleines Konzert. Thoma dachte daran, dass dieser Baum unter normalen Umständen in eine Spanplattenfabrik gewandert wäre. Die Geigenbauer haben ihn an seinen Großvater erinnert, der als Zimmermann noch mit achtzig Jahren nach alten Methoden Holz verarbeitet und Holzhäuser gebaut hat. So kam es, dass er seine Beamtenstellung kündigte und zusammen mit seinem Opa ein Unternehmen gegründete, das ausschließlich mit Mondholz arbeitet; Holz, das im Winter bei abnehmendem Mond geschlagen wird. Aus dem Förster wurde ein Naturholzpionier.

Das Thema des nachhaltigen Bauens kommt uns heute tatsächlich als zukunftsrelevantes Thema entgegen. Einem großen Bedarf an Wohnungen steht ein hoher Material- und Energieverbrauch beim Bauen gegenüber. Thoma dachte in seinem Leben als Förster nicht an so etwas. Bäume betrachtete er als Festmeter Holz. Erst die Geigenbauer mit ihrem Sinn für das Wertvolle haben ihm mit ihrer Liebe zur Materie die Augen geöffnet, ihn berührt, erschüttert und bekehrt.

Wie das Zukünftige in die Welt kommt

Der Blick richtet sich für gewöhnlich nicht auf das Neue und Andere. Wir leben unter dem Eindruck des Bestehenden und tun so, als wäre die Zukunft so ähnlich wie die Vergangenheit. Der Managementforscher C. Otto Scharmer hat diesen Modus als »Downloading«, als Herunterladen beschrieben. Der Begriff wird verwendet, wenn auf dem Computer Inhalte vom Internet kopiert werden. Copy and paste, kopieren und einfügen, ist in Zeiten schnelllebiger Präsentationen zu einer Kulturtechnik geworden. Für Scharmer ist das Herunterladen ein Geisteszustand, ein Synonym für den mit Informationen und Terminen überfüllten Menschen. In diesem Zustand ist kein schöpferischer Prozess möglich, sondern lediglich das Aufnehmen und Abgeben von Informationsbausteinen.

Manager und Experten kommen kaum zu einem Neudenken. Sie müssen in knapper Zeit entscheiden und tun dies im Rückgriff auf Vorerfahrungen und vorhandene Modelle. Das Morgen wird als eine Kopie des Gestern angegangen. Einer neuen Zeit mit neuen Herausforderungen wird dies nicht gerecht. Im Modus des Herunterladens wird geschaut, wie es bisher gelaufen ist und was bisher erfolgreich war. Der Buchmarkt, die Autoindustrie oder die Weiterbildung funktionieren aber in Zukunft völlig anders als noch vor Kurzem. In einer Zeit des dynamischen Wandels sind die Erfahrungen aus der Vergangenheit nicht nur wenig hilfreich, sie können sogar hinderlich sein. Scharmer spricht von einem Gefängnis. Wie aber kann man dem entkommen? Wie kann etwas Zukunftsweisendes erkannt werden?

Das Neue muss entdeckt werden. Es geht darum, einen Blick für die Anzeichen und die Vorboten der entstehenden Zukunft zu entwickeln. Scharmer bringt es auf die Formel: »Schauen, schauen, schauen.« In der produzierenden Industrie wird der Ausdruck des »Sehenlernens« verwendet. Produktionsspezialisten und Führungskräfte bekommen die Aufgabe, sich eine Fabrik anzuschauen und zu erkunden, was ihnen auffällt. Es hat etwas von Sherlock

Holmes, wenn Metallstaub an einer Maschine auf eine nachlässige Wartung schließen lässt, wenn die ungünstige Anbringung eines Materialbehälters die Bewegung eines Arbeiters verkompliziert und Anlass für Rückenprobleme und Qualitätsmängel gibt. Die Methode des Sehenlernens kann zum Beispiel auf die Beobachtung von Marktteilnehmern angewendet werden. Ich hatte einmal einen Kunden, der hochwertige Ferngläser herstellte. Die Produktmanager haben an Wochenenden an Jagden teilgenommen und die Jäger beobachtet: wie diese die Ferngläser nutzen, wie sie sie anfassen, auf was sie Wert legen.

Es geht aber um mehr als um eine Verhaltens- oder Marktanalyse. Scharmer kreiert dafür ein Kunstwort und nennt es »Presencing«, das sich zusammensetzt aus »Presence«, die Gegenwart, und »Sensing«, das Spüren und Tasten. Presencing bedeutet, ein Gespür dafür zu bekommen, was sich aus dem Künftigen bereits heute ankündigt. Es beginnt mit einer Unterbrechung des Herunterladens. Man kann sich zum Beispiel einmal die Zeit nehmen und seine Kinder beobachten. Worüber reden sie? Wofür zeigen sie Interesse? Welche Entdeckungen machen sie? Was ist ihnen wichtig? Das Ziel ist nicht eine Persönlichkeitsanalyse, sondern ein Gefühl für seine Kinder zu bekommen. Im Sinne des Presencing könnte man sich die Frage stellen, was in den Kindern erscheint, wohin sie tendieren und was sie für ihr künftiges Leben bereits heute in sich tragen. Es ist ein Freilegen dessen, was tatsächlich passiert, im Gegensatz zu dem, was man sich selbst vorstellt.

Im Geschäftsumfeld bedeutet dieses Vorwärtslernen mehr als eine Trendanalyse oder eine Marktforschung. Etwas zu erspüren ist eine Kontaktaufnahme und eine Durchdringung, die über eine Datenerhebung hinausgeht. Der Förster Erwin Thoma ist von der Liebe der Geigenbauer zu ihrem Produkt berührt worden und nicht von einem wissenschaftlichen Artikel zur Zukunft des Holzbaus. Ein Erweckungserlebnis erfasst den ganzen Menschen und nicht nur den Kopf.

Im Falle Thomas sind die Geigenbauer auf ihn zugekommen. Sie sind sogar wiedergekehrt, als er sie schon vergessen hatte. Im Leben kommt einem etwas entgegen, etwas möchte sich zeigen. Womöglich betrachtet man etwas zunächst als eine Störung, als etwas, was einem dazwischenkommt und einen aufhält. Dieses Aufhalten ist das Anhalten des Herunterladens. Es kann sich dabei um einen Vorfall handeln, um eine Begegnung oder eine Krankheit. Der Vorfall kann ein Unfall sein, ein wirtschaftlicher Einbruch, ein unerwarteter Erfolg. Die Begegnung kann ein Vortrag sein, ein zufälliges oder ein gezieltes Gespräch. Der Unfall kann einen selbst treffen, ein Familienmitglied, einen Arbeitskollegen. Jedenfalls ist es etwas, was ein hohes Maß an Aufmerksamkeit und Präsenz herstellt.

Der erste Schritt der Zukunftsschau besteht darin, eine Sensibilität für das Eintreffen eines Signals aufzubauen und einer solchen Ankündigung oder Verkündigung den Eintritt nicht zu verweigern. Umgekehrt wäre es ein bewusstes Aufsuchen von Orten und Erlebnissen, die einem etwas Künftiges näherbringen können. Das können Tagungen, Seminare oder Besichtigungen sein. Freunde von mir, die sich mit Stadtentwicklung befassen, schauen sich Projekte in ganz Europa an. Erst das unmittelbare Erleben und der Raumeindruck ermöglichen ein wirkliches Erfassen der Architektur und der Atmosphäre. Doch das Hinsehen ist erst der Beginn. Das Gesehene und Erlebte bleibt äußerlich, wenn es keinen Wiederklang in einem selbst findet. Das Geigenspiel hat bei Thoma etwas in Resonanz versetzt, was er bereits in sich getragen hat, von dem er aber selbst nichts wusste. Ohne diese Übereinstimmung kann die beste Zukunftsidee nicht fruchten. Das Gesehene muss auf fruchtbaren Boden fallen.

Es bedarf also der doppelten Sensibilität. Das eine ist das Hinsehen und Spüren und das andere ist die Aufmerksamkeit für eine innere Reaktion. Man hört einen Menschen sprechen und merkt sofort, dass dies einen etwas angeht, dass etwas angesprochen wird, was seit Langem gärt und nun vor einem aufbereitet und ausgebreitet wird. Eine Wirkung setzt oft erst nach und nach ein. Dieses langsame Erwachen nicht zuzudecken, wäre der zweite Schritt. Dazu ist ein Abstand vom täglichen Lärm und der täglichen Informationsflut angebracht. Geeignet sind Zeiten des Nichtstuns und des Alleinseins. Beides fällt den meisten Menschen heute schwer, weil die eigene Unruhe ans Licht kommt. Beim Nichtstun und Alleinsein kann etwas aufsteigen und nachklingen. Eindrücke können nachhallen und sich wieder bei einem melden.

Damit das Zukünftige in die Welt kommen kann, bedarf es nach dem Schauen und dem Anhalten eines dritten Schrittes: das Handeln. Thoma hat seine Stelle gekündigt und ein Unternehmen gegründet. Er hat Fabriken aufgebaut, die keinen Abfall produzieren, und Holzwände ohne Leim entwickelt, die Dämmung und Heizung weitgehend überflüssig machen. Das Neue kommt über das praktische Tun in die Welt. Dabei kommt es nicht auf eine perfekte Umsetzung an, sondern auf ein Entdecken im Tun. Ein Anwendungsbeispiel dafür ist der sogenannte Design Sprint. Diese Workshopmethode ermöglicht es, innerhalb einer Woche von einer vagen Produktvorstellung zu einem getesteten Prototyp zu gelangen. Die Aufgabe des Moderators ist es, die Experten permanent zu Handlungsentscheidungen zu bringen. Im Gegensatz zu anderen Workshopmethoden wird so gut wie nicht diskutiert, sondern kreiert, entschieden und umgesetzt. Was den Produktentwicklern am schwersten fällt, ist die Herstellung eines improvisierten Prototyps. Sie sind es gewohnt, perfekte Anwendungen zu bauen, die allerdings im Zweifelsfall in der Praxis nicht passen.

Das Prototyping ist eine Technik, die auf neue Herausforderungen und Bedürfnisse eine unmittelbare Antwort erzeugt. Zu viel Nachdenken führt in Vergangenheitsmuster und hemmt den aktuellen Entstehungsprozess. Einer Neuentwicklung wird eine Kultur des Scheiterns eher gerecht. Rückmeldungen von Verbrauchern und Anwendern zeigen in einem frühen Stadium an, was ankommt und was nicht.

Der Prozess der Öffnung

Entscheidend in Scharmers Sozialtechnik ist die Befreiung von der Wiederholung alter Denkmuster. Eine Öffnung des Denkens ist erst möglich, wenn man aus dem Hamsterrad aussteigt. Man kann von einem Herunterkommen sprechen. Zum einen ist die Herabsetzung der Drehzahl damit angesprochen, also ein Abbau der Informationsüberladung und eine Verlangsamung. Zum anderen verweist das Herunterkommen auf eine Verwahrlosung. Nicht die Menschen sollen verwahrlosen, aber die Denkweisen sollen durcheinandergeschüttelt werden, von der Norm der Normalität und aus der Erstarrung befreit werden und sich von Konventionen lösen. Ich hielte es zum Beispiel für eine Managementausbildung für angebracht, Praktika in fachfremden Bereichen zu machen; etwa in der Sozial- oder Kulturarbeit. Auch ein regelmäßiger Austausch mit Geistes- und Naturwissenschaftlern kann für Kaufleute, Juristen und Ingenieure eine Quelle sein, um eingefahrene Denkmuster umzuwälzen und mit frischem Blick zu schauen. Der frische Blick ist das Staunen. Die Kunst des Hinsehens ist der Wechsel von einem müden Blick, von einem Anhaften am Bekannten zum Staunen, vom Wissen zum Entdecken, vom Abgebrühtsein zum Ausschauhalten. Ideal ist ein Perspektivenwechsel. Wenn ich mich in die Lage eines anderen versetze, ändert sich mein Blickwinkel und ich komme zu anderen Schlussfolgerungen.

An die Zukunft kommen wir über das Nachdenken nicht heran. Die Öffnung des Denkens verläuft über ein Innehalten, ein Anhalten von Gedanken, was eng mit einem Ruhigstellen der inneren Stimme des Urteils zusammenhängt. Bewertungen und Urteile entstammen Lösungsmustern aus der Vergangenheit und können neue Lösungsansätze im Keim ersticken. Wenn bei Unternehmensnachfolgen die ältere Generation nicht loslassen kann und neue Ideen abkanzelt, dann ist es für die Nachfolger kaum möglich, das eigene Konzept zu verwirklichen. Für Eltern und Führungskräfte wäre es eine gute Übung, sich selbst beim Urteilen und Bewerten zu beobachten, um damit zurückhaltender zu werden. Diese Zurückhaltung schafft Raum für eine Öffnung des Fühlens.

Während Denken in Distanz geschieht, ist das Fühlen ein Eintauchen. Der Denkende betrachtet einen Gegenstand, ein Ereignis oder einen Menschen mit einem gewissen Abstand. Dadurch kann er Umrisse und Details genau sehen und analysieren. Der Fühlende dringt ein, überschreitet die Grenze und holt etwas in das eigene Herz hinein. Ohne eine Öffnung des Herzens findet keine Aneignung und keine Verwandlung statt. Ohne Liebe bleiben Mensch und Welt getrennt. Erst die Wärme und die Liebe schaffen eine Verbundenheit und nur dadurch ist eine Wendung möglich. Wer merkt, dass er sich von seinem Lebenspartner, seinen Kindern, seinen Freunden entfernt und entfremdet, kann dies nur verändern, indem er bei sich ansetzt und die Liebe in Fluss bringt. Am besten hört er auf, sich einen Kopf zu machen, geht auf die anderen zu, umarmt sie im Geiste oder physisch und trägt seinen Teil für eine wohlwollende Beziehung bei. Arbeitsteams, in denen die Beziehungen nicht stimmen, tun sich schwer mit Neuentwicklungen. Sie schaffen es nicht, ein deckungsgleiches Bild der Zukunft zu erzeugen. Eine meiner wesentlichen Aufgaben in der Beratung von Entscheidungsgremien ist es, ein gemeinsames Zukunftsbild zu beschreiben. Manchmal sind es Nuancen, die sich unterscheiden, manchmal sind es Welten. Jeder Vorstand versteht unter dem Begriff der Internationalisierung etwas anderes. Einzelstatements und eine Begriffsklärung reichen nicht aus, um auf einen gemeinsamen Nenner zu kommen, weil jeder in seiner Vorstellungswelt gefangen ist.

Erst wenn das gemeinsame Ganze die Beteiligten emotional erreicht, kann die gemeinsame Zukunft wahrgenommen und aufgenommen werden. Eine schlechte emotionale Verbindung erkennt man zum Beispiel am zynischen Unterton. Die Ansichten anderer werden entwertet. Für den Zyniker ist gleich etwas Unsinn oder das Papier nicht wert. Ernsthafte Bemühungen werden abgetan, ohne sich näher damit zu befassen. Ein Bruch zwischen Menschen entsteht auf der Ebene von Missachtung und persönlicher Verletzung. Meinungsverschiedenheiten sind mit dem Respekt vor dem anderen gut vereinbar. Die Kontroverse und die Debatte sind inhaltlicher Art. Eine persönliche

Entwertung dagegen führt zu einer Distanzierung. Als Moderator und Trainer dürfen einem Attacken zwischen Gruppenmitgliedern auf der persönlichen Ebene nicht entgehen. Man muss sofort eingreifen, sonst ist alles Erarbeitete vergeblich. Wie soll unter diesen Bedingungen etwas Neues entstehen können? Teamentwicklung ist keine nette Begleiterscheinung, um für etwas Abwechslung zu sorgen. Sie ist essenziell für die Erschließung von Zukunftsperspektiven, weil sie systematisch an einer Öffnung des Fühlens arbeitet.

Die Frage, was den Einzelnen bewegt, ist keine Sozialromantik, sondern ein Mittel, um Verbindungen unter den Teammitgliedern herzustellen. Sich in den anderen einzufühlen, ist die Voraussetzung, um die Aufmerksamkeit auf das Gemeinsame zu lenken. Die Intelligenz des Herzens führt weg von abstrakten Gedanken und lässt jeden spüren, was für ein Team eine gute Lösung ist. Veränderungsprozesse versagen, weil dieser Anfangspunkt verpasst wird. Man tut so, als wäre man sich einig, aber in Wahrheit hat man sich nicht gefunden. Das Herz ist unser stärkstes Wahrnehmungsorgan. Wenn wir kein Gespür für eine Situation entwickeln, schieben wir Gedanken, Zahlen und Pläne hin und her, aber bleiben blind und bleiben im Gegeneinander.

Die Öffnung des Herzens ist bei Scharmer der Wendepunkt. Sie ist die Quelle und ein Neuanfang. Quellen in der Natur sind faszinierende Orte. Wie aus dem Nichts drückt an einem Hang Wasser aus dem Boden und breitet sich aus. Sofort wachsen Algen und Moose an den Steinen, es glitzert und gluckert, ein wahrer Ursprung des Lebens. Bei Menschen, die in ihrer Familie oder in ihrem Bekanntenkreis miterleben, wie jemand mitten aus dem Leben herausgerissen wurde, entsteht oftmals ein Wendepunkt. Arbeit, Freizeit, Freundschaften, Besitz werden neu bewertet. Es findet eine Öffnung und eine Suche nach neuen Lebensentwürfen statt. Bisherige Lebensformen können verlassen werden, weil ein neuer Blickwinkel und ein neues Bewusstsein geschaffen wurden. Die Gespräche handeln davon, was wirklich zählt und was man vom Leben eigentlich will. Diese Menschen sind an die Quelle gekommen. Auch

Unternehmen gelangen oft über Krisen an diesen Nullpunkt, an dem losgelassen wird und eine Neuorientierung einsetzt. Dann ist es die Krankheit der eigenen Organisation oder einer ganzen Branche, die dazu zwingt, aus den eingefahrenen Bahnen auszusteigen und neue Möglichkeiten zu suchen.

Inwieweit zwei Menschen oder eine Gruppe eine emotionale Verbindung erreicht haben, ist an der Qualität des Gesprächs abzulesen. Bei einem echten Dialog werden die eigenen Standpunkte überschritten. Der Dialog ist die Suche nach Übereinstimmung. Es findet nicht nur ein Gerede und Geplapper statt, sondern es wird in Ruhe miteinander gesprochen, sodass es still werden kann und alles gehört wird. Zuhören ist ein Akt des Einfühlens. Die eigene Agenda rückt in den Hintergrund, die Gesprächsanteile gleichen sich an, man nähert sich an, sodass ein gemeinsamer Schaffensraum entstehen kann. Aus dem empathischen Zuhören wird ein schöpferisches Zuhören. Sich abzeichnende Zukunftsmöglichkeiten werden wahrgenommen, weil sie nicht mehr vom Getöse des alten Getriebes und vom Gezänk der unverbundenen Ich-Zustände übertönt werden. Nach meiner Erfahrung ist ein wichtiger Aspekt dabei, sich Zeit füreinander zu nehmen. Dies gilt für das private und berufliche Umfeld gleichermaßen. Wenn man Zeit miteinander verbringt und sich aufeinander einlässt, entstehen diese schöpferischen Momente. Das geht nicht schnell mal bei einem Treffen. Man muss warm miteinander werden, sich genauer kennenlernen, die Art des anderen in sich aufnehmen, verstehen lernen, wo der andere herkommt und wo er hinwill. Man wird sich vertraut, öffnet sich und verwandelt sich gemeinsam. Je runder dieses Miteinander läuft, umso weniger Irritationen, Komplikationen und übervorsichtige Rücksichtnahmen kommen auf. Man muss sich erst freischaufeln und Gemeinsamkeit aufbauen, bis ein Durchstarten möglich ist und sich alles Interesse auf das Zukünftige richtet.

Das Sehenlernen rüstet einen für den Umgang mit dem Wandel aus. Es leitet an, aus dem Modus des Herunterladens herauszukommen und sich der aktuellen Wirklichkeit zuzuwenden. Man kann es überall üben: Bei der Beobachtung der Natur, der Kollegen und Mitarbeiter, der Freunde und Kunden. Immer lernt man etwas dabei. Ein Bekannter von mir hat einen Badmintonverein aufgebaut, indem er Kinder im Innenhof und auf Spielplätzen beobachtet und die Bewegungstalente angesprochen hat. Wenn man genau beobachtet, verlegt man seine Aufmerksamkeit vom Gedachten auf das Wahrgenommene und kann dadurch etwas entdecken. Das Sehenlernen wird erweitert durch das Gespür für den Augenblick. Mit anderen auf eine gleiche Wellenlänge zu kommen, kann einen Flow auslösen und schöpferische Kräfte freilegen. Wir können dies bei Musikgruppen feststellen. Jazzmusiker folgen einer Komposition, ein Stück entfaltet sich aber erst dann, wenn sich in der Improvisation ein Dialog entwickelt, der spontan etwas Neues und Einmaliges erschafft.

4.3 Veränderungen bejahen

Dem modernen Menschen fällt es schwer, sich auf etwas einzulassen. In meiner Gymnasialzeit in der zweiten Hälfte der 1970er- und Anfang der 1980er-Jahre wurde Wert darauf gelegt, sich eine Meinung zu bilden und eine Meinung zu vertreten. Eine junge Lehrergeneration war vom Humanismus und der freien Entfaltung der Person überzeugt. Diese Pädagogik hat Mut gemacht, Selbstbewusstsein geschaffen und einen hervorragend für ein eigenverantwortliches Leben vorbereitet. Sie entspricht dem modernen Weltbild mit seiner Wertschätzung der individuellen Urteilsbildung und der Autonomie. Der Preis dafür ist eine Erosion des Vermögens, sich auf etwas einzulassen, was nicht Ergebnis der persönlichen Analyse, des persönlichen Urteils und des persönlichen Handlungsplans ist. Der Bedeutungsverlust der Religionen in der westlichen Welt ist ein Ausdruck dafür. Religiosität ist ein Sich-Einlassen: Auf göttliche Fügung, auf ein Angenommensein, auf Verzeihung, auf einen guten Ausgang des Lebens. Zwar stellen Religionen auch Bedingungen, etwa gute Taten zu vollbringen oder sich zu bekehren, es wird aber auch ein Mörder als ein Kind Gottes betrachtet und er wird vom Seelsorger im Gefängnis aufgesucht. Die Abkehr von den Religionen hat unterschiedliche Gründe, aber einer der wesentlichen Ursachen ist die Weigerung des aufgeklärten Menschen, sich auf etwas faktisch nicht Belegbares einzulassen. Gott ist nicht beweisbar, der Effekt des Betens oder Meditierens ist schwer zu messen und in religiösen Geschichten über Schicksale und Wunder findet man wenig Übereinstimmung mit seinem eigenen Leben.

Mit der Krise der Religion geht ein Schatz verloren. Damit wird den Religionen nicht das Wort geredet. Sie haben auf ihre Weise den Anschluss an die Bewusstseinsentwicklung der Menschen verloren. Aber Religionen haben eine lebenswichtige Botschaft für den Menschen gespeichert: Du stehst nicht außerhalb oder über den Dingen, sondern du bist Teil eines größeren Geschehens. Erkenne das an und lasse dich darauf ein. Religionen sind eine Schule des Sich-Einlassens. Sie gründen auf einer Weisheit, die so treffend und schön im dritten Kapitel des Buches Kohelet im Alten Testament zum Ausdruck gebracht wurde. Die Rede ist hier von den Wogen des Lebens, die unabhängig von jedweder individuellen Lebensvorstellung das Leben bestimmen:

»Alles hat seine Zeit und jegliches Vornehmen unter dem Himmel seine Stunde. Geborenwerden hat seine Zeit, und Sterben hat seine Zeit; Pflanzen hat seine Zeit, und Gepflanztes ausreißen hat seine Zeit. Töten hat seine Zeit, und Heilen hat seine Zeit; Zerstören hat seine Zeit, und Bauen hat seine Zeit. Weinen hat seine Zeit, und Lachen hat seine Zeit; Klagen hat seine Zeit, und Tanzen hat seine Zeit. Steine schleudern hat seine Zeit, und Steine sammeln hat seine Zeit; Umarmen hat seine Zeit, und sich der Umarmung enthalten hat auch seine Zeit. Suchen hat seine Zeit, und Verlieren hat seine Zeit; Aufbewahren hat seine Zeit, und Wegwerfen hat seine Zeit. Zerreißen hat seine Zeit, und Flicken hat seine Zeit; Schweigen hat seine Zeit, und Reden hat seine Zeit. Lieben hat seine Zeit, und Hassen hat seine Zeit; Krieg hat seine Zeit, und Friede hat seine Zeit.«

Dafür sein

Der Kohelet-Text ist für mich eine Kontemplation. Wenn ich ihn lese, läuft das ganze Weltgeschehen vor meinen Augen ab. Er veranschaulicht die Dynamik des Lebens. Man kann den Text aufnehmen wie ein Musikstück und sich in die Melodie und in den Rhythmus hineinbegeben. Die Kraft der Worte und Sätze versetzt einen in ein Schwingen und man durchlebt in gewisser Weise das Lachen, das Weinen, das Steineschleudern und das Steinesammeln. Man kann sich fragen, ob und warum es eine Zeit des Tötens, des Zerstörens, des Hassens und Zerreißens überhaupt braucht und weswegen man sich der Umarmung enthalten soll. Niemand möchte das, und sowohl im religiösen Weltbild in der Vorstellung des Himmels als auch im aufgeklärten Weltbild in der Form des ewigen Friedens bei Kant sind Visionen formuliert, in denen Hass, Gewalt und Krieg überwunden sind. Doch ist das wirkliche Leben nicht durch Gegensätze und Spannungen gekennzeichnet? Nicht selten bedarf es des Streites, um sich anzunähern, der Krise, um etwas zu lernen, und der Katastrophe, um etwas neu aufzubauen. Klagen hat seine Zeit und Tanzen hat seine Zeit.

Ein wenig beneide ich die jüdische Religion um ihre Klagemauer. Kann es je ein Leben ohne Ärger und Klage geben? An der Klagemauer kann man sich abreagieren und seinen Frust loswerden. Und ich beneide ein wenig die Balkanvölker um ihre Kunst, Feste mit dieser betörenden Musik und diesem ausgelassenen Tanz zu begehen. Klagen und Tanzen drücken eine Lebenskraft aus. Der Wanderphilosoph Kohelet schildert das Leben in allen Ausdrucksformen, in Freud und Leid, im Schweigen und Reden, im Suchen und Verlieren. Dieser alte Text vermittelt eine große Aussage: Nimm das Leben mit all seinen Facetten, mit all seinen Aufs und Abs an. Stimme dem Leben zu.

Das Dafürsein, die Annahme des Lebens so wie es ist, ist die Basis für eine konstruktive Auffassung von Wandel. Nelles beschreibt das Erwachsenenbewusstsein als ein Jasagen. Jasagen zu seiner eigenen Lebensgeschichte, Jasagen zu dem, was aus einem geworden ist, Jasagen zu der Welt, in der man lebt. Wer Ja sagt, der blickt auf die Fülle des Lebens, auf den Reichtum der biologischen und geistigen Sphäre. Der Förster Thoma beschreibt diesen Reichtum mit der Lebensfülle des Waldes. In Deutschland wachsen im Jahr 95 Millionen Kubikmeter Holz nach, die Holzernte lag im Jahr 2019 bei 69 Millionen Kubikmeter. Mit geringem Ressourceneinsatz entsteht ein Rohstoff, aus dem ganze Städte gebaut werden können. Pflanzen hat seine Zeit und Gepflanztes ausreißen hat seine Zeit.

Mit dem Dafürsein ist nicht gemeint, zu allem »Ja und Amen« zu sagen. Kritik und Zweifel sind eine große Errungenschaft in der Kulturgeschichte und dürfen nicht beiseitegeschoben werden. Das Dafürsein aber ist der Anschluss an das Lebendige und an das Wachsende. Es ist dabei, wenn ein Same aufgeht, wenn ein Licht aufgeht und wenn sich etwas rührt. Es trägt das Seine zum Wachsen und Gedeihen bei. Nicht aus allem wird etwas, aber ohne Zutun kann nichts herauskommen. Geborenwerden hat seine Zeit und Sterben hat seine Zeit.

Dafürsein und Dagegensein halten sich oft die Waage. In Deutschland liegt zum Beispiel die Zustimmung beziehungsweise Ablehnung bei Bürgerentscheiden bei fünfzig Prozent. Ist das eine gute oder eine schlechte Nachricht für den Wandel? Die Ansicht ist verbreitet, dass das Kräftegleichgewicht am Ende zum richtigen Ergebnis führt. Die einen ziehen nach vorne und andere nach hinten oder zur Seite, sodass das Resultat gemäßigt ausfällt. Die Rechnung ist aber nicht richtig, weil es einfacher ist, etwas zu belassen als etwas zu bewegen. Der Gleichstand der Waage ist dann ein Stillstand. Widerstand ist destruktiv. Wenn sich alles Ansinnen auf das Dagegensein richtet, dann kommt am Ende nichts heraus, weil sich auch die Konstruktiven auf das Zurückschießen verlegen. Wer dagegen ist, legt seine ganze Aufmerksamkeit auf das Abgelehnte und vernachlässigt dabei das eigene Konzept. Dadurch entsteht eine unbefriedigende Situation für alle Beteiligten. Das Neue steht dann wie eine Drohgebärde im Raum und das Alte wie ein Denkmal.

Erst wenn alle konstruktiv an einer Lösung arbeiten, kommt Bewegung in dieses Spiel. Hierzu ein Praxisbeispiel: In einem Bauunternehmen arbeitet ein Geschäftsbereich im konventionellen Stil. Die Arbeitsprozesse haben sich seit Jahrzehnten so gut wie nicht verändert. Aufgrund der Marktlage werden Gewinne gemacht. Ein Bereichsleiter wehrt sich gegen eine Neuausrichtung, schließlich gebe ihm der Erfolg recht. Die Unternehmensstrategie sieht eine Modernisierung der Arbeitsorganisation mit Blick auf zukünftige Regularien, Fachkräftemangel und ökonomische Notwendigkeiten vor. Davon will der Bereichsleiter nichts wissen, lehnt neue Methoden ab und formiert Widerstand. Die Strategieumsetzung gerät ins Stocken. Würde der Bereichsleiter umschalten und wenigstens Teilaspekte aus dem neuen Ansatz zu seiner Sache machen, dann würde ein vitaler Prozess entstehen, die Energie würde nicht ins Schimpfen, Blockieren und Aufwiegeln fließen, sondern in eine Aufbauarbeit.

In Ökosystemen wie dem Wald werden permanent Nährstoffe ausgetauscht. Jeder gibt jedem und bekommt von jedem. Der Baum erhält mineralische Nährelemente über Mikroorganismen aus dem Boden. Dafür führt er Zucker aus der Fotosynthese zurück. Wenn ein Baum im Wald an Wassermangel leidet, werden die umliegenden Bäume über ein System von unterirdischen Pilzgeflechten informiert und schalten auf Sparbetrieb. Man spricht vom »Wood Wide Web«. Auf diese Weise wird Energie nicht verschwendet, sondern mit den Kräften der Natur optimal gehaushaltet. In der Natur ist nichts und niemand dagegen, weil dies Energieverschwendung wäre. Jeder lässt sich auf das große Ganze ein und steuert etwas bei. Auf diese Weise hat jeder an der Fülle des Lebens teil, und jeder profitiert von jedem.

Zwei Formen des Wartens

Die Einstellung der Menschen gegenüber Veränderungen kann mit der Gauß'schen Normalverteilung dargestellt werden. An den Rändern halten sich die Begeisterten und die Gegner auf. Etwas gemäßigter sind nach innen gerückt auf der einen Seite die Befürworter und auf der anderen die Skeptiker. Die größte Gruppe ist die in der Mitte, die Abwartenden. Das Abwarten ist scheinbar taktisch klug, weil man sich nicht die Finger verbrennt und sich erst für die eine oder die andere Richtung ausspricht, wenn deutlich wird, was sich insgesamt durchsetzt. Als Herdentier folgt der Mensch gerne der Bewegung der Herde. Er möchte ungeschoren davonkommen. Im Finanzwesen weiß man, dass mit dem Herdenverhalten weder große Gewinne noch große Verluste gemacht werden. Wer bei steigendem Aktienkurs einsteigt, hat den Sprung nach oben verpasst, kann aber am anhaltenden Aufstieg teilhaben.

Gegen die Tendenz der Risikoverminderung kann man nichts einwenden. Andererseits hat das Absicherungsverhalten etwas Dumpfes und Schafartiges. Der Abwartende hofft, dass der Kelch der Veränderung an ihm vorbeigehen möge. Am liebsten würde er die Veränderung aussitzen und in seiner Herde weitergrasen wie immer. Einen Wandel nimmt er in Kauf, weil er nicht allein dastehen und nicht verlieren will. Er möchte seine Schäfchen ins Trockene bringen. Auf diese Weise entsteht eine träge Masse. Ein Sich-Einlassen stellt man sich anders vor. Es beschreibt eine Aktivität und ist mehr als ein passives Abwarten, vielmehr zeugt es von Interesse und hält Ausschau nach Anknüpfungspunkten. Der Trainer im Sportverein führt eine neue Trainingsmethode ein, in der Firma werden interdisziplinäre Teams gebildet, im Stadtviertel werden verkehrsberuhigende Maßnahmen ausprobiert. Wer sich einlässt, lässt etwas auf sich wirken und etwas in sich selbst verändern. Die neue Trainingsmethode wird in das eigene Übungsrepertoire aufgenommen, in Gesprächen und gemeinsamen Erfahrungen entstehen neue Überzeugungen. Da muss nicht geschoben und gezogen werden, sondern es lässt sich jemand überzeugen, fragt nach, erkundigt sich und übernimmt etwas.

Mit einer zweiten Form des Wartens verhält es sich anders. In diesem Zustand ist die Veränderung bejaht, jedoch ist die Richtung noch nicht klar erkennbar. Im persönlichen Leben oder in einer Organisation kommt der Punkt, an dem etwas zu Ende geht und etwas Neues beginnt. »Alles hat seine Zeit«, wie Kohelet sagt. Dabei kann es sich um eine berufliche Neuorientierung handeln. Man merkt, wie einem die Arbeit schwererfällt oder weniger Spaß macht, befasst sich mit Alternativen, aber weiß noch nicht, wohin es einen zieht. In dieser Situation kann es besser sein, noch eine Weile zu warten, als überstürzt zu handeln. Dieses Warten hat nichts von der Trägheit des Ersteinmal-Abwartens. Es richtet sich auf die Zukunft aus und ist ein Warten auf den rechten Augenblick. Der Wartende wird ruhig und nimmt die Bewegungen der Welt aufmerksam wahr. Was tut sich? Was wäre etwas für mich? Was spricht mich an? Er beobachtet sich selbst und hört auf die innere Stimme. In welchen Situationen erlebe ich Zufriedenheit? Was passt zu mir? Was fehlt mir? Womit komme ich in Resonanz? Wenn Warten als ein Sich-Einlassen verstanden wird, kann man viel über sich lernen und vieles kennenlernen, was im normalen Gang der Dinge verborgen bleibt, weil alle Antennen ausgerichtet sind.

Sich umkrempeln lassen

Thoma, der vom Förster zum Holzbauunternehmer mutierte, ist sich sicher: »Ich habe das alles nicht geplant und hätte es auch so nicht planen können. Die Brüche in meinem Leben wurden anderweitig ausgelöst. Ich habe mich auf das Unbekannte in der Natur eingelassen.« Er erzählt davon, wie plötzlich wundersame Dinge geschehen sind. Ein Verleger hat ihn angesprochen, ob er ein Buch über den Wald schreiben möchte. Erst habe er abgewinkt, es aber dann doch gemacht. Das Buch wurde in Japan veröffentlicht, woraufhin buddhistische Mönche aus Japan besuchten und bestätigten, dass mit der im Buch beschriebenen Bauweise seit Jahrhunderten Klöster in Japan gebaut werden. Japan wurde dann zu einem der größten Märkte von Thomas Baugeschäft.

Thomas Fazit: Unser Leben wird umgekrempelt. Der Wandel vollzieht sich auf eine überpersonale Art, er kommt über einen und krempelt alles um. Der eigene Beitrag besteht darin, sich auf das Unbekannte einzulassen und das Lebensförderliche darin zu entdecken. Dabei kann der Mensch gelassen an die Sache herangehen: »Es gibt kein in allem Tun gründendes Glück, es sei denn, ein jeder freut sich und so verschafft er sich Glück, während er noch lebt« (Kohelet 3,12). Wer sich einlässt, schaut freudig auf die Welt und ist gespannt, was passiert. Das hat etwas Spitzbübisches, ganz nach dem Motto: »Mal schauen, liebes Leben, was du noch auf Lager hast. Ich bin gespannt darauf.« Die Veränderung ist dann etwas Anregendes und Spannendes, so wie der Spannungsbogen in einer Geschichte oder einem Film.

Wenn man so will, kann man sich in seinem eigenen Lebensfilm in der Hauptrolle selbst beobachten. Das ist nicht schizophren, sondern hat Methode. Die Methode besteht darin, sich weniger Gedanken zu machen und mehr auf das Zusammenspiel seiner inneren Verfassung und äußerer Gegebenheiten und Veränderungen zu achten. Wenn jemand arbeitslos wird, dann muss er sich Gedanken machen, wie er finanziell über die Runden kommt. Das ist sinnvoll und notwendig. Mit allen weiteren Gedanken würde er sich vermutlich verrückt machen. Besser wäre die Schlussfolgerung: Offenbar wird derzeit mein Leben umgekrempelt. Wie sieht dieser Film aus? Was läuft ab? Was erkenne ich darin für mich und zu welchen Handlungen führt mich das? Es ist ein Hören auf das Leben und ein Schauen auf den Wandel des Lebens. Das Leben bleibt nicht stehen, jeden Tag wird eine neue Seite des Buches aufgeschlagen und es entstehen spannende Dinge.

Der Anlass für dieses Buch war eine Art Eingebung. Ich kann nicht sagen, woher sie gekommen ist und wie sie sich mir gezeigt hat. Es war plötzlich dieser Slogan da: »Lasse dich ein!« Ich konnte dem sofort zustimmen und etwas abgewinnen. Also habe ich begonnen, diesen Keim weiterwachsen zu lassen. Lasse dich ein – der Satz ist eine Aufforderung, aber auch eine Zumutung,

Veränderungsbewusstsein bedeutet, gespannt darauf zu sein, was das Leben alles bringt.

weil er vielen Lebensregeln widerspricht. Dazu gehören Sätze wie: Mein Leben muss einem von mir erstellten Plan folgen. Veränderungen sind ein Sicherheitsrisiko. Fügung ist etwas für religiöse Menschen oder Esoteriker. Andersherum könnte jeder in seinem eigenen Leben nachsehen: An welchen Stellen wurde mein Leben umgekrempelt? Spätestens mit der Geburt eines eigenen Kindes ist diese Erfahrung unumgänglich. Inwiefern habe ich gegen diese Veränderung angekämpft und mich dann doch darauf eingelassen? Was bedeutet es, sich auf eine Liebesbeziehung und Lebenspartnerschaft einzulassen?

Wäre es nicht ein spannender Film, nicht festzuhalten an seiner Struktur, sondern sich umkrempeln zu lassen, zum Beispiel von seinen Arbeitskollegen, von Freunden, von neuen Aufgaben? Sich einzulassen ist kein Verbiegenlassen, keine Selbstauflösung, sondern ein Zugewinn und eine Bereicherung. Am Ende ist es eine Selbstwerdung, weil ich nicht in meiner beschränkten Ich-Vorstellung hängenbleibe und mir die Chance gebe, mich tiefer und breiter kennenzulernen.

Sich-Einlassen geht einher mit einer Verringerung des Denkens. Das Denken ist an die Ich-Funktion gekoppelt und bereitet in einer Endlosschleife das eigene Weltbild auf. Wenn das Denken weniger Raum einnimmt, schafft es Platz für die Wahrnehmung und das Gespür für den Moment. Alles hat seine Zeit. Wenn jetzt die Zeit des Schweigens und des Suchens ist, dann ist es so und ich lasse es wirken. Wenn einen zum Beispiel beim Ins-Bett-Gehen die Gedanken überfallen, dann ist es eine gute Übung, diese umzulenken. Mir hilft es, mich in eine Sportbewegung hineinzuversetzen. Ich versetze mich in den Laufrhythmus, und das schöne Gefühl der gleichmäßigen Bewegung schläfert mich ein. Oder ich stelle mir eine schöne Landschaft vor und schaue in die Gegend. In einer Veränderungssituation ist es hilfreich, den Gedankenapparat zurückzuschalten und sich einzulassen. Man kann es üben und sich sagen: Alles hat seine Zeit. Jetzt ist eine Zeit der Veränderung.

4.4 Versuch und Irrtum als Lebensweise

Ein Kennzeichen moderner Gesellschaften ist es, dass jeder Einzelne seinen Lebensweg und seine Lebensweise selbst herausfinden muss. Über Jahrtausende war der Mensch eingebunden in Stämme und Sippen. Dem Individuum war das Leben vorgegeben. In der antiken Demokratiebewegung beginnt die geschlossene Welt aufzubrechen. Karl Popper beschreibt in seinem Buch »Die offene Gesellschaft und ihre Feinde« das Ringen um eine offene Welt. Der bekannte Ausspruch »Alles fließt« ist das Ergebnis einer großen Enttäuschung des Philosophen Heraklit, der selbst der höchsten Gesellschaftsschicht seiner Zeit entstammt und miterlebte, wie die griechische Stammesaristokratie der neuen Kraft der Demokratie weichen musste. Heraklit stand für die alte Ordnung, musste aber erkennen, dass die Welt kein Bauwerk ist, sondern ein Prozess. Auf unliebsame Weise hat er die erste Theorie der Veränderung aufgestellt. Für Platon führt jegliche soziale Veränderung zu Verderbnis und Degeneration. Veränderung ist von Übel, und gut ist alles, was erhält. Der Verfall kann für Platon nur vermieden werden, wenn der Veränderung in einem idealen Staat, in dem jeder seinen festen Platz hat, Einhalt geboten wird.

Noch heute tauchen Bestrebungen auf, die offene Gesellschaft aufzuhalten und in eine scheinbar feste und sichere Ordnung zurückzuführen. Karl Popper gehört zu den Vordenkern, die nicht an einen idealen Staat und an ideale Herrscher glauben. Das Leben kann nicht eingefroren werden, sondern ist in ständiger Bewegung. Die Antwort darauf kann nur die offene Gesellschaft sein, die allen viel abverlangt, weil es keine endgültige Wahrheit und keinen dauerhaften Glückszustand gibt. Was bleibt, ist eine Suchbewegung und eine kontinuierliche Selbstentfaltung. Dafür formuliert Popper die Methode eines schrittweisen Verbesserungsprozesses. Er rät von leuchtenden Visionen und großen Zielen ab, weil das Leben zu komplex ist, um langfristige Vorhersagen zu treffen, und zieht eine Vorgehensweise des Versuchs und Irrtums vor.

Der springende Punkt dabei ist der offene Umgang mit Fehleinschätzungen. Dieser beginnt mit der Formulierung von Hypothesen und Annahmen. Nehmen wir als Beispiel das Problem der Vereinsamung alter Menschen. Eine Hypothese dazu könnte sein, diesem Problem mit neuen Wohnformen zu begegnen. Man würde also konkrete Versuche dazu anstellen, überschaubare Wohnprojekte, bei denen man sehen und überprüfen kann, inwieweit die Annahmen stimmen. Die Idee von Gemeinschaftsräumen etwa könnte von den Betroffenen angenommen werden oder auch nicht. Popper kommt es auf eine kritische Auswertung an. Wichtiger als die Verifikation, also die Bestätigung von Ideen und Konzeptionen, ist ihm die Falsifikation, der offene Umgang mit Fehleinschätzungen und Verbesserungsmöglichkeiten.

Das Leben als Probierbewegung

Der Philosoph und Journalist Robert Zimmer übersetzt die Sozialphilosophie Poppers in ein individuelles Lebenskonzept. Was für den einen richtig ist, kann für einen anderen unsinnig sein. Allgemeine Lebenslehren gehen aus dieser Sicht an der Tatsache der individuellen Sinnfindung und Lebensgestaltung vorbei. Eine Tugend wie »Gelassenheit« mag für einen Fünfzigjährigen die richtige Strategie sein. Die ehrgeizige Dreißigjährige kann damit nicht viel anfangen. Die Lebenskunst besteht darin, Lebensziele und Lebensmöglichkeiten immer wieder neu abzustecken und auf die aktuelle Lebenssituation anzupassen. Der Einzelne kann vermuten, was für ihn das Richtige ist. Er weiß es aber erst, wenn er es ausprobiert hat. Wer mit Mitte vierzig meint, erstmals in seinem Leben eine Führungsposition übernehmen oder ein Buch schreiben zu wollen, kann nicht sicher sein, ob er das beherrscht.

Die Lebenskunst besteht in einer Annäherung an die eigenen Lebensmöglichkeiten und einer zunehmenden Selbstübereinstimmung. In dem Roman »Nachtzug nach Lissabon« von Pascal Mercier springt ein Lehrer in einen Zug und reißt für einige Wochen aus seinem normalen Leben aus. Auf den Spuren eines portugiesischen Widerstandskämpfers begegnet er der Frage nach den ungelebten Möglichkeiten im eigenen Leben. Am Ende zeigt sich, dass es nicht geht, ein Leben nachzuholen, sondern dass sich immer nur der nächste Schritt einer Selbstübereinstimmung annähern kann.

Zimmer schildert das offene Leben als eine »nomadische Existenz«, eine nie endende Wanderung. Der Einzelne setzt seine eigene Lebensrezeptur immer wieder neu zusammen. Ein Bekannter von mir ist mit Mitte fünfzig in Rente gegangen und hat die Jahre danach mit ausgiebigen Freizeitaktivitäten ausgefüllt. Doch noch keine sechzig Jahre alt, haben er und seine Frau wieder zu arbeiten begonnen, weil ihnen Urlaub, Tennisspielen und Feiern zu wenig waren. Eine Jurastudentin lässt das Studium nach fünf Semestern sein und wechselt in die Musikpädagogik. Das Leben zeigt sich hier als Versuch und Irrtum. Wir ändern uns, aber auch die Welt um uns herum ändert sich. Der Strukturwandel in der Landwirtschaft setzt dem Geschäftsmodell eines Landwirts ein Ende. Was ihm bleibt, ist die Aufgabe der Landwirtschaft oder ein Neuanlauf, ein neuer Versuch. Andere Bauern haben vergrößert und Felder dazugepachtet oder haben auf biologischen Landbau umgestellt. Was also tun?

Für Popper führt kein Weg am Ausprobieren vorbei. Die Jurastudentin musste das Fach testen, bevor sie wissen konnte, dass es nichts für sie ist. Sie mag es geahnt haben, aber so richtig gewusst hat sie es nicht. Der Landwirt wird sich beraten, er wird rechnen und vergleichen, doch erst durch Versuch und Irrtum auf sein Konzept kommen. Der Gitarrist und Singer-Songwriter Mark Knopfler zählt zu den erfolgreichsten Rockmusikern. Auf seinen Konzerten kündigt er seine Stücke oft als Versuch an: »Everything is an attempt.« (Alles ist ein Versuch.) In der offenen Welt ist jeder ein Nomade, ein Suchender und Probierender. Ob in einem Unternehmen oder in der Politik, an keiner Stelle gibt es perfekte Lösungen, sondern immer nur die Suche nach Korrekturmöglichkeiten gekoppelt mit der Bereitschaft zur Fehler- und Irrtumsverringerung.

In der Coronapandemie ist die Rede vom »neuen Normal« aufgekommen. Von heute auf morgen war alles anders. Das Maskentragen, die Abstandsregel, das Homeoffice, der flugzeugfreie Himmel waren nicht nur ein Phänomen von Tagen, sondern von Monaten. Das neue Normal hat gezeigt, wie abrupt sich Lebensgewohnheiten und Lebensentwürfe ändern können, und wie schnell etwas normal ist, was vor Kurzem undenkbar schien. Wenn sich Normen und Maßstäbe verschieben, verschiebt sich das ganze Leben. Ungewollt ist ein globaler Megaversuch gestartet worden, wie Menschen, Gesellschaften und Staaten auf eine Totalveränderung reagieren. Das eine sind existenzielle Bedrohungen, fatale Not und eine große Verstörung. Das andere kann ein kritischer Blick auf die Lebensweise insbesondere in den reichen Industrienationen sein. Wurde der Materialismus nicht auf die Spitze getrieben? Wie viel PS braucht ein Pkw? Wie bombastisch muss ein Kindergeburtstag begangen werden? Müssen zwei oder drei große Urlaubsreisen im Jahr sein? Welchen Stellenwert haben soziale Beziehungen? Was ist ein Irrtum, was ist wichtig und was ist normal?

Schöpferische Selbstkritik
Das gelingende Leben ist ein Leben in Bewegung. Die nomadische Existenz ist eine direkte Antwort auf die Frage, wie wir mit Veränderung und Wandel am besten umgehen können. Das Verharren ist in diesem Lebensbild ein Erstarren und ein falsches Leben. Die Vision eines statischen Glücks ist ein Trugbild. Hirnforscher sagen uns, dass das Gehirn nach neuen Problemen sucht. Der schlimmste Fall wäre ein langweiliges und ereignisloses Leben, weil jegliche Spannung fehlt. Auch wenn wir uns nach Ruhe und Entspannung sehnen, wäre es als Dauerzustand nicht erstrebenswert. Der Nomade ist wach und entdeckungslustig. Er sucht neue Herausforderungen, neue Probleme, neue Lösungen in einem offenen Universum. Im fortwährenden Entscheiden, Ausprobieren und Gestalten erkennt er den Lebenssinn. Auch wenn er an einem Ort das Glück gefunden hat, bleibt er nicht stehen, sondern sucht und wandert weiter. Selbst eine glückliche Ehe will immer wieder neu aufgeladen

und belebt werden. Glückszustände sind nur Momente. Das eigentliche Glück besteht im Prozess der Modifikation, Weiterentwicklung und Erneuerung.

Die Korrekturbereitschaft hängt eng zusammen mit der Fähigkeit zur Selbstkorrektur. Die Anpassung an die äußere Welt geht zurück auf eine Neujustierung des eigenen Selbstverständnisses. Selbstkritik ist eine Übung, die mit einer Selbstdistanzierung beginnt. Man tritt einen Schritt zurück und schaut sich selbst von außen an. Wieso bin ich beim heutigen Projektgespräch aufgebraust? Was macht mich in letzter Zeit so dünnhäutig? Wie könnte ich beim nächsten Mal die Gruppe zu einer Neueinschätzung der Lage bringen? Komponisten, Schriftsteller oder Bildhauer befinden sich in einer permanenten Selbstkorrektur. Der Text wird umgeschrieben, die Partitur ergänzt, die Skulptur nachgearbeitet. Popper nennt das eine schöpferische Selbstkritik. Die Selbstreflexion versiert. Wer sich darin übt, wird besser, egal auf welchem Gebiet. Selbstkritik macht klüger. Ein kluges Handeln betrachtet die Wechselwirkung von sich selbst mit seiner Umgebung. Wer sich selbst erkennt, kann sich prüfen, optimieren und die Passung zu seiner Umwelt auf einen neuen Stand bringen. Die Grundlage dazu ist ein realistisches Selbstbild.

Das Bild von sich selbst ist nicht selten verzerrt. Man macht sich gerne etwas vor. Berufsgruppen wie Künstler, Managementtrainer oder Politiker erhalten ständig Feedback. Die Wertschätzung tut gut, aber mit dem kritischen Feedback ist nicht leicht umzugehen. Wie kann es sein, fragt sich der Feedbacknehmer, dass der Vortrag noch vor Kurzem gut ankam und die Zuhörer heute nicht mehr viel damit anfangen können? Was hat sich verändert? Das offene Lebenskonzept fußt auf der Selbstkorrektur und man kommt nicht umhin, auch das Scheitern zu lernen. Wer anfängt, sich zu rechtfertigen, verschanzt sich hinter einem selbst gebastelten Selbstbild, das einer Irrtumskorrektur ausweicht.

Ohne Erfahrung können wir nichts wissen, nichts lernen, uns nicht entwickeln. Neue Erfahrungen gehen oft mit Fettnäpfchen, mit Kratzern und blutigen Nasen einher. Was will man machen?

Sich und anderen eine Irrtumswahrscheinlichkeit zuzugestehen, ist die Basis, um mit Veränderungen frei und konstruktiv umgehen zu können. Selbstkorrektur ist das Gegenteil zum Beharren und Bekämpfen, weil sie die Veränderung bei sich selbst ansetzt. Mit der schöpferischen Selbstkritik erhält sich der Einzelne die Souveränität über die eigene Lebensgestaltung. Das Gegenteil wäre, sich etwas vorzumachen. Der Fußballmanager Uli Hoeneß hat einmal über Spieler am Ende ihrer Karriere gesagt: »Fast alle machen den gleichen Fehler. Sie übersehen den Zeitpunkt, aufzuhören, weil sie nicht einsehen wollen, dass sie älter geworden sind.« Die schöpferische Selbstkorrektur nimmt Abstand zu sich selbst. Es entsteht Leichtigkeit und Beweglichkeit, wenn Überzeugungen nicht wie feststehende Wahrheiten, sondern als Annahmen behandelt werden. Annahmen werden an der Wirklichkeit überprüft. Sie werden aufrechterhalten, weiterverfolgt oder verworfen.

Dies ist der Kern von Poppers kritischem Rationalismus. Er meint damit eine Einstellung, die bereit ist, auf kritische Argumente zu hören und von der Erfahrung zu lernen. »Er ist im Grunde eine Einstellung, die zugibt, dass ich mich irren kann, dass du recht haben kannst und dass wir zusammen vielleicht der Wahrheit auf die Spur kommen werden.« Recht zu haben ist nicht wichtig. Das Wissen der Menschen ist weitaus geringer als das Nichtwissen. Insofern sollten sich alle entspannen und gemeinsam versuchen, der Wahrheit auf die Spur zu kommen. Der entscheidende Punkt ist das gegenseitige Aufnehmen von Argumenten. So könnten zum Beispiel Besprechungen mit einem persönlichen Resümee der Teilnehmer abgeschlossen werden. Der Einleitungssatz könnte lauten: »Eine Sichtweise, die ich heute dazugewonnen habe, ist ...« Wenn nichts dazugewonnen, wenn nichts aufgenommen wurde, dann stimmt etwas nicht, und die Sitzung war sinnlos.

Die Entwicklung der Welt und des Menschen wird nie abgeschlossen sein, und es kann auch kein exaktes Zielbild geben. Wir wissen im Grunde nicht, was wir tun sollen, weil es dafür keinen absoluten Maßstab gibt. Deshalb müssen wir von Fall zu Fall entscheiden, was wir tun wollen, und uns immer neu an die Lage anpassen. Dazu bedarf es der Ausdauer und der Geduld. Popper spricht von »Duldsamkeit«. Täglich treffen in den Unternehmen, in den Vereinen und Familien dieselben Menschen aufeinander. Man kennt die Vorlieben und die Macken voneinander. Manchmal weiß man, was ein Kollege entgegnen wird, noch bevor er losgelegt hat.

Die Duldsamkeit drückt ein Ertragen und Aushalten aus. Hinter der scheinbar passiven Haltung steckt jedoch ein anspruchsvoller psychischer Vorgang. Es ist das Vermögen, über etwas hinwegzusehen, etwas gut sein zu lassen, eine Akzeptanz des Soseins des anderen. Die Nachsicht und der milde Umgang mit den schwierigen Seiten seiner Zeitgenossen ist eine Qualität und Erfolgskomponente. Die Versöhnungsfähigkeit ist ebenso bedeutend wie die Kritikfähigkeit. Versöhnung kann unkompliziert vonstattengehen. Es muss nicht einmal gesprochen werden. Jeder kann es für sich selbst machen. Man lässt es einfach gut sein, trägt nicht nach, nimmt die Last aus einem Verhältnis heraus, überlässt der Vernunft die Oberhand über die Emotion, vergisst und unterhält sich wieder ganz unbeschwert.

Sein Leben als Versuch und Irrtum anzugehen, ist eine handfeste und ermutigende Methode, bei der jeder nur gewinnen kann. Egal, was kommt, man geht darauf zu und probiert aus. Der Vierschritt lautet: Triff erstens eine Annahme, wie du an die Sache herangehen möchtest, unternimm zweitens einen praktischen Versuch, werte drittens den Vorgang kritisch aus und leite viertens einen korrigierten Handlungsschritt ein. Das ist eine Überlebenstechnik und eine Anleitung für ein sinnvolles Leben. »Alles Leben ist Problemlösen«, nennt es Popper. Das Leben ist eine Suchbewegung oder andersherum: Das größte Unglück ist die Stagnation. Gerade das Unabgeschlossene, das Unterwegssein, der Wandel verleihen dem Leben seinen Reiz und seinen Sinn. Das bedeutet nicht, dass Menschen nicht auch Ruhephasen und Pausen brauchen. Auch Routinen und eine gewisse Gleichförmigkeit tun dem Menschen gut und widersprechen dem Bild des bewegten Lebens nicht. Das Bild des Nomaden beschreibt keinen gejagten, gehetzten oder unzufriedenen Menschen. Zum Ausdruck kommt eine Geisteshaltung, die der Suche nach der Wahrheit einen höheren Rang einräumt als dem Glauben, die Wahrheit zu besitzen. Ist es nicht anregender, mit einem Menschen zu sprechen, der mit einem zusammen etwas entdeckt, als mit jemandem, der doziert und seine persönliche Wahrheit verkündet? Viel spannender als Meinungen und Antworten sind Fragen. Der Mensch ist das einzige Wesen, das fragen kann. Tiere haben sehr präzise Antworten, aber sie können nicht fragen.

Der Veränderungsmodus ist geprägt vom Fragen, Suchen und Ausprobieren. Die entscheidende Veränderungskompetenz ist die Korrekturfähigkeit. Der Schlüsselsatz dazu lautet: »Vielleicht irre ich und du hast recht.« Ich glaube, dieser Satz kann Wunder wirken und ein Schlüssel für den kontinuierlichen Verbesserungsprozess sein. Die Selbstkorrektur löst einen schöpferischen Prozess aus, weil dem Rechthaben jede Bedeutung genommen wird und die gemeinsame Lösungssuche in das Zentrum rückt. In Zeiten grundlegenden Wandels funktionieren Strategien aus der Vergangenheit immer weniger. Auch lange Überlegungen sind oft zu behäbig. Der angemessene Umgang damit ist eine Probier- und Lernbewegung.

4.5 Die Komfortzone überschreiten

Ein Bekannter hat mir eine Anekdote von der Zeremonie bei seiner Berufung in das Beamtenverhältnis erzählt. Die Ernennungsurkunde wurde ihm mit den Worten ausgehändigt: »Ab jetzt könnten Sie das Arbeiten einstellen.« Natürlich war das überspitzt und mit einem Augenzwinkern vorgetragen. Dennoch bringt es etwas zum Ausdruck. Viele Jahre hat man gepaukt und sich durchgekämpft. Endlich soll der Punkt gekommen sein, ab dem man davon zehren kann und ab dem das Leben nicht mehr ganz so anstrengend ist. Angesichts sinkender Halbwertszeiten von Wissen wird einem das Bedürfnis nach einer Komfortzone, in der man mit einem Grundstock an Wissen, Erfahrungen und Kompetenzen im Leben klarkommt, noch bewusster. Das Verlassen der Komfortzone ist mit Unsicherheit belegt. Das beste Beispiel ist der Wechsel in eine andere Sprache. Wenn man nur hin und wieder Englisch spricht, dann fehlen Wörter und Redewendungen und man ringt mit dem Ausdruck. Die Souveränität geht verloren, und man will schnell wieder zurück auf sicheres Gelände. Gleichzeitig ist Lernen und eine persönliche Entwicklung immer mit einer Überschreitung der Komfortzone und mit Veränderung verbunden.

Die Psychologin Carol Dweck beschreibt das Sich-Einrichten in der Komfortzone als Fixed Mindset, als statische Grundeinstellung. Wer einem statischen Mindset anhängt, sieht Menschen in ihren Fähigkeiten festgelegt: Man kann, was man kann, und ist, was man ist. Die einen haben eben mehr Talent als andere. Dweck hat das statische Mindset bei Schülern untersucht und herausgefunden, dass sich einige bei Denksportaufgaben ab einem höheren Schwierigkeitsgrad nicht mehr anstrengen und aufgeben. Wenn diese Schüler an eine Grenze stoßen, hören sie einfach auf. Sie können sich nicht vorstellen, die Grenze zu übersteigen und sich zu verbessern. Jeder Fehler und jeder Rückschlag wird als eine Bestätigung betrachtet, das aktuelle Niveau nicht anheben zu können. An diese Haltung ist das Bild geknüpft, erfolgreiche Menschen hätten günstigere Voraussetzungen, seien begabter oder entstammten einer privilegierten Familie. Der Lebenslauf von besonders erfolgreichen Menschen spricht eine andere Sprache. Mozart gilt als eines der größten Musikgenies aller Zeiten. Seine herausragenden Kompositionen hat er jedoch erst nach zehn Jahren hingebungsvollen Schaffens, ja Schuftens zu Papier gebracht. Davor waren kaum originelle und nennenswerte Stücke dabei. Oder nimmt man den polnischen Fußballspieler Robert Lewandowski, der 2020 zum Weltfußballer gewählt wurde. Er wurde mit siebzehn bei Legia Warschau ausgemustert, weil er für zu schmächtig gehalten wurde. Seine Trainer sagen über ihn in seinen letzten Profijahren: »Er will immer mehr.«

Um noch mehr Tore zu schießen, hat er auf dem Höhepunkt seiner Karriere angefangen, Freistöße zu trainieren.

Menschen mit einem statischen Mindset können durchaus erfolgreich sein. Sie streben nach einem Posten, auf dem sie sich festsetzen können und sich sicher fühlen. Veränderungen sind eine Bedrohung des statischen Mindsets, weil befürchtet wird, aus der Sicherheitszone herausgerissen zu werden und untergehen zu können. Ein Beispiel: Ein Abteilungsleiter im Personalwesen gilt als hervorragender Kenner in der Personaladministration. Was Löhne und Arbeitszeitkonten anbetrifft, kann ihm keiner etwas vormachen. Er identifiziert sich mit seinen Spezialgebieten und baut sein Selbstbild darauf auf. Als die Stelle des Personalleiters besetzt werden soll, wird ihm die Veränderung nicht zugetraut. Das statische Mindset hat ihm lange Schutz vor Versagen gegeben, es hat ihn aber auch in seiner Komfortzone festgehalten. Der Blick über die Grenzen und die Auseinandersetzung mit einem zeitgemäßen Personalmanagement ist ihm nicht in den Sinn gekommen. Das statische Mindset ist wie eine Rüstung, um sich stark und stolz zu fühlen. Doch hinter dem Selbstbewusstsein lauert eine Furcht: Ich bin nur jemand, wenn ich Erfolg habe. Die Rüstung schützt vor der Konfrontation mit Schwächen und Fehlern, macht aber auch behäbig und veränderungsresistent.

Das Übertreten der Komfortzone

Als ich einige Zeit beruflich in China zu tun hatte, habe ich bei einer Abendessenseinladung des chinesischen Kunden an einem großen runden Tisch neben einem anderen Deutschen gesessen. Als wir näher ins Gespräch kamen, hat er mir seine Chinageschichte erzählt. Die Pointe war, dass er sich lange strikt gegen den Chinaeinsatz gewehrt hatte, der am Ende zum besten Erlebnis seines Lebens geworden ist. Wie kam es dazu? Sein Chef hatte ihn darauf angesprochen, bei einem chinesischen Zulieferer die Produktionsprozesse verbessern zu helfen. Der Vorgesetzte hatte bei ihm die natürliche Autorität und Umsetzungskonsequenz festgestellt, die er bei den chinesischen Mitarbeitern als den entscheidenden Erfolgsfaktor ausmachte. Doch dachte er selbst nicht daran, nur um einen Zentimeter seinen bestehenden Arbeitsplatz zu verlassen. Wieso sollte er auch? Er fühlte sich in seinem Arbeitsumfeld wohl, hatte unweit der Firma sein Haus und war rundum mit seinem Leben zufrieden.

Der Überredungsprozess ging über ein halbes Jahr. Immer wieder ist sein Abteilungsleiter auf ihn zugekommen. »Du bist der Richtige. Du kannst das und du machst das.« Der Vorgesetzte hat das so lange betrieben, bis er nachgegeben und sich für einen Chinaaufenthalt verpflichtet hat. In China angekommen, war er schnell in seinem Element. Jeden Morgen hat er die definierten Maßnahmen des Vortages eingefordert und Versäumnisse angemahnt. Schon nach wenigen Wochen machte die Fabrik Fortschritte. In Deutschland war er ein Industriemeister unter vielen, doch in China war er etwas Besonderes, eine Autorität, ein angesehener Berater. Zur Zeit unseres Treffens hatte er seine Mission bereits beendet und war nur noch zu einer Überprüfung nach China gekommen. Aber sein Chinaglück war ihm noch anzumerken.

Der Vorgesetzte ist in die Komfortzone eingedrungen. Dem Meister war das lästig und unangenehm. Er ließ den Chef abprallen und hoffte, dass dieser die Lust und die Energie verliert. Mitarbeiter kennen das. Führungskräfte wollen etwas von einem, aber weil sie viel zu tun haben, rutscht das eine oder andere in der Prioritätenliste nach hinten, und die Angelegenheit hat sich erledigt. Doch diesmal war es anders. Der Chef blieb penetrant und ließ in seiner Überzeugungsarbeit nicht nach. Im Gegenteil: Er hat noch heftiger und nachdrücklicher insistiert. »Du bist der Richtige. Du kannst das und du machst das.« Der Meister hatte das fremde Land und die fremde Sprache vor Augen. Er hatte sich ausgemalt, dass er ewig im Flugzeug sitzt und sich in der Megacity verläuft. In Gedanken waren ihm die Küche seiner Frau und die Treffen im Verein abgegangen. Und ob er mit den Chinesen klarkäme, bezweifelte er.

Das Beispiel zeigt die Chancen, die sich aus einer Überschreitung der Komfortzone ergeben. Selbst wenn die Auslandserfahrung nicht so großartig gewesen wäre wie in diesem Beispiel, hätte der Betreffende davon profitieren können. Sein Horizont hätte sich erweitert, er hätte erlebt, wie er sich in einer anderen Kultur bewegen kann, wie die Menschen reagieren, wie sie arbeiten und wie sie feiern. Das alles bereichert und beweist, dass man immer dazulernen und sein Weltbild erweitern kann.

Kritik hilft

Aus seinem Chinaglück wäre für den Industriemeister nichts geworden, wenn ihm der Chef nicht permanent auf die Zehen getreten wäre. Eine engagierte Führungskraft macht so etwas. Sie macht sich dafür zunächst nicht beliebt, aber sie betreibt echte Mitarbeiterentwicklung. Den Beleg dafür liefern Trainer im Sport oder Musiklehrer. Ein Sportler oder Musiker kann sich nur verbessern, wenn etwas eingefordert wird und wenn die Schwachpunkte benannt werden. Wer im künstlerischen Bereich oder im Sport vorankommen möchte, muss lernen, mit Kritik klarzukommen. Ich hatte mein Büro lange im Museumsviertel in München nahe der Filmhochschule und habe als Gasthörer hin und wieder Besprechungen von Übungsfilmen der Studenten mitverfolgt. Der Vorführung eines Kurzfilms folgte eine Kritikphase. Die Kritik der Mitstudenten war meist hart, ja harsch. Die jungen Filmemacher werden auf diese Weise auf eine berufliche Realität vorbereitet. Wer Kritik nicht aushält, wird ein Leben als Regisseur nicht durchstehen. Ähnlich ist es im Sport. Einige Jahre hatte ich Einblick in die Jugendarbeit der Basketballabteilung des FC Bayern München. Die Trainer hatten zwei Ziele zu verfolgen: Deutscher Meister werden und Nachwuchsspieler für die Profimannschaft entdecken und entwickeln. Im Training wurden Spielzüge eingeübt. Circa alle zwanzig Sekunden hat der Coach abgebrochen, Verteidiger heftig am Arm gezerrt, Aufbauspieler im Feld verschoben, Mitspielern überdeutlich verkehrte Laufwege nachgewiesen.

Als Beobachter musste ich manchmal tief durchatmen, um dieses Bollwerk an Kritik mitansehen zu können. Befragte man die Jugendlichen, wie sie damit fertigwerden, war die Antwort eindeutig: »Die Trainer machen uns besser.« Wobei nicht alle Coaches gleich geschätzt waren. Einer der Coaches hat zum Beispiel einen der Aspiranten für einen Profivertrag jeden Nachmittag zu sich ins Büro geholt, damit der sich auf seinen Schulabschluss vorbereitet. Die Jugendlichen haben gemerkt, dass dieser Trainer sich für sie interessiert und engagiert. Auf dieser menschlichen Basis konnte auch der Leistungsdruck besser verarbeitet werden.

Aus motivationspsychologischer Sicht kann für Carol Dweck Lob kontraproduktiv sein. Wenn Eltern die Intelligenz und das Talent ihrer Kinder immerzu hochhalten, kann es passieren, dass sich die Kinder toll finden, aber bei Hindernissen scheitern. Gute Lehrer machen es ihren Schülern nicht leicht und stellen hohe Anforderungen. Die Aufmerksamkeit richtet sich dann nicht auf eine höhere oder niedrigere Intelligenz, sondern auf das Maß der Anstrengung und des Engagements, seinen Intellekt zu entwickeln. Gelobt werden soll die Arbeit, die jemand an sich selbst vollzieht. Viele Talente kommen nicht vom Fleck, weil sie immer von ihrem Talent gelebt haben. Das gilt im Sport, in der Musik und im Arbeitsleben. Wer sich auf seinen Anlagen ausruht, bleibt in der Komfortzone und das statische Mindset wird gestärkt.

Aus meinen Trainingsgruppen kenne ich das Argument, eine Abteilung in einem Unternehmen oder in einer Behörde bestehe nicht aus Spitzensportlern, die die Bereitschaft hätten, ständig an sich zu arbeiten. Übersetzt heißt das: Wir fühlen uns in unserer Komfortzone wohl und wollen nichts ändern. Gleichzeitig möchte jeder jedes Jahr mindestens drei Prozent mehr Gehalt und hält einen sicheren Arbeitsplatz für selbstverständlich. Ganz passt das nicht zusammen – weder für das Unternehmen noch für die persönliche Entwicklung. Ich halte es für geboten, dass Führungskräfte die Komfortzone von Mitarbeitern betreten. Als Mitarbeiter kann man sich selbst beobachten, wie man darauf reagiert. Erkennt man das Engagement des Chefs oder arbeitet man dagegen? Ich hatte einmal bei einer Mitarbeiterin hinterfragt, ob sie das Verhältnis von bezahlter Konzeptzeit und tatsächlichem Aufwand genügend in Betracht ziehe. Daraufhin war der Kontakt tagelang unterkühlt. Führungskräfte erleben nicht selten negative emotionale Reaktionen, sobald sie Kritik üben. Kein Wunder, dass viele dies nach einer Zeit sein lassen. Allerdings verlieren sie damit auch ihren Führungsanspruch und werden geführt.

Wer die Komfortzone eines anderen übertritt, muss seine eigene Komfortzone verlassen. Es kostet Überwindung und Kraft, kritisches Feedback zu geben. Ich riskiere damit meine Beliebtheit und bin Rechtfertigungen ausgesetzt. Jedoch zeigt sich, dass sich Menschen auch an Kritik gewöhnen – bis dahin, dass sie die kritische Auseinandersetzung als bereichernd empfinden. Ein Beispiel dafür habe ich in einem Industriebetrieb miterlebt. Ein Bereichsleiter hat jeden Abend um 18 Uhr ein Mitglied aus seiner Führungsmannschaft zu sich ins Büro geholt und Klartext gesprochen. Das Gespräch bestand überwiegend aus Kritikpunkten, die den Abteilungsleitern auch zugesetzt haben. Der Bereichsleiter hatte seine Führungsmannschaft neu zusammengesetzt und dabei vor allem jungen Führungskräften eine Chance gegeben. Ähnlich wie bei dem Basketballtrainer, der gefordert und gefördert hat, erkannten die Abteilungsleiter den Mentor in ihrem Chef und wussten Wohlwollen und Kritik als zusammengehörig zu betrachten. Sie erkannten den Coach, der sie hart anfasst, aber nicht um sie zu erniedrigen, sondern damit sie etwas lernen.

Alsbald wechselte der Bereichsleiter die Stelle und wurde durch einen ganz anderen Vorgesetztentypus ersetzt. Den Abteilungsleitern und insbesondere den Ehrgeizigen unter ihnen aber fehlte das 18-Uhr-Feedback. Einer sagte mir: »Ich habe bei diesen Gesprächen mehr über Führung gelernt als jemals zuvor. Mir geht das ab.« Der Erfolg des 18-Uhr-Gesprächs bestand im Aufbau einer Kritikkultur. Kritik war keine Ausnahmesituation, die einen erschreckt, weil sie aus heiterem Himmel kommt. Die kritische Auseinandersetzung ist zu einer Gewohnheit geworden. So haben es auch die Jugendbasketballer erlebt. Alle zwanzig Sekunden kam die kalte Dusche, auf die man sich einstellen konnte.

Eine Kultur wird durch Wiederholung geprägt. Das lateinische Ursprungswort für Kultur ist »colere« und bedeutet pflegen und bewirtschaften. Die »agri cultura« ist die Bodenpflege und Landwirtschaft. Damit etwas wachsen kann, muss der Boden gepflügt werden. Wenn regelmäßig Feedback gegeben wird, dann ist es für die Beteiligten ganz normal und sie können gut damit umgehen. Die Basis für eine Kritikkultur ist Wertschätzung. Wenn ich spüre, dass mich jemand schätzt und mag, dann habe ich mit Kritik kein Problem. Ich beobachte immer wieder eine Verwechslung von Lob und Wertschätzung. Jeder Mensch lebt von der Wertschätzung. Wertschätzung bedeutet, wahrgenommen zu werden. Das ist für Erwachsene ebenso wichtig wie für Kinder und Jugendliche. Ein Vater, der sich für seine Kinder interessiert und nachfragt, wie das Volleyballtraining oder die Bandprobe gelaufen ist, zeigt Wertschätzung. Er nimmt sich Zeit, hört zu und beweist dadurch, dass es ihm wichtig ist.

Selbstverständlich tut es gut, wenn die Chefin eine Leistung hervorhebt. Anstatt zu loben, kann sie dies durch Nachbohren tun: »Wie haben Sie denn die Verhandlung vorbereitet, um diesen Erfolg zu erringen?« Der Mitarbeiter spürt das Interesse dabei mehr als bei der Floskel: »Das haben sie aber gut gemacht.« Wenn dann folgt: »Wie können wir denn diese Vorgehensweise auf andere übertragen?«, wird es richtig spannend. Wertschätzung ist schön, aber lehrreich ist das kritische Feedback. Der Musiklehrer bespricht die schwierigen Passagen der Klaviersonate und nicht diejenigen, die sowieso funktionieren.

Das dynamische Mindset

Carol Dweck hat in ihren Forschungsarbeiten bei Sportlern, Künstlern und Schülern ein- und dasselbe Prinzip erkannt: Wer den Status quo als gegeben und unveränderlich betrachtet, der bleibt stehen. Wer aber nach vorne schaut, sich verbessern will und an sich arbeitet, der kommt weiter. Der entscheidende Unterschied ist der Glaube an das Dazulernen und das Durchbeißen: Wenn ich lange genug an etwas arbeite, dann komme ich nach und nach dahinter. Aus dieser Grundhaltung, aus diesem dynamischen Mindset heraus werden Niederlagen und Zurückweisungen als Lernchancen betrachtet. Während das statische Mindset klein beigibt oder Schuldige sucht, fragt das dynamische Mindset nach Lerneffekten und Handlungsalternativen. Ein pfiffiger Vertriebler hat einmal gesagt: »Verkaufen beginnt dann, wenn der Kunde ›Nein‹ sagt.« Vorher würde er wohl eher von Verteilen sprechen, was in seiner Denkart keiner außergewöhnlichen Leistung bedarf. Wer Hindernisse, Schwierigkeiten und Rückschläge in zukünftige Siege verwandelt, der kommt voran.

Was beim statischen Mindset Verbitterung und eine Verteidigungshaltung auslöst, macht das dynamische Mindset nur noch stärker. Mir fällt dazu ein Maschinenbauingenieur ein. Als ich ihn kennenlernte, hatte er gerade seine erste Führungsaufgabe übernommen. In den Workshoppausen stellte er mir eine Frage nach der anderen. Was ist Coachen genau? Was sind die besten Tricks dabei? Welches Feedback kann ich ihm geben? Einmal hatte dieser Ingenieur die Produktionsleitung in einem Werk übernommen, in dem das Unternehmen überstürzt mit einem neuen Werkstoff in Serie gegangen war. Der Hof war voller kaputter Teile. Die Schwierigkeiten hatten sich herumgesprochen, keiner wollte dorthin. Der Einsatz galt als stressig und karriereschädlich, weil man am Ende Teil eines Desasters sein könnte. Ich kenne nur wenige Unternehmen, die solche Situationen auswerten und schauen, wer sich Schwierigkeiten stellt – und nach Kriterien des dynamischen Mindsets höhere Managementposten besetzen.

Die wahre Symbolfigur für eine angemessene Reaktion auf die Dynamik des Lebens und des Wandels ist das Stehaufmännchen.

Jeder Mensch verkörpert eine Mischung aus statischem und dynamischem Mindset. Manchmal steht es auf der Kippe, ob man angreift oder den Mut verliert. Umso wichtiger ist ein Anstoß oder eine Unterstützung von außen. So wie in diesem Fall: Ein Kunde von mir hat Wert darauf gelegt, Seminare im Zuge der Internationalisierung vermehrt auf Englisch abzuhalten. In einem Kurs hatte ich zwei Teamleiterinnen, die sich anfangs wegen der Sprachbarriere gescheut hatten mitzumachen. Sie konnten von der Personalentwicklung überredet werden. Die Gruppe war ein Mix aus Chinesen, Franzosen, Schweizern und Deutschen. Die beiden merkten schnell, dass keiner perfekt Englisch sprach und es trotzdem zu einer guten Verständigung und zu einem angenehmen Gruppenklima kam. Sie freundeten sich mit der Situation an und ihr Selbstbewusstsein wuchs sichtlich. Bei Präsentationen ergriffen sie die Initiative und wurden zu Aktivposten des Seminars.

Menschen mit einem dynamischen Mindset lernen nie aus. Der Psychiater Norman Doidge erwähnt in seinem Buch »Neustart im Kopf« den einundneunzigjährigen Cellisten Pablo Casals. Auf die Frage »Maestro, warum üben Sie noch?«, antwortet dieser: »Weil ich Fortschritte mache.« Der Filmemacher Volker Schlöndorff, der für seine Verfilmung von Literaturklassikern wie »Die Blechtrommel« oder »Homo Faber« bekannt wurde, betrachtet in einer Rückschau auf sein Leben die Identitätsbildung als einen lebenslangen Vorgang. Eigentlich wollte er sein Leben in New York verbringen, doch mit dem Fall der Mauer änderte er seine Lebensplanung und zog nach Potsdam. In jedem Lebensabschnitt und bis ins hohe Alter erlebte er sich neu. Mit sechzig Jahren hat er mit dem Lauftraining angefangen und an Marathonwettbewerben teilgenommen. Für mich ist das ein Beispiel für ein dynamisches Mindset. Das Leben ist hier und jetzt und gleichzeitig geht es immer weiter. Man muss dazu kein Künstler sein, das gilt für jeden.

Da geht noch was. So könnte das dynamische Mindset auf den Punkt gebracht werden. Jeder kann sich selbst beobachten und bei sich selbst nachschauen, wie statisch oder dynamisch das eigene Mindset ausgerichtet ist. Dazu können verschiedene Aspekte und Fragen herangezogen werden: Reizen mich schwierige Aufgaben und Herausforderungen? Glaube ich daran, dass ich mich permanent verbessern kann? Bin ich ein Stehaufmännchen und lasse mich von einer Niederlage nicht beirren? Nehme ich mir gerne etwas vor? Liebe ich den Aufbruch zu neuen Ufern? Sind Lernen und die persönliche Weiterentwicklung mein Lebenselixier? Erfolgsentscheidend sind Hartnäckigkeit und Durchhaltevermögen. Die Devise ist: »Gib nicht auf. Bleibe dran.« Oder gar: »Jetzt erst recht.« Möglicherweise sieht es zunächst nicht danach aus, aber an irgendeiner Stelle öffnet sich etwas. Penetranz zahlt sich aus. Die Frage aber bleibt: Will ich das? Will ich die Komfortzone verlassen? Lasse ich es zu, wenn jemand meinen Vorgarten betritt?

Ein wichtiges Medium sehe ich in einer Feedbackkultur. In Organisationen oder Familien kann es eingeübt werden, positives und negatives Verhalten anzusprechen und sich auszusprechen. Wer nicht empfindlich reagiert, sondern sachlich bleibt, hat seine Komfortzone bereits geöffnet. Unempfindlichkeit und Empfänglichkeit leisten einen guten Dienst, weil Veränderungen sensible Stellen berühren und Abwehrmechanismen auslösen können. Wer Kritik annimmt und schlechte Lebenserfahrungen als Lernerfahrungen auffasst, kann mit dem Wandel wachsen. Denn Veränderungen schieben einen aus der Komfortzone hinaus, und nur außerhalb des Bekannten können wir unseren Horizont erweitern.

4.6 Eine Mission verfolgen

Veränderung entsteht oft durch einen Anstoß von außen und wird als Fremdbestimmung erlebt. Die Firmenleitung entscheidet einen Büroanbau und die Mitarbeiter müssen ihre vertraute Umgebung verlassen, was ihnen widerstrebt. Die Veränderung bricht über die Menschen herein und sie müssen sich damit arrangieren. Eine frei gewählte Selbstveränderung findet selten statt. Wer geht schon her und möchte ab morgen alles anders machen? So läuft das nicht. Veränderung als etwas Aufgesetztes, sei es von außen oder durch einen theoretischen Vorsatz, hat keine Kraft. Veränderungen greifen dann, wenn Leben und Wandel eine Einheit bilden. Wenn jemand von sich aus etwas verfolgt und anschiebt, dann sind Veränderung und Wandel eine natürliche Folge. Wer eine Familie gründet, startet ein gigantisches Veränderungsprojekt. Es ändert sich alles. Die Prioritäten, der Lebensrhythmus, die finanzielle und wohnliche Situation, das Freizeitverhalten. Diese Veränderungen ergeben sich als eine Konsequenz aus der getroffenen Richtungsentscheidung und werden bis ins Letzte getragen. Wer ein Haus baut, betritt Neuland bei technischen und wirtschaftlichen Fragen und geht enorme Risiken ein; ein Veränderungsmanagement ersten Ranges. Doch der Antrieb kommt von innen und hilft über alle Misslichkeiten hinweg. Wer sich etwas in den Kopf gesetzt hat und etwas erreichen will, denkt nicht über Veränderung nach, sondern verändert automatisch aus seiner Leidenschaft und aus der Sache heraus.

Ein Gestaltungsauftrag leitet sich aus den Rollen ab, die jemand im Leben bekleidet. Jeder und jede findet sich in vielfältigen Rollen wieder: Marketingspezialistin, Mutter, Chorleiterin, alles in einer Person. Jede dieser Rolle gilt es auszufüllen. Ein Nichtausfüllen würde eine traurige Gestalt hinterlassen. Eine Chorleiterin, die keine neuen Stücke plant oder das alljährliche Weihnachtskonzert buchstäblich sang- und klanglos verstreichen lassen würde, wäre keine Chorleiterin – oder zumindest nicht mehr lange. Mit einer privaten, einer ehrenamtlichen oder einer beruflichen Rolle verbindet sich wie selbstverständlich eine Ausgestaltung, ein Vorantreiben und Verändern. Im Chor werden neue Lieder geprobt, die Chorbesetzung ändert sich und das Weihnachtskonzert wird variiert.

Auf den ersten Blick scheinen einem seine Rollen klar zu sein. Eine Marktleiterin leitet einen Supermarkt, ein Vater kümmert sich um seine Familie. Was gibt es da noch zu sagen? Meine Erfahrung ist: Der innere Auftrag einer Rolle ist oft nur vermeintlich klar. Bei mir selbst dauerte es Jahre, ehe ich kapiert habe, was Vatersein wirklich bedeutet. Entscheidend war eine banale Alltagssituation. Es war ein Samstag. Ich sollte mit meinem Sohn Englisch üben, aber der hatte keine Lust und ist lieber Fahrrad gefahren. Ich wollte auch raus und die Englischübung endlich hinter mich bringen. Meine kleine Tochter hat meinen Unmut mitbekommen und mich am Arm gezupft mit den Worten: »Das gehört aber zu den Aufgaben eines Vaters.« Erst habe ich das abgetan, aber diese Worte sind in mir nachgehallt. Tatsächlich hatte ich mir nie darüber Gedanken gemacht, was die Aufgaben eines Vaters sind. Ich hatte dann meine Kinder dazu befragt. Die Antworten waren erstaunlich. Das Erste, was meine Tochter sagte, war: »Nervige Kinder ertragen.« Mir wurde dann bewusst, dass Elternsein im Wesentlichen das Tragen und das Aufrechterhalten einer tragfähigen Lebensbasis ausmacht. Oft zeigt sich das im Mittragen und Ertragen. Eine gute Ausbildung, Geld, Urlaub, das ist alles schön und gut, aber es ist nicht der wesentliche Auftrag.

Wenn Rollenauftrag und Mission erkannt sind, leitet sich alles Handeln davon ab. Der Vater und die Mutter eines pubertierenden Kindes kommen an Turbulenzen nicht vorbei, aber sie wissen, dass sie als Orientierungs- und Ankerpunkt standfest bleiben und die Unruhen liebevoll aushalten müssen. Alles andere regelt sich. Eine Mission – hier der Erziehungsauftrag – liefert das Programm für die eigene Weltgestaltung und die Weltveränderung. Das zeigt sich auch in der Organisationsentwicklung. Wenn jeder seinen Auftrag kennt und verfolgt, dann entsteht Bewegung und eine natürliche Veränderung.

Dann wird ein Job nicht nur erledigt, sondern es findet eine Verantwortungsübernahme statt.

Mir wurde das bei einer Geschäftsreise klar, als mein Flugzeug Verspätung hatte. Keuchend eilte ich zum Taxi und teilte unterwegs der Sekretärin der Geschäftsleitung mit, dass ich den Besprechungstermin verpassen würde. Ich hatte den Satz noch nicht zu Ende gesprochen, da entspannte diese die Situation. Sie hätte bereits eine Verschiebung des Termins veranlasst, schließlich überprüfe sie jede Reise, die sie geplant habe, auch in der Realisierung. Über das Internet verfolge sie die Ankunftszeiten und wisse deshalb Bescheid. Alles sei in Ordnung und ich könne in Ruhe anreisen. Die Sekretärin sieht sich nicht nur zuständig, sondern verantwortlich. Hätte sie sich lediglich zuständig gefühlt, wäre mit der Buchung des Flugtickets für sie alles erledigt gewesen. Da sie aber mit der Funktion als Chefsekretärin einen Auftrag verbindet, ist dieser erst abgeschlossen, wenn der Gast am Ziel angekommen ist.

Bedenke, was du bist

In seiner Schrift »Politik als Beruf« legt der Soziologe Max Weber eine Beschreibung einer Berufsrolle vor. Sie umfasst Wesen und Auftrag des Politikerberufes und zeigt modellhaft, wie sich daraus eine Berufsethik erschließt. Der Ausgangspunkt soll nach Weber für jeden Politiker eine »sachliche Leidenschaft« für politische Ziele sein. Ein Politiker braucht zuerst eine Mission. Diese inhaltliche Ausrichtung darf sich aber nicht nur an Prinzipien und Ideale anhängen, sondern politisches Handeln muss sich an den Folgen des Tuns ausrichten. Dem Beruf des Politikers werden nicht Gesinnungsethik und Idealismus gerecht, sondern Verantwortungsgefühl. Der Verantwortungsethiker ist Realist und rechnet mit den Defekten der Menschen.

Zwischen Leidenschaft und Verantwortung vermittelt nach Weber das »distanzierte Augenmaß«. Bekannt geworden ist die Zusammenfassung von Webers Rollenbeschreibung: »Politik bedeutet ein starkes langsames Bohren von harten Brettern mit Leidenschaft und Augenmaß zugleich.« Mit diesem Rollenbild vor Augen sollte ein Politiker keine schnellen Erfolge in der Politik erwarten. Wer sich der Politik verschreibt, benötigt für Weber vor allem eine »Festigkeit des Herzens«, die auch dem Scheitern aller Hoffnungen gewachsen ist. Hier ist gut zu sehen, wie heilsam ein sinnvoll abgesteckter Rollenauftrag sein kann. Er kann vor übertriebenem und unsinnigem Aktionismus schützen und gleichzeitig auf ein langfristig angelegtes Engagement verweisen. Der Auftrag stellt richtig und richtet aus.

Auch das älteste – und immer noch aktive – Organisationshandbuch der Welt baut auf Rollenbildern auf. Angesprochen ist die 1500 Jahre alte Klosterregel der Benediktiner. Das kleine schwarze Büchlein habe ich bei jedem meiner Seminare dabei. Kennengelernt habe ich die Benediktinerregel im Kloster Andechs bei Anselm Bilgri, mit dem zusammen ich in dem Buch »Finde das rechte Maß« eine Übersetzung für heutige Führungskräfte abgeleitet habe. Erst nach Jahren der Beschäftigung mit dem Text bin ich auf eine Zeile aufmerksam geworden, die man leicht überliest. Sie findet sich im zweiten Kapitel, das vom Abt handelt. Der Abt ist die einzige Führungskraft im Kloster, und der Klostergründer legt großen Wert auf das Führen der Brüder als Hauptbeschäftigung des Abtes. Wenn ich meine Teilnehmer frage, welchen Anteil die Führungsarbeit in ihrem Tätigkeitsspektrum einnimmt, dann lande ich im Durchschnitt bei circa zwanzig Prozent. Benedikt benennt Führungstugenden wie das Zuhören oder das rechte Maß und nutzt anschauliche Bilder, um seine Führungsphilosophie zu vermitteln: Der strenge Meister, der weise Arzt, der gute Hirte. Für die wichtigste Aussage aber halte ich den Vers 30. Dort steht: »Der Abt muss bedenken, was er ist.«

Es fällt auf, dass es nicht heißt, wer er ist, sondern was er ist. Benedikt geht es weniger um Eigenschaften, wie sie in Persönlichkeitstests zu finden sind: introvertiert, extrovertiert, kreativ, dominant und so weiter. Wesentlich ist ihm, dass sich der Abt seiner Führungsrolle bewusst ist. Wenn eine Führungskraft wirklich führt, dann beschäftigt sie sich mit der Entwicklung der Mitarbeiter und der Organisation. In Wirklichkeit verharren viele Führungskräfte in der Expertenrolle und vertiefen sich in fachliche Themen. Sie identifizieren sich stärker mit der Rolle des Ingenieurs, des Juristen oder des Chemikers als mit der Führungsfunktion. Deshalb fehlen häufig die Vordenker und die Architekten der Veränderung. »Bedenke, was du bist«, möchte man den Managern zurufen: »Du bist Impulsgeber, Einfädler, Brückenbauer, Feedbackgeber, Sinnvermittler.«

Wenn die Berufung und die Mission zum Führen abgehen, dann werden zwar Themen gemanagt, eine bewusste kulturelle Entwicklung findet jedoch nicht statt. Für den Ökonomen und Ethiker Birger Priddat ist das fatal. Er sagt: »Heute sieht man, dass die scheinbaren Soft facts einer Unternehmenskultur die eigentlichen Hard facts der Unternehmensorganisation sind.« Priddat hat Faktoren wie die dynamische Anpassung an Marktlagen und die Verringerung von Transaktionskosten vor Augen, die stark vom Eigenantrieb der Mitarbeiter abhängen.

Nicht nur die Spitzenkräfte haben eine Mission zu erfüllen. Für jeden verbindet sich mit einer Rolle ein Auftrag. Ein gutes Anschauungsbeispiel aus der Benediktsregel ist das Kapitel über den Pförtner. Man möchte meinen, der Pförtnerdienst sei keine besondere Sache. Benedikt aber verleiht dem Pförtner eine hohe Bedeutung. Der Pförtner sitzt an der Nahtstelle von Kloster und Welt. Er ist das Gesicht nach außen und vertritt die Werte des Klosters. Deshalb heißt es: »An die Pforte des Klosters stelle man einen weisen älteren Bruder, der Bescheid zu empfangen und zu geben weiß.« Der Pförtner ist ein Kommunikationsknotenpunkt. Alle möglichen Leute kommen an eine Klosterpforte. Zu Zeiten Benedikts mögen das Reisende, Bettler, Pilger, Nachbarn, Lieferanten oder Bewerber gewesen sein. Der Pförtner braucht eine gute Menschenkenntnis und eine hohe soziale Kompetenz, um mit den unterschiedlichen Anliegen angemessen umgehen zu können. Er soll empfangen können, also zuhören und verstehen, worum es geht. Er soll aber auch Auskunft geben, informieren und weiterhelfen. Ein Pförtner braucht keine akademische Ausbildung, aber für Benedikt soll er weise sein. Er soll also Situationen einschätzen und in einen größeren Zusammenhang stellen können. Jemand fragt nach Essen oder Kleidung. Vielleicht ist es ein Schmarotzer, der keine Lust hat zu arbeiten und sich mit Almosen durchbringt. Was ist die richtige Antwort? Ein anderer sucht Rat. Pförtner ist kein Job mit mechanischen Abläufen, sondern eine verantwortungsvolle Aufgabe, die Fragen und manchmal sogar Grenzfragen aufwirft. Ein guter Pförtner ist sich dessen bewusst. Er denkt über seine Aufgabe nach, reflektiert seine Erlebnisse des Tages und arbeitet an seiner Mission.

Mein Namenspatron, Konrad von Parzham, wurde heiliggesprochen, nachdem er als Pförtner sein Leben nur auf wenigen Quadratmetern verbracht hatte. Für ein sinnvolles Leben muss man nicht berühmt sein, man muss keine besondere Karriere oder etwas Extravagantes machen. Jeder kann in seinem Umfeld eine Mission erfüllen, er kann etwas bewirken und verändern.

Jeder hat eine Mission

Für den Psychotherapeuten und Organisationsberater Fritz Simon geht es in Unternehmen nicht um Menschen, sondern um Rollen. Das ist nicht herzlos, sondern bildet die Logik von Organisationen ab. Wenn ein Oberarzt in den Ruhestand geht, dann wird die Stelle neu besetzt. Der scheidende Oberarzt mag menschlich eine Lücke hinterlassen, für das Überleben der Organisation zählt eine kompetente Nachfolge. Das ist auch in sozialen Organisationen oder Vereinen so. Wichtig ist, dass es weiterläuft, und dass die Stelle oder das Amt wieder ausgefüllt werden. Wenn sich Mitarbeiter auf ihre Rolle und ihre Mission konzentrieren, sind sie zufrieden und motiviert. Der Vorarbeiter im Industriebetrieb, die Lehrerin in der Grundschule, der Teamleiter im Vertrieb, die Einkäuferin, der Gastwirt, der Sozialarbeiter, die Verkäuferin im Buchladen, alle haben die Möglichkeit, aus ihrer Rolle etwas zu machen, eine Mission zu verfolgen und etwas zu verbessern.

Eine wichtige Aufgabe von Führungskräften besteht darin, Rolle und Auftrag mit jedem einzelnen Mitarbeiter herauszuarbeiten. Jeder sollte seine Mission zum Ausdruck bringen können und so viel Gestaltungsfreiheit wie möglich dafür erhalten. Veränderung erhält dann den Charakter einer Bewegung von innen. Der Projektleiter einer Großbaustelle sieht sich als der Koordinator für alle Aktivitäten des Projektes. Wenn Absprachen an ihm vorbeilaufen, haut er zu Recht auf den Tisch und will das ändern. Andererseits nimmt er das Qualitätsmanagement kaum in den Blick. Wenn die Qualitätsmanagerin ihrem Auftrag gerecht werden will, muss sie eine engere Zusammenarbeit einfordern und die Situation ändern.

Dies zeigt, dass Spannungen in einer Organisation eine logische Folge unterschiedlicher Rollenaufträge sind. Man müsste sich Gedanken machen, wenn es keine Spannungen gäbe, weil dann offenbar die einzelnen Mitspieler nicht mit vollem Elan ihrer Mission folgen. Andererseits verpflichtet der eigene Auftrag zur Zusammenarbeit, weil dieser nur dann einen Sinn ergibt, wenn er sich in ein größeres Ganzes einfügt. Jedes Produkt und jede Handlung ist Teil einer Prozesskette. Wenn Planung und Produktion oder Vertriebsinnen- und -außendienst nicht zusammenarbeiten, nutzt die beste Einzelleistung nichts.

Eine Mission ist eine ernste Angelegenheit. An Heldengeschichten, Western oder Krimis fasziniert uns die strenge Mission, der ein Agent oder eine Kommissarin nachgehen. Unsere Alltagsrollen handeln zwar nicht von der Rettung der Welt und doch führt jeder, der etwas zu seiner Sache macht, einen gewissen Kampf für die eigenen Ziele und gegen die Widersacher. Jedes eigene Projekt macht einen zu einem Veränderer. Google gewährt jedem Mitarbeiter den Freiraum, einen Teil der Arbeitszeit für eigene Projekte zu nutzen. Damit wird der unternehmerische Sinn geschärft und es entstehen neue Produkte. Beispielsweise wurde Google Street View auf diese Weise entwickelt. Missionen können klein oder groß sein, das spielt keine Rolle. Ein Schreinermeister hat einen geistig behinderten Menschen mit dem Auftrag angestellt, für Sauberkeit und Ordnung in der Werkstatt zu sorgen. Der Vorrang einer aufgeräumten Werkstatt ging so weit, dass dieser sich für sein Tun Platz verschaffen und Gesellen zurechtweisen konnte. Er versah seinen Dienst mit dem ihm eigenen Charme und sorgte damit für eine heitere Stimmung in der ganzen Firma.

Jedes Engagement in einem Verein oder einer privaten Initiative will etwas bewegen. Hier wird ein Musikfestival auf die Beine gestellt, dort ein neuer Trainingsplatz errichtet, hier wird eine Alpenvereinshütte saniert, dort eine Segelregatta ausgetragen. Engagierte Menschen treiben etwas voran, helfen zusammen, gestalten und verwandeln die Gesellschaft. Keiner hat dabei ein Problem mit Veränderung. Die Veränderung resultiert aus der eigenen Überzeugung und aus eigenen Zielen.

In ihrem Buch »Wanderlust« geht die amerikanische Schriftstellerin Rebecca Solnit der Kulturgeschichte des Wanderns nach. Auch im englischen Original heißt der Titel »Wanderlust«. Das schöne deutsche Wort wurde ins Englische übernommen. Solnit zählt auf, wie mit dem Wandern in der Menschheitsgeschichte, zum Beispiel im Protestmarsch oder bei der Wallfahrt, unterschiedliche Motive in Verbindung gebracht werden. Die Bewegung hat eine geistige und eine physische Komponente. Beim Protestmarsch bringen die Menschen ihr Anliegen mit dem Voranschreiten einer Gruppe zum Ausdruck. Die Kundgebung tritt im wahren Wortsinn für etwas an und für etwas ein, egal ob es stürmt oder schneit. Anklänge an den militärischen Marsch vermitteln Stärke und die Bereitschaft für einen unerbittlichen Kampf um meist politische Ziele. Pilger folgen einem religiösen Motiv und drücken in der Wallfahrt Dankbarkeit aus oder lösen ein Gelübde ein. Der Weg zu einem Wallfahrtsort ist auch der Weg zu sich selbst.

Der Suchende ist ein bewegter und ein sich bewegender Mensch. Mit dem Bild der Reise und der Wanderung verbindet sich eine Mission und eine Verwandlung des Lebens. Eine Mission stiftet Sinn. Die Schlüsselfrage dazu lautet: Wofür stehe ich und wozu bin ich da? Wofür stehe ich in meinem Privatleben, wofür in meinem Beruf? Ich denke dabei an fassbare Ziele und Motive. So wie beim Straßenkehrer Beppo in Michael Endes Märchen »Momo«. Beppo sieht seinen Auftrag und seinen Beruf darin, ein guter Straßenkehrer zu sein. Wer ein guter Arzt, ein guter Zimmermann, eine gute Buchhalterin, eine gute Beraterin sein möchte, verfolgt eine Mission, steht für etwas und tritt für etwas ein. Eine Mission erkenne ich daran, dass ich dafür auch unbequem werden kann und einen Konflikt in Kauf nehme; ich erkenne sie, wenn ich nach Max Weber eine sachliche Leidenschaft verspüre, für die ich bereit bin, harte Bretter zu bohren. Das macht das Leben nicht leichter, aber ich spüre, wozu ich da bin. Ich könnte meinen Kindern alles erlauben, dann hätte ich es in dem Moment leichter. Durch mein Nein zu einer Anschaffung stehe ich aber für etwas und gebe Orientierung. Mit meiner Mission wähle ich nicht den leichten Weg, aber ich habe einen Kompass, mit dem ich meinem Leben eine Richtung gebe und der mir zeigt, was zu tun, zu lassen und zu verändern ist.

Meine Lebensaufträge hängen nicht allein von meiner Eigendefinition ab. Auch von außen kommen Ansprüche und Anforderungen auf mich zu. Zum Beispiel ändert sich das berufliche Anforderungsprofil. Wenn die Lektorin in einem Verlag zur Programmleiterin wird, dann rückt der Aspekt der Buchvermarktung in den Vordergrund. Damit ändert sich der Auftrag. Ein Softwareentwickler könnte seinen Auftrag darin sehen, perfekte Programme herzustellen. Als Teil eines Wirtschaftsunternehmens kommt es aber darauf an, brauchbare Ergebnisse in kurzer Zeit zu liefern. Auf diese Weise sind Aufträge nie abgeschlossen. Der Auftrag von Eltern ändert sich mit den verschiedenen Entwicklungsphasen ihrer Kinder. Berufliche Rollen ändern sich mit dem technologischen Wandel und strukturellen Veränderungen. Jede Einzelfunktion zeichnet sich dadurch aus, dass sie einen Beitrag für ein größeres

Jeder Mensch steht für etwas, will und kann etwas beitragen. Wer aber ernsthaft ein Ziel verfolgt, verwandelt die Welt, ganz automatisch.

Ganzes, für eine Organisation oder für die Gesellschaft liefert. Die Motive und Taten des Einzelnen stehen nicht isoliert, sondern sie stehen in Verbindung mit anderen Menschen. Etwas bewegen und verändern kann ich nur mit anderen zusammen.

Eine Mission ist kein Egotrip, sondern kann nur in der Abwägung mit den Vorstellungen anderer zur Verwirklichung gebracht werden. Jedes Elternpaar muss sich im Erziehungsstil zusammenfinden, jedes berufliche Projekt entwickelt sich aus dem Spannungsfeld unterschiedlicher Beweggründe. Veränderung ist das Ergebnis eines Abstimmungsprozesses. Dazu gehören diplomatisches Geschick, Überredungskunst, Konsens- und Kompromissfähigkeit und auch Charme.

4.7 Ein neues Bewusstsein

Wir erfahren die Welt vor dem Hintergrund eines bestimmten Bewusstseinszustands. Wer sich einmal probeweise mit dem Rollstuhl – und sei es nur für eine Stunde – in einer Stadt bewegt, erweitert sein Bewusstsein. Es fallen einem plötzlich Bordsteinkanten, Bodenspalten oder Treppen auf, an die man zuvor nicht gedacht hat. Nach einem Vortrag über Körpersprache achtet man in der Alltagskommunikation mehr auf Gestiken oder Kopfhaltungen, man nimmt diese bewusster wahr. Dasselbe Buch liest derselbe Mensch mit sechzig anders als er oder sie es mit dreißig getan hat. Die Wahrnehmung und die Verarbeitung von Umwelteindrücken basieren auf Bewusstsein. Jede Altersstufe, jede Generation, jede Kultur und jedes geschichtliche Zeitalter kennzeichnen spezifische Bewusstseinsstrukturen. So kann man zwar bei der Freizeitattraktion eines mittelalterlichen Lagerlebens Kleidung und Mahlzeiten nachahmen, aber man wird weder so fühlen noch so denken können wie ein mittelalterlicher Schmied, Fürst, eine Magd oder Edeldame. Unser heutiges Denken entspricht einem neuzeitlichen Bewusstsein.

In dem Roman »Das Spinoza-Problem« schildert der Psychotherapeut und Schriftsteller Irvin D. Yalom, wie der Philosoph Baruch Spinoza wegen seiner religionskritischen Ansichten aus der jüdischen Gemeinde verbannt wird. Spinoza stellt seine persönliche Überzeugung über die Zugehörigkeit zu einer Gemeinschaft und wird damit zum Vorreiter eines neuzeitlichen Lebensentwurfes. Die Lebensgeschichte Spinozas aus dem siebzehnten Jahrhundert beschreibt den Wechsel des Menschen von einem sozial und religiös eingebundenen Gruppenwesen zu einem auf sich selbst gestellten und unabhängigen Individuum. Auf dem Höhepunkt der Aufklärung bezichtigt Immanuel Kant jeden, der diesen Schritt nicht geht, der »selbst verschuldeten Unmündigkeit«. »Ich« zu sagen, seine Meinung zu sagen, sich persönlich durchzusetzen ist für den heutigen Menschen normal. Das neuzeitliche Denken entdeckt, reißt los, zerlegt, analysiert, befreit, isoliert. Heute erleben wir alle Vorzüge und Nachteile dieser Lebensweise. Und wir erleben den Übergang in eine neue Zeit, in einen neuen Bewusstseinszustand. Durch Phänomene wie die ökologische Krise, einen fragwürdigen Materialismus und Konsumismus, Vereinsamungstendenzen und psychischen Belastungsgrenzen baut sich seit Längerem ein Umdenken auf. Der Soziologe Reimer Gronemeyer beobachtet nach einer Abkehr des Menschen von Gott und der Religion nun auch eine Abkehr von den Götzen der Wirtschaft. Er spricht von der »neuen Lust an der Askese«. In einem großen Automobilwerk habe ich mitbekommen, dass der Betriebsrat eine ansehnliche Gehaltserhöhung ausgehandelt hat. Ein Großteil der Belegschaft wollte aber nicht das Geld, sondern mehr Urlaub. Die Menschen streben nach einer Befreiung von den Zwängen der Wohlstandsgesellschaft.

Für den Psychologen Wolfgang Giegerich sind die großen Bewusstseinsveränderungen, wie jene von der religiös-metaphysischen zur wissenschaftlich-technologischen, Verschiebungen des Verhältnisses von Mensch und Natur. Heute wird uns mehr und mehr bewusst, dass der Mensch nicht die Krone der Schöpfung ist, sondern ein Teil der Natur, und dass Veränderungen in der Natur unmittelbare Auswirkungen auf unser Leben haben. Die Coronazeit hat ein tiefes Erleben erzeugt, wie alles auf der Welt zusammenhängt. Auf unheimliche Weise hat das Virus den Menschen und den Völkern aufgezeigt, wie alle miteinander verbunden sind. Die Auswirkungen der Pandemie und die Pandemiebekämpfung haben deutlich werden lassen, wie sehr Politik, Wirtschaft, Gesundheit, Versorgung, soziales Leben, Arbeit und Freizeit aufeinander bezogen sind. Bezeichnet man die Moderne als ein Zeitalter der Trennung, der Zerlegung, des Aufbruchs und der Entgrenzung, so könnte nun ein Zeitalter der Verbundenheit folgen.

Das Zeitalter der Verbundenheit

Den Ausgang aus einer Zeit der Grenzüberschreitung, dem aufstrebenden Ich-Bewusstsein, dem Machbarkeitsglauben nennt Wilfried Nelles das Aufwachen aus dem modernen Traum. Das moderne Bewusstsein lebt in der Vorstellung, das Leben beherrschen zu können, es mit den Mitteln der Naturwissenschaft und Technik überschreiten zu können – bis dahin, dass in der Medizin von der Möglichkeit der Unsterblichkeit des Menschen gesprochen wird. Die Moderne zeigt sich übermütig, hochmütig und ichbezogen. Genau dadurch konnten Abhängigkeiten aus archaischen Bindungen und Traditionen gesprengt und eine Freiheit errungen werden, aus der heraus der Mensch heute Bindungen auf neue Weise eingehen kann. Dem Zeitalter der Emanzipation folgt das Zeitalter der Verbundenheit.

Gerald Hüther und Christa Spannbauer beschreiben eine Ethik der Verbundenheit, die der Vereinzelung entgegenwirkt. Auf wissenschaftlicher Ebene sprechen sie sich für ein offenes, interdisziplinäres und interaktives System aus, durch das jede Einzeldisziplin ihre Potenziale besser freisetzen kann und vielfältigere Lösungsmöglichkeiten entstehen. Das Zusammenwirken bringt Neues hervor. Aus Konkurrenz wird eine Kooperation, die die Unterschiede wertschätzt. Damit wird das moderne Bewusstsein nicht getilgt. Weiterhin wird es wissenschaftliche Einzeldisziplinen, Marktkonkurrenz und Individualverkehr geben. Jedoch wird das Verbundenheitsstreben an Bedeutung gewinnen. Der Jugendforscher Simon Schnetzer sieht die Werte Familie und Freundschaft bei der Generation Z (Schnetzer setzt diese ab dem Geburtsjahr 2000 an) unter den Top-Fünf-Werten. In seiner Studie »Junge Deutsche« aus dem Jahr 2019 stellt er fest, dass sich die Sehnsucht nach belastbaren Beziehungen in dieser Alterskohorte auch auf das berufliche Umfeld ausdehnt. Ein Miteinander im Team und eine gute Arbeitsatmosphäre werden höher bewertet als Arbeitsplatzsicherheit.

Die Coronakrise hat diese Haltung verstärkt, weil spürbar geworden ist, wie brüchig das Leben sein kann und wie wichtig Gespräche, Nähe und Miteinander sind. Der internationale Währungsfonds sagt bis mindestens Mitte der 2020er-Jahre ein niedrigeres Wachstum im Vergleich zu einem Verlauf ohne die Wirtschaftskrise voraus. Es ist also infrage zu stellen, ob eine Wohlstandsentwicklung überhaupt an frühere Vorstellungen anknüpfen kann oder ob nicht neue ökonomische Leitbilder angebracht sind. Die jungen Erwachsenen scheinen dafür ein Gespür zu haben und Werte einer neuen Verbundenheit hochzuhalten.

Die Glücksforschung zählt regelmäßig die skandinavischen Länder zu den Spitzenreitern. Als Grund wird eine gute Balance aus Arbeit, Freizeit, Familie und sozialen Aktivitäten genannt. Gut kommt dies mit dem dänischen »Hygge« zum Ausdruck. Die Lebensphilosophie des Hygge bedeutet ein herzliches Zusammensein. Freunde, Familie, Nachbarn treffen sich, reden, essen miteinander und haben eine gute Zeit. Das ist alles. Und man kann fragen, was der Mensch sehr viel mehr braucht. Was sich in Deutschland abzeichnet, ist die Entwicklung neuer Wohnformen im Alter. Die Konzepte sehen eine Verbindung von Individualität und Gemeinschaftsleben vor. Der Bewusstseinswandel ist auch an der Lebensorganisation junger Eltern abzulesen. Wenn jeder Partner dreißig Stunden arbeitet, bleibt genug Zeit für Beruf und Kinder. Unter dem Schlagwort New Work bildet sich eine Arbeitsform heraus, die die

Entfaltung des Einzelnen über die Gewinnmaximierung stellt. Die Menschen geben weniger Geld für Konsumgüter aus, begnügen sich mit einer kleineren Wohnung oder ziehen aufs Land. Mehr Zeit für sich, für private Interessen, für Geselligkeit, für gesellschaftliches Engagement werden einem Statusdenken vorgezogen. Dies gilt nicht für alle, aber es zeigt die Stoßrichtung einer nachmodernen Bewusstseinsstufe.

Das neue Verhältnis von Mensch und Welt schildert Hartmut Rosa als ein liebendes Daraufzugehen. Wenn ich auf eine berufliche Aufgabe oder auf Mitmenschen liebend zugehe, dann berechne ich nicht, sondern setze darauf, dass in der Verbindung, im Miteinander etwas entsteht. Jeder hat schon erlebt, wie in einer guten und herzlichen Begegnung Vorbehalte schnell verschwinden und die Beteiligten von dem Einvernehmen und dem Gleichklang überwältigt sind. Natürlich werden Verhandlungspartner in Wirtschaft oder Politik weiterhin strategisch und taktisch vorgehen. Und doch wird das Paradigma der Verbundenheit auch in die Qualität von Geschäftsbeziehungen eindringen. Wenn sich zwei Geschäftspartner aufeinander einlassen und verlassen können, kommt mehr heraus, als wenn das Verhältnis nur rational begründet ist. Das war schon immer so, doch es könnte noch mehr zu einem entscheidenden Kriterium werden.

Die Kategorie der Liebe bildet einen Gegenpol zum Vernunftdenken. Der Theologe Siegfried Zimmer bringt dies mit dem Satz auf den Punkt: »Die Liebe deckt zu.« Während der Verstand offenlegt, analysiert, logische Zusammenhänge herstellt und der Sache auf den Grund geht, setzt die Liebe andere Prioritäten. Die Liebe sucht die Verbundenheit. Zimmer benutzt das schöne und tiefe Bild, wenn Eltern am Abend ihr kleines Kind zudecken. Das ist ein heiliger Moment, weil damit alles, was am Tag geschehen ist, gut ist, und einzig Friede vorherrscht. Der Streit beim Essen – unwichtig. Die Auseinandersetzung um den Kauf eines Spielzeugs – vergessen. Wer diesen heiligen Moment vor sich sieht, kann sich fragen, ob es richtig ist, immer alles haarfein auseinanderzusetzen und zu sezieren, also aufzudecken. Oder ob es nicht besser ist, nicht tiefer zu bohren, sondern darauf zu setzen, dass der neue Tag eine neue Begegnung ermöglicht.

Der Bewusstseinswandel beschreibt eine geistige Entwicklung, ein geistiges Wachstum. Gerade in den wohlhabenden Ländern ist ein Sinnvakuum und ein Bedürfnis entstanden, das Verhältnis von Haben und Sein ins Lot zu bringen. Karl Marx behauptete, das Sein und die materiellen Verhältnisse erzeugen das Bewusstsein. Dies trifft nur vermeintlich zu. Wer in Geldsorgen lebt, denkt womöglich die ganze Zeit daran oder wird täglich daran erinnert. Das Sein wirkt sich hier auf das Welterleben und das Bewusstsein aus. Entscheidend ist jedoch, wie der Betroffene das Problem für sich einordnet und wie er es angeht. Wenn er eine Einstellung dazu aufbauen kann, aus der er neue Lebensperspektiven gewinnt, dann bestimmt das Bewusstsein das Sein. Nicht die Dinge und Ereignisse selbst sind ein Problem, sondern deren Interpretation, um mit den Stoikern einer abendländischen Denktradition zu folgen.

Das neue Bewusstsein richtet sich auf eine neue Verbundenheit mit der Mitwelt. Der Dokumentarfilm »Artifishal« zeigt, wie deformierte und kranke Lachse aus der Massentierhaltung entkommen und Wildlachse mit Viren und Parasiten anstecken und deren DNA schädigen. Dämme zur Stromgewinnung an der amerikanischen Westküste und in Kanada verwehren den Lachsen den Weg stromaufwärts zu ihren Laichplätzen. Dies sollte mit künstlich hergestellten Aufzuchtanlagen ausgeglichen werden. Der Journalist Hannes Jaenicke berichtet: »Wo eine Lachsfarm gebaut wird, kollabiert in erschreckend schneller Zeit das gesamte Marineökosystem.« Hier zeigt sich das moderne Bewusstsein, das einerseits faszinierende technische Fortschritte erzielt, aber andererseits kein tieferes Verständnis für die Zusammenhänge in der Natur und keine Verbundenheit entwickelt.

Bewusstseinswandel ist das Spannendste, was es gibt. Es ist etwas vorgefallen, jemand hat mich überzeugt, die Welt hat sich verändert und plötzlich sehe ich vieles mit neuen Augen. Dieses Verwandlungserlebnis ist nicht etwa beängstigend, sondern ein Lebenselixier.

Der Biologe und Philosoph Andreas Weber spricht deshalb von einer Fortschreibung der Aufklärung, bei der nicht nur der Mensch als Subjekt betrachtet wird, sondern alles Lebendige. Das hat zur Folge, die Gegenseitigkeit zwischen Menschen, Tieren und Pflanzen nicht nur im individuellen Leben zu berücksichtigen, sondern auch bei wirtschaftlichen und politischen Entscheidungen. Teilen und Selbstverwirklichung sind bei Weber eins. Eine Blumenwiese entsteht durch Austauschprozesse zwischen Pflanzen und Insekten. Die einzelnen Organismen brauchen sich gegenseitig und bilden in dieser Verbundenheit eigene Freiheits- und Gestaltungsräume aus. Der Mensch ist Teil dieser Wechselbeziehungen. Und er kann sie nur verstehen, wenn er seine Umwelt nicht als Gegenstand betrachtet, sondern eine emotionale Verbundenheit entwickelt. Mir scheint die wesentliche Voraussetzung dazu eine Verbundenheit mit der eigenen Natur und mit sich selbst zu sein.

Rückbesinnung auf sich selbst

Mit der »Mitwelt« ist zum einen die natürliche Umwelt gemeint und zum anderen die soziale Umgebung. Gerade auf der Ebene des Sozialen offenbart sich, dass meine Beziehung zu anderen von der Beziehung zu mir selbst abhängt. Was wir über andere denken und fühlen, ist als Gedanke oder Gefühl bereits in uns. Menschen, die ständig an anderen etwas auszusetzen haben, mögen sich selbst nicht. Sie haben mit sich selbst keinen Frieden geschlossen und projizieren dies nach außen. Wenn ich mich über alles Mögliche aufrege und ärgere, dann steckt der Ärger in mir, und ich sollte mich damit beschäftigen. Was hat es mit dem Ärger auf sich? Wo kommt er her? Der Bewusstseinswandel setzt bei einem selbst an und äußert sich als ein Mit-sich-selbst-in-Kontakt-Kommen, als ein Zu-sich-Kommen. Damit ist das Gegenteil der Selbstoptimierung angesprochen, bei der Selbstliebe nur aufgrund eines getrimmten Körpers und einer akzeptablen Leistungsbilanz möglich ist.

Die Rückbesinnung auf sich selbst ist die Umkehr zu seinen eigentlichen Bedürfnissen und zur eigenen Mitte. Erst die Verbundenheit mit sich selbst ermöglicht eine Verbundenheit mit seiner Mitwelt. Wer sich selbst annimmt, kann auch andere annehmen. Wer mit sich selbst zufrieden ist, bringt mehr Geduld mit seinen Mitmenschen und mit der Bearbeitung von Problemen auf. Wenn das Sein dem Bewusstsein folgt, dann liegt es an mir, in einer guten Verbindung mit meiner Umwelt zu leben und dadurch eine Qualität entstehen zu lassen, die bei anderen etwas auslöst.

Die Sorge um sich selbst hat bereits die antike Lebenskunstphilosophie formuliert. Wilhelm Schmid beschreibt heute die Selbstsorge als eine Art Selbstcheck. Man schaut sich selbst von außen an und befindet darüber, ob man richtig lebt, was man eigentlich tut, ob man selbst bejahenswert ist und ob die Verhältnisse, die auf das Selbst einwirken, hinnehmbar sind. Diese Selbstorientierung ist eine Voraussetzung, um sich in einer Welt der Veränderungen nicht zu verlieren, sondern sich zu verorten. Wer sich der Veränderungsdynamik ohne diese Selbstvergewisserung ausliefert, steht in der Gefahr, in die Ideologie des flexiblen Menschen abzurutschen, die der Soziologe Richard Sennett festgestellt hat. Sennett weist nach, wie die Flexibilisierung der Arbeit den Menschen aus seinen sozialen Bezügen herausreißt und zu einer Zerstückelung der Lebensgeschichte bis hin zu einer Sinnentleerung führt. Die für die USA typischen häufigen Arbeitsplatz- und Ortswechsel würden genau dies zeigen. Die Rückbesinnung auf sich selbst hat zum Ziel, zu einer gesunden Verbindung mit der Welt zu gelangen. Sennetts flexibler Mensch driftet durch das Leben. Wer aber Veränderungen aus der eigenen Mitte heraus begegnet, der wird nicht verführt und nicht mitgerissen von der Vielfalt der Optionen, sondern findet eine Auswahl und Zuordnung.

Wenn ich mir selbst nahe bin, dann kümmere ich mich um mich und spüre, was mir guttut. Das Verhältnis zur Welt und die Beziehungsgestaltung bauen sich dann aus dem Ruhepunkt der Selbstbesinnung heraus auf und zeigen sich in der Kontaktpflege zu Familienmitgliedern, Bekannten und Kollegen. Man teilt sich mit, begleitet sich gegenseitig und stabilisiert sich in zugewandten und verlässlichen Beziehungen. Das gute Leben ist dann nicht nur das schöne Leben, sondern ein Leben in Verantwortung und Fürsorge. Menschen, die ihre gesamte Energie in die Arbeit stecken, sollten einmal überprüfen, wie gut sie mit ihrer Lebensumwelt verbunden sind. Wenn die Verbundenheit zu kurz kommt, besteht die Gefahr, etwas abzuspalten und zu vereinseitigen.

Ein Bewusstsein der Verbundenheit zeigt sich in allen Lebensbereichen. Die Frage lautet: In welchem Verhältnis erlebe ich mich zu meiner Umgebung? Was nehme ich bei einem Waldspaziergang wahr? Wie ernähre ich mich? Wie pflege ich meine Freundschaften? Was bewirke ich in meiner Arbeit? Baue ich dabei eine Verbindung auf oder konsumiere und benutze ich nur? Verbundenheit führt zu einer neuen Lebensqualität, weil damit ein intensives Erleben im Moment einhergeht. Konsumorientierung erschafft schnell ein Bedürfnis nach mehr oder nach etwas anderem. Etwas wird verbraucht und verbraucht sich. Die Verbundenheit zu anderen Menschen, zu einer bestimmten Musik bis hin zu einer bestimmten Kaffeesorte intensiviert das Verhältnis und den Genuss.

Der epochale Wandel des modernen Denkens hin zu einer neuen Zeit entspricht einem Bewusstseinswandel. Der unruhige und umtriebige Geist, der so vieles entdeckt, erfunden und geschaffen hat, kommt zu einer Beruhigung und kommt zu sich. Der Coronaschock hat diese Entwicklung verstärkt und einen Epochenbruch eingeleitet. An Wachstum, Bewegung und Beschleunigung war plötzlich nicht mehr zu denken. An was können wir uns aber in Zukunft halten? Was sind die Prinzipien dieser neuen Zeit? Der Begriff der Verbundenheit könnte ein Leitmotiv sein. In volkswirtschaftlichen Konzepten und politischen Programmen aller Parteien wird etwa die Verbindung von Ökonomie und Ökologie einen wesentlichen Platz einnehmen. Für das Leben des Einzelnen heißt es: Wer verbunden ist, lebt in vitalen Bezügen.

Der persönliche Wohlstand bemisst sich neben der materiellen Absicherung an Faktoren wie Wohlbefinden, Zufriedenheit und sozialer Wärme. Diese menschliche Ebene verleiht auch in Krisenzeiten Halt und verschafft auf diese Weise Freiheit und Unabhängigkeit.

Diese gebundene Freiheit unterscheidet sich von der losgelösten Freiheit der Moderne. Nietzsche spricht von einem Entwicklungsschritt weg vom Freisein von etwas hin zu einem Freisein für etwas. Bindung und Verbindlichkeit geben dem Leben einen festen Rahmen und eine Bleibe, komme, was wolle. Nicht der flexible Mensch, der umherirrende Mensch ist dem Wandel gewachsen, sondern derjenige, der sein Leben bestimmten Aufgaben und Menschen zuordnet und widmet. Das klingt wenig abenteuerlich. Doch gerade Attribute wie Bescheidenheit und Einfachheit könnten einer zukünftigen Lebensweise Pate stehen. Damit ist kein asketisches Leben gemeint, sondern ein gutes Leben, das auch mit einer geringeren materiellen Steigerung möglich ist. Jeder kann bei sich diese Bewusstseinsveränderung beobachten: Wie stehen frei verfügbare Zeit und materielle Ziele in Relation? Wie wichtig sind mir tragfähige Beziehungen und was tue ich dafür? Was macht mich zufrieden? Wie sieht bei mir eine Balance aus Haben und Sein aus?

5. Strategien für den Umgang mit Unwägbarkeiten

Die Krisen der letzten Jahre und Jahrzehnte, die ökologische Krise, die Finanzkrise, die Eurokrise, die Coronakrise, auch die Flüchtlingskrise zusammen mit einer Europakrise haben unserer Gesellschaft einen Spiegel vorgehalten. Unser Wirtschaftssystem und die ganze Denkweise sind auf Erfolg und Steigerung ausgelegt. Mit Kursabweichungen tun wir uns schwer. Unterbrechungen und Rückschläge machen uns ratlos und versetzen uns in Panik. Sobald der Aufwärtstrend abreißt, verlieren wir die Orientierung und beginnen zu torkeln. Wie aber können Organisationen besser mit Unabwägbarkeiten zurechtkommen? Wie finden wir einen Maßstab und eine Festigkeit in uns selbst, in unserem Zusammenleben und in unserer Wirtschaftsweise?

Für Unternehmen werden neben Effizienz- und Gewinnkriterien eine gute Unternehmenskultur, verlässliche Lieferketten und Kundenbeziehungen wichtiger. Behörden sind dazu aufgerufen, einen Weg zwischen Formalismus und Pragmatismus zu finden. Sie sind nicht nur Regelwächter, sondern auch Vollzugsorgane mit großem Einfluss auf Umsetzungsgeschwindigkeiten. Und die Gesellschaft als Ganzes stößt auf die Frage, wie tragfähig die sozialen Netze, das Miteinander und das Aufeinander-Achtgeben sind. Sind wir aber fähig, unsere Systeme zu verändern? Wie verändern sich Organisationen und soziale Systeme überhaupt? Wie sind in manchen Firmen und Kommunen Reformen möglich, während woanders Stillstand herrscht? Welche Konzepte und Strategien liegen vor?

5.1 Die Kultur des Wandels

Wenn wir von »Kultur« sprechen, müssen wir uns deren Doppelnatur vor Augen halten. Kultur ist zugleich Erhalt und Erneuerung, pflegen und pflügen. Ein Trachten- oder Kulturverein pflegt Traditionen, ein Künstler denkt neu und schöpft neu. Beides ist Kulturarbeit. Der österreichische Musiker Hubert von Goisern gilt als Pionier einer neuen Volksmusik. Die einen schätzen ihn dafür als Künstler, für traditionelle Volksmusiker ist er ein Verräter, weil er Jodeln und E-Gitarre vereint. Eine Kultur des Wandels vollzieht eine ähnliche Gratwanderung. Sie baut auf der gewachsenen Kultur einer Organisation auf, drängt aber nach einer Weiterentwicklung und Verwandlung. Veränderung ist Bewegung. Um dies zu veranschaulichen, nutzt die Selbstorganisationstheorie das Bild einer Kugel in einer Wellenform. Legt man eine Kugel auf die Erhöhung eines Wellblechs und lässt los, so rollt diese unmittelbar in ein Wellental, pendelt noch kurz hin und her, um schließlich am untersten Punkt liegen zu bleiben. Dieses simple Experiment zeigt die Tendenz von physischen Elementen, in einer Ruheposition zu verharren. Der Clou ist, dass sich soziale Systeme ähnlich verhalten und die Mitglieder einer Organisation einen stabilen Zustand anstreben, indem sie Bestehendes beibehalten. Die Kugel bleibt seelenruhig in der Mulde liegen, und nichts gibt Anlass dazu, Zufriedenheit und Harmonie aufzugeben.

Für den Ökonomen Priddat beschreibt dieser Ruhezustand das Ende eines Unternehmens. Er geht in seiner Zeitanalyse so weit, »dass Wirtschaft und Unternehmen in jedem Moment neu erfunden werden müssen, weil nichts garantiert, dass es so bleibt, wie es ist«. Im Sport zählt es zu den größten Herausforderungen, trotz Erfolg nicht nachzulassen und danach zu trachten, der Konkurrenz immer einen Schritt voraus zu sein. Eine Kultur des Wandels hat genau diese Aufgabe: Dafür zu sorgen, dass die Selbstzufriedenheit nicht Oberhand gewinnt, sondern dass eine Wachheit und ein dauerhafter Ansporn für Veränderungen aufrechterhalten werden.

Die kulturelle DNA
Bei seinen Forschungsarbeiten zur Unternehmenskultur kommt der amerikanische Sozialwissenschaftler Edgar Schein zu dem Schluss, dass ein Kulturwandel nur gelingen kann, wenn die kulturelle DNA eines sozialen Gebildes wie eines Unternehmens, einer politischen Partei, eines Fußballklubs et cetera berücksichtigt wird. Veränderungsansätze scheitern, wenn die kulturelle

DNA übergangen wird. Einmal bin ich mit Werkzeugmachern eines deutschen Automobilherstellers in der Mittagspause über einen Parkplatz gegangen. Kopfschüttelnd wurden die Spaltmaße anderer Hersteller kommentiert. Für deutsche Autotechniker ist Tesla immer noch kein ernst zu nehmender Konkurrent. Nicht nur die Spaltmaße, auch Fahrverhalten, Design und Verarbeitung seien unterirdisch. Der Batterie und dem Bildschirm werden hingegen keine besondere Bedeutung beigemessen. Jahrzehntelange Erfolgsmuster sitzen tief. Immer wieder wurden sie bestätigt, waren erfolgreich, haben stolz gemacht und Geld gebracht. Schein nennt diese Überzeugungen »assumptions«, Grundannahmen.

In jeder Familie, in jeder Kirchengemeinde, in jedem Betrieb existieren solche Grundannahmen, die direkt mit der Wertigkeit von Handlungen und Personen verknüpft sind. Folgendes Beispiel kann die Wirkmechanismen der kulturellen DNA und der Grundannahmen veranschaulichen: In einer Privatbank gehört es zur Tradition, dass sich Teammitglieder am Nachmittag zu Kaffee und Kuchen in der Kantine treffen. Dem neuen, von außen kommenden Vorstandsvorsitzenden ist dies ein Ärgernis. Wann immer es ihm möglich ist, geht er zur besagten Zeit mit mürrischer Miene durch die Kantine. Er sagt nichts, verbieten will er auch nicht, aber jedem ist die Botschaft klar. Eine zweite hausinterne Kampffront hat der Bankchef mit zentimeterdicken Vorstandsvorlagen aufgemacht. Alles, was drei DIN-A4-Seiten übersteigt, schiebt er zur Seite. Bürokratie und Langsamkeit sind ihm ein Gräuel. Über einen Verlauf von vier, fünf Jahren werden Entscheidungsvorlagen dünner, auch wenn ausgiebige Konzeptpapiere nicht ganz aus der Welt zu schaffen sind. Auf Führungskräftetagungen ist der Geist des zupackenden Handelns schon zu spüren. Neue Führungskräfte sind hinzugekommen und haben Gefallen an der Aufbruchstimmung gefunden. Auch der ökonomische Erfolg hat sich eingestellt. Deshalb überrascht es, als der Vorstandsvorsitzende wie aus heiterem Himmel abgesetzt wird.

Das Praxisbeispiel gibt Einblick in die Gemengelage einer Unternehmenskultur. Der Vorstandschef hatte das Unternehmen vorangebracht. Es wurden richtige Maßnahmen ergriffen. Die breite Belegschaft ist dem Mann jedoch fremd geblieben. Die Bank ist in einer ländlichen Gegend ansässig. Bürgerschaft, Mitarbeiter, Aufsichtsräte, Anteilseigner treffen sich auf örtlichen Kulturveranstaltungen, sind benachbart oder miteinander verwandt. Nettoneugelder und Aktienkurs sind das eine. Doch die fehlende Wertschätzung gegenüber den Mitarbeitern, dem speziellen Charakter des Unternehmens und der Region führte zum Bruch.

Hinter dem Nachmittagskaffee und dem dicken Konzeptpapier verbergen sich Grundannahmen. Im traditionellen Bankgeschäft ging es nicht um das Erringen von Marktanteilen. Ein elegantes Bankhaus hatte Gediegenheit, Verschwiegenheit, Fachwissen und eine gute Atmosphäre auszustrahlen: Wer gründlich arbeitet, nimmt sich Zeit, geht in die Tiefe und wird nie hektisch. Obwohl sich der Finanzsektor längst geändert hatte, wirkte in diesem Unternehmen die Urkultur weiter. Schein geht davon aus, dass die Grundannahmen den Mitarbeitern nicht bewusst sind. Wenn vom Hineinwachsen neuer Mitarbeiter in ein Team gesprochen wird, ist damit die Übernahme von Grundannahmen gemeint. Ein Dossier wasserdicht zu machen und dafür Tage an Arbeit zu investieren, wird für selbstverständlich gehalten und nicht hinterfragt. Im Gegenteil: Grundannahmen geben Sicherheit und Orientierung. Forderungen des Managements nach mehr Marktorientierung, Schnelligkeit und Pragmatismus werden zwar vernommen, dringen aber nicht ein. Das innere Programm des Unternehmens, die Kultur, folgt anderen Vorgaben. Kulturen sind heimliche Spielregeln. Sie sagen ihren Mitgliedern, wer sie sind und wie sie sich zu verhalten haben. Vorstandsvorsitzende kommen und gehen, die Kultur bleibt.

Im Modell von Edgar Schein wäre es sinnlos, Grundannahmen schnell ändern zu wollen. Die Grundannahmen und das Selbstverständnis einer Organisation müssen geschützt werden, ansonsten kommt es zu Rissbildungen und zu einer Selbstschwächung. Eine DNA wandelt sich langsam. Aber wie? Bei meinen Beratungsaufträgen versuche ich, die kulturelle DNA zu entschlüsseln. Ich beobachte und führe Gespräche auf allen Hierarchieebenen. Den kulturellen Kern lerne ich weniger auf der offiziellen Bühne im Seminarraum oder bei Reden kennen. Ich suche die informelle Ebene. In Pausen und scheinbar nebensächlichen Situationen dringen Kommentare durch. »So etwas funktioniert bei uns nicht«, höre ich einen angesehenen Bereichsleiter über eine strategische Neuausrichtung zweifeln. Mitarbeiter halten mit Überzeugungen, die nicht in die offizielle Linie passen, erst einmal zurück und haben doch ein Bedürfnis, sich dazu zu äußern. Diesen Moment warte ich ab, hake nach, ergründe, achte auf Gesichtsregungen, Kopfhaltung, Emotionen – so lange, bis ich die Urkultur sehen und fühlen kann. Ich behalte das bei mir, weil ich weiß, dass die DNA nicht auf direktem Weg zu verändern ist.

Edgar Schein schlägt vor, einen Umweg einzuschlagen und sich auf einer sichtbaren Ebene der Regeln und Verhaltensstandards zu bewegen. Er spricht von »shared values«, von geteilten Werten. Was ist unser gemeinsames Ziel? Wie wollen wir zusammenarbeiten? Was bringt uns voran und was hemmt uns? Mit diesen Fragen wird versucht, die Progressiven, die Konservativen und die Gemäßigten auf einen gemeinsamen Weg zu vereinen. Man bewegt sich auf dünnem Eis, weil Werte und Führungsleitlinien nur ideell existieren. Die alte Welt gibt nach Workshopende weiter den Ton an. Und doch bewirken der Dialog und die gemeinsame Auseinandersetzung etwas. Die Teilnehmer kommen sich näher und gehen auch im Alltag mehr aufeinander zu. Meist dauert es, bis durch eine praxisorientierte Umsetzung eines Leitbildes Erfolge erzielt werden. Doch wenn positive Effekte entstehen, ändern sich die Grundannahmen und verwandeln den kulturellen Kern. Die Intensivanalyse von Kunden hat im Vertrieb viel gebracht. Die Neuordnung des Produktionsprozesses hat

Kosten gespart. Die verbesserte Führungsarbeit hat die Arbeitsqualität erhöht. Grundannahmen orientieren sich an der ökonomischen Existenz und reagieren darauf, was sich bewährt. Deshalb sind Erfolgserlebnisse in Veränderungsprozessen so wichtig. Seit der Umstellung des Spielsystems eilt die Mannschaft von Sieg zu Sieg. Offenbar macht der Trainer alles richtig. Umgekehrt würde der Trainer sofort infrage gestellt.

Über die Schale von Werten, Verhaltensweisen und Arbeitsmethoden dringen neue Annahmen in den Kern ein; aber eben nur, wenn dem Dialog Konsequenzen folgen. Die Grundannahmen orientieren sich nicht an Worten, sondern an Taten. Wenn die katholische Kirche im sogenannten Synodalen Weg den sexuellen Missbrauch aufarbeiten will, ist die strukturierte Debatte zwischen Geistlichen, Weltlichen, Frauen und Männern, Theologen und Humanwissenschaftlern das eine. Die Frage wird sein, ob auch Taten folgen. Bleibt es bei Analyse und Austausch, wird sich nichts ändern. Kommen die Foren zur Lebensform der Bischöfe und Priester, zur Sexualmoral oder zum Umgang mit Macht in der Kirche zu keinen praktischen Schritten, bleiben Veränderungen Schall und Rauch.

Instabilität führt zu Veränderung
Erst, wenn Menschen den Ruhepunkt verlassen und einer gewissen Unsicherheit ausgesetzt sind, kommt etwas in Bewegung. Für den Managementvordenker Peter Kruse führt der Weg der Veränderung über ein notwendiges Maß an Instabilität. Auslöser können kreative Störungen sein. Ein soziales System wird dann innovativ und gestaltet sich neu, weil es alles tut, um wieder stabil zu werden. Wie aber können solche Störgrößen aussehen? Ein einfaches Beispiel ist die Umgestaltung oder der Umzug eines Büros. Plötzlich besteht der Zwang, sich mit Kollegen arrangieren zu müssen, mit denen man bisher nicht viel zu tun hatte oder zu tun haben wollte.

Ideale Störgrößen sind Regelbrüche. Die Regel »Zeit vor Ergebnis« für Besprechungen etwa irritiert zunächst, weil sich niemand ergebnislos trennen will. Wenn der Moderator aber konsequent nach der definierten Endzeit abschließt, strengt sich die Gruppe erfahrungsgemäß an, um schneller auf den Punkt zu kommen. Oder: Was würde passieren, wenn in einem Großkonzern PowerPoint-Präsentationen verboten würden? In Gremien und Projektteams sollte stattdessen in einem kurzen freien Vortrag das Wesentliche vorgestellt werden. Oder noch besser: Der Vortragende führt die Zuhörer vor Ort und zeigt ganz direkt, was er wie anpacken möchte. Das Wegfallen der aufwendig erstellten Folien würde viel Zeit sparen. Die Gewinner wären die Macher, denen es nicht auf die Aufmachung, sondern auf die Umsetzung ankommt.

Die besten Störimpulse entstehen über reale Herausforderungen. Ein Bauunternehmen, das in der Vergangenheit den Vorgaben öffentlicher Auftraggeber folgte, stößt in den Energiemarkt vor und bekommt es mit neuen Anforderungen zu tun. Die Kunden verlangen ein fundiertes Qualitätsmanagement und eine lückenlose Dokumentation. Dieser Zwang fordert den Bauleuten eine immense Umstellung ab. Doch die Attraktivität des Auftrags macht es möglich. Immer dann, wenn ein gewisser Grad an Instabilität erreicht ist, setzen die Kräfte der Selbstorganisation ein. In meiner Nachbarschaft ist eine Frau verstorben, was die Familie in einen Schockzustand versetzte. Als der Garten zunehmend verwilderte, haben sich Nachbarn zusammengetan und eine beherzte Aufräumaktion durchgeführt. Selbsthilfekräfte werden durch Destabilisierung in Gang gesetzt. Management ist dann die bewusste Balance zwischen Stabilität und Instabilität. Es kann nicht darum gehen, den Menschen den Boden unter den Füßen wegzuziehen, aber doch darum, eine spürbare Irritation auszulösen. Ideal ist eine Mischung aus einer unsicheren Gegenwartslage und einem aussichtsreichen Zukunftsbild. Der Einzelhandel erlebt durch das Internetshopping einen Strukturwandel. Jeder sieht ein, dass ein neues Serviceverständnis und neue Konzepte für die Innenstädte überlebensnotwendig sind.

Grundlagen einer neuen Lernkultur

Eine Kultur des Wandels ist eine Fehlerkultur. Ohne die Fähigkeit, offen über Fehler zu sprechen, ohne Kritikfähigkeit können Veränderungen nicht angefasst werden. Die Fehlerkultur ist in meiner Beratungsarbeit ein zentrales Thema geworden. Vorstände sind sehr interessiert daran, weil Millionenbeträge daran geknüpft sind. Also wird losgelegt und ein Fehlermanagement installiert. Mitarbeiter werden in Fehlerarten geschult: Nachlässigkeitsfehler, Überforderungsfehler, Systemfehler, Beinahe-Fehler, absichtliche Fehler. Ingenieure und Informatiker legen Fehlerlisten und Fehlerdatenbanken an. Überhaupt muss definiert werden, was ein Fehler ist und wie man Fehler beschreibt. Checklisten, Skizzen und Fotos von Mängeln sollen eine genaue Identifikation vereinfachen. Damit das Fehlermanagement greift, wird die Fehlermeldung auf die Wochenagenda der Gremien gesetzt. Bald aber wird deutlich, dass nicht wirklich etwas vorwärtsgeht. Der Tagesordnungspunkt »Fehlermanagement« ist immer schnell erledigt, weil kaum Fehler gemeldet werden. Manche Geschäftsbereiche melden gar nichts.

Einen Irrtum zuzugeben, scheint nicht trivial zu sein, und mit Fehlerlisten ist es auch nicht getan. Eine Fehlerkultur ist mehr als ein Fehlermanagement. Kultur wird von oben her geprägt. Die Unternehmensleitung muss am eigenen Leibe erfahren, was es heißt, über den eigenen Schatten zu springen und zu spüren, wie einem Stolz, Scham und Ehrgeiz im Weg stehen können.

Man stelle sich einen Bereichsvorstand vor, der seine Vorstandskollegen auffordert, seinen strategischen Entwurf kritisch zu bewerten. Er verschickt seine Präsentation eine Woche vor der Vorstandssitzung an die Kollegen und zählt im Anschreiben mögliche Schwachpunkte mit der Bitte um Stellungnahme auf. Ausdrücklich bittet er um Offenheit. Dies wäre eine redliche und sinnvolle Methodik. Man stelle sich weiter einen Projektleiter bei der Abschlusspräsentation seines Projektes vor. Bilder, Zahlen, Diagramme belegen den Erfolg. Die beiden letzten Charts überraschen. Sie sind überschrieben mit: Aus welchen Fehlern wir lernen können. Die Aufmerksamkeit im Publikum steigt. Köpfe werden gereckt, Blicke getauscht, Augenbrauen hochgezogen und zustimmend genickt. Nach dem Applaus erhebt sich der zuständige Vorstand. Er gratuliert routiniert zum erfolgreichen Projektabschluss. Ganz ausdrücklich bedankt er sich für die Offenlegung der kritischen Punkte. Dann holt er einen Zettel aus der Hosentasche. Er habe kurz einmal überschlagen. Daraufhin nennt er einen zweistelligen Millionenbetrag und sagt: »Wenn dieses Erfahrungswissen im Unternehmen verbreitet und wirklich aufgegriffen wird, dann würde dieser Betrag gespart werden können. Und wenn das auch in anderen Projekten so laufen könnte, dann wäre das der größte Einsparhebel überhaupt.«

Es würde helfen, den Begriff der Fehlerkultur durch Verbesserungskultur oder Lernkultur zu ersetzen. Vielleicht sind die Menschen traumatisiert von ihren Fehlererlebnissen aus der Schule. Dicht rot angestrichene Schulaufgaben konnten einem ganze Tage verderben. Wenn im Betrieb die Wochen- und Tagesergebnisse analysiert werden, steigen die alten Gefühle wieder auf und man ist froh, wenn das Nachbarteam mit roten Zahlen im Fokus steht. Im agilen Projektmanagement ist die Fehleranalyse in Form der Retrospektive ein fester Arbeitsschritt. Es wird jedoch nicht von Fehleranalyse und nicht einmal von Verbesserungsmaßnahmen im Sinne einer Nachbesserung gesprochen. Die Retrospektive wird als ein natürlicher und selbstverständlicher Vorgang gesehen. Von einer neuen Lernkultur kann gesprochen werden, wenn alle Mitarbeiter diese Lernschleife verinnerlichen und die kritische Aufarbeitung nicht mit negativen Gefühlen verbinden, sondern als einen völlig normalen Vorgang sehen. Da hinzukommen, ist gar nicht so schwer. Man muss es einfach täglich tun.

Kultur entsteht durch Wiederholung. Das ist mit Arbeitsgepflogenheiten nicht anders als mit Tischmanieren. Kultur entsteht nicht, indem irgendwelche Werte und Prinzipien auf ein Plakat geschrieben werden, sondern im alltäglichen Einüben und Tun. Eine neue Lernkultur prägt sich dann aus, wenn

Projektleiter, Führungskräfte und Moderatoren dieses Zwei-Schritte-vor-einer-zurück anwenden und die kritische Rückschau wie das Schleifen einer Sense schlicht dazugehört.

Ganz so einfach ist es dennoch nicht. Hinter der Methode des KVP, des kontinuierlichen Verbesserungsprozesses aus Plan-Do-Check-Act steckt ein psychologischer Komplex, der insbesondere mit dem Unbehagen gegenüber dem Scheitern zusammenhängt. Eine Lernkultur ist deshalb enorm von einer guten Kommunikation abhängig. Eine hilfreiche Grundlage und Anleitung dafür finde ich wiederum bei Karl Popper. Unter dem Titel »Rechte und Pflichten derer, die von ihren Mitmenschen lernen wollen« veröffentlicht Karl Popper in der ersten Ausgabe der 1994 gegründeten Zeitschrift »Aufklärung und Kritik« zwölf Thesen, die Kommunikationsregeln für eine Lernkultur anbieten. Wie sich zeigt, schaut Popper den Menschen genau auf die Finger. Die Regeln sind von einer ausgezeichneten Menschenkenntnis geprägt. Sie weisen auf die subtilen Blockaden in der Kommunikation hin und zeigen, wie diese aufzubrechen oder zu umgehen sind.

Die erste Regel lautet: »Jeder Mensch hat das Recht auf die wohlwollendste Auslegung seiner Worte.« Wie oft halten Spitzfindigkeiten einen Gesprächsfluss auf. Ein Mitarbeiter präsentiert in einem Gremium. In seiner Aufregung tritt er in ein Fettnäpfchen. Prompt wird darauf herumgeritten. Wenn keiner aus der Runde dazwischengeht und Brücken baut, fällt der Vortragende durch. Der Reifegrad einer Gesprächsrunde wäre an einer solchen Intervention zu messen.

Die zweite Regel hebt die Bedeutung einer sachlichen Recherche hervor: »Wer andere zu verstehen sucht, dem soll niemand unterstellen, er billige schon deshalb deren Verhalten.« Wer beispielsweise die Gründe für eine Fehlentscheidung untersucht, kann daraus für künftige Entscheidungen lernen, ohne die Fehlentscheidung zu rechtfertigen. Mit einer Verurteilung wäre nichts gewonnen.

Die Regel Nummer drei heißt: »Zum Recht, ausreden zu dürfen, gehört die Pflicht, sich kurz zu fassen.« In der Psychologie gelten die Introvertiertheit und die Extrovertiertheit als feststehende Persönlichkeitsmerkmale und deshalb als kaum veränderbar. Die einen sagen kaum etwas, während die anderen keinen Punkt finden. Und doch ist etwas zu machen. Ich denke an einen Manager in einer mehrteiligen Führungskräfteweiterbildung. Seine Wortanteile in der Gruppe beliefen sich am ersten Tag auf mindestens vierzig Prozent. Ich habe am Abend mit ihm darüber gesprochen. Interessant war für mich seine Selbsteinsicht. Er wirkte erleichtert, darauf angesprochen zu werden. Und tatsächlich hielt seine Verhaltensänderung über den kompletten Kursverlauf. Rückfälle konnten wir mit Humor lösen.

Die vierte Regel ist raffiniert: »Jeder soll im Voraus sagen, unter welchen Umständen er bereit wäre, sich überzeugen zu lassen.« Ein so gestalteter Gesprächseinstieg würde es dem Verhinderer im weiteren Fortgang schwer machen, ein Konzept wegzuwischen. Hinter langwierigen Sitzungen steht oft eine grundsätzliche Ablehnung. Mit der Offenlegung von Gegenpositionen kommt man auf direktem Weg zu den ausschlaggebenden Punkten.

Die fünfte Regel zeigt, dass rhetorische Fähigkeiten zweitrangig sind. Im sachlichen Austausch soll nicht der Sprachgewandte im Vorteil sein, sondern der mit den besten Argumenten: »Wie immer man die Worte wählt, ist nicht sehr wichtig, es kommt darauf an, verstanden zu werden.« Eine einfache Sprache ist immer das Beste. Große Worte und Ausschweifungen dienen mehr der eigenen Eitelkeit als der Sache. Im Führungstraining nutze ich dazu ein kommunikatives Experiment. Zwei Teilnehmer sitzen Rücken an Rücken. Der eine erhält ein Blatt mit abstrakten Zeichnungen. Er erläutert diese seinem Spielpartner, der das Verstandene zu Papier bringt. Beim Vergleich der beiden Blätter wird schnell ersichtlich, dass komplizierte Erklärungen zu Missverständnissen führen.

Auch die sechste Regel mahnt eine Lösungsorientierung an: »Man soll niemanden beim Wort nehmen, wohl aber das ernst nehmen, was er gemeint hat.« Wortklauberei ist nicht zielführend. Konstruktive Gesprächspartner suchen nicht das Haar in der Suppe, sondern schauen auf den Kern einer Aussage. Analog ist Regel Nummer sieben aufzufassen: »Es soll nie um Worte gestritten werden, allenfalls um die Probleme, die dahinterstehen.«

Die achte Regel heißt: »Kritik muss immer konkret sein.« Ein Mitarbeiter sei teamunfähig, höre ich immer wieder. Aber was heißt das genau? Sperrt sich da jemand ein oder geht auf andere los? Konstruktiv Kritik zu geben ist trainierbar. Die Kunst liegt in der Beschreibung von beobachtbaren Verhaltensweisen. Zum Beispiel sagt eine Vorgesetzte ihrem Mitarbeiter: »Nie sehe ich dich im Austausch mit Kollegen. Bei Besprechungen beteiligst du dich kaum, obwohl du zu den Erfahrensten gehörst. Du machst dann ein finsteres Gesicht und blickst oft auf die Uhr, so als wolltest du so schnell wie möglich die Sitzung verlassen.« Ein guter Kritiker ist ein guter Beobachter. Beobachtungen zu spiegeln, ist eine faire Art, Kritik zu äußern.

Regel Nummer neun: »Niemand ist ernst zu nehmen, der sich gegen Kritik unangreifbar gemacht, also immunisiert hat.« Es kann gute Gründe geben, nicht alles an sich heranzulassen. Wer aber glaubt, Kritik nicht nötig zu haben, der ist entweder arrogant oder ignorant. Beides enthebt von einer echten Auseinandersetzung.

Regel zehn: »Man soll einen Unterschied machen zwischen Polemik, die das Gesagte umdeutet, und Kritik, die den anderen zu verstehen sucht.« Kritik will nicht zersetzen, sondern verbessern. Ein Angriff ohne sachliche Argumente wird diesem Anspruch nicht gerecht; es sei denn als bewusste Provokation, um eine müde Diskussion anzuheizen.

Regel elf richtet sich an den Empfänger der Kritik: »Kritik soll man nicht ablehnen, auch nicht nur ertragen, sondern man soll sie suchen.« Kritisches Feedback ist ein rares Gut. Man muss sein Umfeld regelrecht dazu ermuntern. Immer wieder lässt sich durch Nachfragen eine Äußerung entlocken. Auf diese Weise wird die Hemmschwelle kleiner.

Regel Nummer zwölf wirkt zunächst verstörend: »Jede Kritik ist ernst zu nehmen, selbst die in böser Absicht vorgebrachte; denn die Entdeckung eines Fehlers kann uns nur nützlich sein.« Ein Gegenschlag zu einer bösen Kritik würde nichts nützen. Das Gift herauszufiltern und den Sachinhalt zu entnehmen, wäre dann Popper für Fortgeschrittene.

Die Basis einer Kultur des Wandels ist die Fähigkeit, sich mit Veränderungsnotwendigkeiten auseinandersetzen zu können. Mit einer Geisteshaltung der Leugnung und Verdrängung ist es schwer vorstellbar, zu richtigen Schlussfolgerungen zu kommen. Für Popper geht es um eine Überwindung stammesgesellschaftlicher Strukturen, die eine offene und rationale Diskussion durch Tabuisierung, durch Emotionalisierung, durch Stigmatisierung und autoritäres Verhalten verhindern. Eine offene Kultur zeigt sich im gemeinsamen Ringen um den richtigen Weg und darin, diesen Prozess auszuhalten und durchzuhalten.

Bildung als Wandlung

Wandlungsfähigkeit ist eine bedeutende Qualität in der individuellen Lebensführung – auch in Partnerschaften, Organisationen und Gesellschaften. Wandlung drückt eine Aktualisierung und sie drückt Lebendigkeit aus. Wandlung bedeutet nicht, alles über den Haufen zu werfen, sondern ist das Gegenteil von Starrheit. Da die eigene kulturelle DNA schwer einsehbar ist, helfen Impulse von außen. Kunst und Kultur etwa haben die Aufgabe, den Menschen sich selbst vorzuführen und ihn dadurch zu einer Selbstreflexion anzuregen. Für einen Theatermacher oder eine Schriftstellerin kann es kein passenderes

Eine offene Kultur zeigt sich im gemeinsamen Ringen um den richtigen Weg und darin, diesen Prozess auszuhalten und durchzuhalten.

Lob geben, als dass er oder sie einen zum Nachdenken über das eigene Leben gebracht hat. Für Unternehmen kann das Feedback von externen Beratern, aber auch von neuen Mitarbeitern, von Kunden oder Lieferanten kommen. Die eigene DNA und die heimlichen Spielregeln zu kennen, kann Führungskräfte bei der Unternehmensentwicklung unterstützen. Sie können sich darüber Gedanken machen, was zu erhalten und was zu erneuern ist. Dadurch können Veränderungsimpulse gezielt gesetzt und bewusst verfolgt werden.

Der eigene Lebensstil oder die eigene Unternehmenskultur ist das, was einem als selbstverständlich erscheint. Um das Selbstverständliche erkennen und lesen zu können, bedarf es nicht selten Erschütterungen und Irritationen. Leicht werden Frieden, Wohlstand und Gesundheit für selbstverständlich gehalten. Erst Krisen oder Krankheiten machen deutlich, dass dies nur Annahmen sind. Instabile Zustände bringen einen Erkenntnisgewinn, weil man sieht, welche Versprechen und welche Bindungen halten und welche nicht. Sie bringen zum Vorschein, worauf man bauen kann und was zu verändern ist. Dies gilt in kleinen sozialen und wirtschaftlichen Einheiten ebenso wie für Organisationen und die Gesellschaft insgesamt. Man kann sich selbst fragen, was man für selbstverständlich erachtet und welchen heimlichen Spielregeln man folgt. Krisenerfahrungen können bei dieser Reflexion gute Dienste leisten. Fragen können sein: Ist es selbstverständlich, dass die Demokratie funktioniert? Ist es selbstverständlich, jedes Jahr mehr zu verdienen? Wie selbstverständlich ist eine heile Familie? Diese Fragen sollen nicht verunsichern, sondern ein Bewusstsein dafür schaffen, dass ich immer etwas dazutun muss, um scheinbar Selbstverständliches am Leben zu erhalten.

Eine Kultur des Wandels bedeutet zum einen, das, was einem wertvoll ist, zu pflegen, damit es weiterexistieren kann. Beispielsweise ist Frieden kein Selbstläufer, sondern bedarf eines hohen Erhaltungsaufwands. Das wissen Diplomaten, aber auch Abteilungsleiter, Familien, Freunde und Nachbarn. Zum anderen nimmt eine Kultur des Wandels Störungen und Umbrüche als hilfreich im Sinn einer kreativen Störung und eines dienlichen Regelbruches auf. Die Krisenanfälligkeit hoch entwickelter Gesellschaften gibt zu bedenken, ob das Materielle gegenüber dem Geistigen, dem Sozialen und dem Kulturellen im richtigen Verhältnis steht. Dies lässt unser Menschenbild hinterfragen. Gleicht die Ich-AG unserer Leitvorstellung, die sich vor allem um sich selbst kümmert, oder finden wir Wege und Lebensformen, die der gegenseitigen Hilfe und dem Miteinander einen höheren Rang einräumen? Wie isoliert und wie resonant stellen wir uns den Menschen vor? Ein resonantes Wesen lebt in einem intensiven Austausch mit seiner natürlichen, sozialen und geistigen Umwelt. Die Menschen bringen ihre Wünsche und Ideen miteinander in Berührung. Dabei spielen Kunst und Kultur eine wichtige Rolle als Ort der geistigen Anregung und der Begegnung.

Wenn Wohlstand nicht nur im materiellen Sinne, sondern auch im Sinne des geistigen und seelischen Wohlergehens definiert wird, steigt auch die Bedeutung von Bildung. Mit Bildung im umfassenden Sinne verbindet sich die große Frage, wie in einer Gesellschaft Menschen das Beste aus ihrem Leben machen können. Der Stellenwert und das Verständnis von Bildung ist ein Indikator dafür, ob die richtigen Einsichten aus der heutigen Umbruchsituation gezogen werden. Zu erkennen wäre dies an der Ausstattung von Schulen, an der Güte der Lehrerausbildung und an der Umschulung und Qualifizierung abertausender Arbeitnehmer für die digitalisierte Welt in Industrie, Handel und Verwaltung. Außerdem daran, dass Weiterbildungs- und Personalentwicklungsmaßnahmen nicht bei konjunkturellen Eintrübungen gestrichen werden, sondern erst recht aufrechterhalten bleiben, und nicht zuletzt an einem Bildungsbegriff, der Orientierungs- und Sinnfragen einschließt. Bildung ist immer auch Selbstbildung mit dem Ziel einer, wie es der philosophische Berater Gerd Achenbach nennt, »Lebenskönnerschaft«. Jeder kann selbst zu einer Erneuerung beitragen, indem er sich aufrütteln lässt, sich einbringt, sich auseinandersetzt und von anderen lernt. Bildung ist Wandlung und Wandlung ist Bildung im Sinne einer Persönlichkeitsreifung. In jedem Gespräch kann etwas entdeckt werden. Das Gespräch kann beleben, ernüchtern, erheitern. Es ist der Kern jeder Veränderung und gibt jedem die Gelegenheit, zuzuhören, aufzunehmen, nachzudenken und die Initiative zu ergreifen.

5.2 Neue Einsichten, wie Veränderung wirklich funktioniert

Im Mai 2001 wird am Westufer des Starnberger Sees in der kleinen Gemeinde Bernried ein Kunstmuseum von Weltrang eröffnet. Es findet sich darin eine überragende Sammlung der Künstlergruppe »Brücke«, die expressionistische Maler wie Ernst Ludwig Kirchner, Karl Schmidt-Rottluff, Erich Heckel, Max Pechstein und Otto Mueller vereint. Die Entstehungsgeschichte des von dem Olympia-Architekten Günter Behnisch erschaffenen, schiffartig in den See ragenden Museumsbaus hat viele Facetten. Ich richte meinen Blick darauf, wie aus einer Gemengelage von Visionen, Emotionen, Widerständen, schwierigen menschlichen Konstellationen und bürokratischen Hemmnissen dieses einmalige Projekt vollendet werden konnte. Die »WELT« nannte es damals »eine Geschichte voll von Intrige, Neid, Häme, Bösartigkeit, aber auch von Eigensinn, Skurrilität und Verrücktheiten – eine wundersame Konsequenz aus dieser Mischung – von Beharrlichkeit und Glück«. Die Schlüsselfigur in meiner Betrachtung des Dramas um das Buchheim-Museum ist der Bauunternehmer Walter Eberl, der von 1972 bis 2002 ehrenamtlicher Bürgermeister von Bernried war.

Alles beginnt mit der Absicht des Buchautors (»Das Boot«), Malers, Fotografen und Sammlers Lothar-Günther Buchheim, seine Kunstsammlung von unermesslichem Wert einer Kommune zu überlassen, die bereit ist, ihm ein Museum dafür zu erbauen. Das Vorhaben zieht weite Kreise. Im In- und Ausland tauchen Interessenten auf, kommen und gehen. Das Projekt scheitert drei Jahrzehnte lang daran, dass sich Bewerber entweder selbst im Weg stehen oder am raubeinigen Gönner abprallen. Alles spricht dann dafür, das Museum am Wohnort Buchheims in Feldafing am Starnberger See anzusiedeln. Ein Grundstück wird gefunden, doch ein Bürgerentscheid im Jahr 1997 macht dem Plan den Garaus. Noch bei der Eröffnungspressekonferenz des Museums schimpft Buchheim, wie »DER SPIEGEL« berichtete, »auf all die Sesselfurzer, Polit-Kulturschranzen, Schweinehunde und Gullyratten aus der verschnarchten Gemeinde Feldafing«, deren Bürgermeister im Übrigen sein Bruder war. Dies sei erwähnt, um ein Gefühl für die Gesamtsituation zu bekommen. Meine Geschichte beginnt mit dem ablehnenden Feldafinger Bürgerentscheid.

Beim Frühschoppen im Gasthaus Seeblick in Bernried geht es hoch her. »Wenn die Feldafinger das Museum nicht wollen, dann machen wir das!« Was die anwesenden Gemeinderäte heiß diskutieren, hat einer schon vorausgedacht. Bürgermeister Walter Eberl, den man nur in Lederhose kennt, hat auf diesen Moment gewartet. Vielleicht hat einer mit einer Flüchtlingsgeschichte wie er einen noch besseren Sinn für den Genius Loci, weil er sich bewusst in diesen Ort verliebt und sich damit identifiziert hat. Eberl ist erst seit 1952 Deutscher, vorher war er staatenlos. Jedenfalls weiß Eberl tief in seinem Inneren, dass das Museum nach Bernried gehört und nirgends sonst hin. Mit Hochdruck wird eine Bewerbungsmappe zusammengestellt. In der bayerischen Staatskanzlei ist mit Wolfgang Zeitler eigens ein Beauftragter für das Buchheim-Museum eingesetzt worden. Eberl sitzt zusammen mit dem zweiten Bürgermeister Josef Steigenberger in dessen Vorzimmer, um die Mappe persönlich zu überreichen. Solche Sachen macht Eberl immer direkt. Der Unternehmer glaubt weniger an Papier als an Blickkontakt und Handschlag. Erst will die Sekretärin die Bewerbungsunterlagen entgegennehmen, dann kommt noch die Büroleiterin hinzu. Schließlich haben die Bernrieder keinen Termin mit Dr. Zeitler. Doch Eberl weigert sich, drückt die Mappe an seine Brust und brummt: »Ich habe Zeit.« Für Zeitler ist die Bernrieder Bewerbung ohnehin sinnlos. Ihm liegen sechs qualifizierte Bewerbungen vor, darunter Städte wie

München und Augsburg und das nahegelegene Murnau, das sich schon mit den Expressionisten Gabriele Münter und Wassili Kandinsky hervorgetan hat. Ein Blick in das missmutige Gesicht Zeitlers reicht Eberl. Er weiß sofort: Auf dem offiziellen Weg haben wir keine Chance.

Über das, was nun passiert, wird in Bernried bis heute gesprochen. Walter Eberl beginnt damit, dem Ehepaar Buchheim regelmäßig Weißwürste vorbeizubringen und Diethild Buchheim, gerufen Diti, auch hin und wieder Blumen. Buchheim wird von allen möglichen Leuten umgarnt, die er nicht selten rüde abweist. Eberl bleibt auch nicht verschont, er macht sich aber nichts daraus, weil er einzig sein Ziel vor Augen hat. Die Übergabe der Tüte mit den Weißwürsten verbindet er damit, mit Buchheim zu verhandeln. Eberl arbeitet jetzt parallel. Neben seinen Liefergängen nach Feldafing ins Hause Buchheim macht er den »SZ«-Reporter Bernard Granier heiß für eine Story: »Ich habe einen Knüller für Sie. Das Buchheim-Museum kommt nach Bernried.« Granier springt darauf an. Nach der Falschmeldung taucht Eberl für Tage unter. »Im Gespräch bleiben«, denkt er sich, »immer schön im Gespräch bleiben«, derweil er mit Hochdruck nach einem geeigneten Standort in seiner Gemeinde Ausschau hält.

Als ideal erweist sich der Hirschgarten, der zur Klinik Höhenried gehört, die wegen der Gesundheitsreform Kuren hat abbauen müssen. Grundbesitzer ist die Landesversicherungsanstalt. Doch an den Verwaltungsratsvorsitzenden Fritz Schösser, ein Politikurgestein in Bayern, ist schwer heranzukommen. Also greift Eberl zu einer List. Als Schösser einen Vortrag im Kloster Seeon am Chiemsee hält, ruft er dort an und fordert Schösser mit dem Alarm ans Telefon: »In Höhenried brennt's.« Als Schösser prompt zurückruft, was los sei, sagt Eberl zu ihm: »Wir brauchen deinen Grund.«

Dann kommt der große Tag. Kultusminister Hans Zehetmair hat sich aufgemacht, um mit dem Ehepaar Buchheim den möglichen Standort im Seidlpark in Murnau zu besichtigen. Eberl hat das mitbekommen und der Abordnung vorgeschlagen, sich bei der Gelegenheit noch den Hirschgarten in Bernried anzuschauen, weil der doch direkt auf dem Weg liegt. So geschieht es, und als es auf Mittag zugeht, wirbt Eberl für einen Verbleib zum Mittagessen. Im Gasthof Seeblick hat er groß auftischen lassen. Für ein gutes Mahl ist Buchheim immer zu haben. Doch die Gänge ziehen sich, bis Diti ihren Mann am Ärmel zupft: »Lothar, du bist müde.« Buchheim: »Ja, ich bin eigentlich schon müde.« Kurzerhand wird beschlossen, nicht nach Murnau zu fahren, sondern umzukehren. Sofort eilt Eberl hinaus und verkündet der Polizeieskorte die Rückfahrt. Bernried bekommt den Zuschlag.

Beharrlichkeit, Gewitztheit und Charme

Die Erfolgsstrategie Eberls steht in keinem Lehrbuch. Eberl hat Bauingenieur- und Wirtschaftsingenieurwesen studiert. Strukturiertes Denken und planvolles Vorgehen dürften ihm dabei vermittelt worden sein. Hätte er aber lediglich eine gute Bewerbung abgegeben, wäre der Standort Bernried durchgefallen. Er musste den Mann Buchheim für sich gewinnen, an dem sich schon so viele die Zähne ausgebissen hatten. Aber nicht nur das. Der damalige Ministerpräsident Edmund Stoiber, der das Projekt unbedingt in Bayern behalten wollte und dafür trotz parteiinterner Kritik vierzig Millionen heranschaffte, wollte auf keinen Fall ein zweites Feldafing. Also musste ein Konsens der Bernrieder Bürger geschaffen werden. Selbst der Architekt musste bearbeitet werden. Als gezweifelt wurde, dass der Bau nicht wie in Feldafing geplant an der Uferlinie entlang gebaut werden konnte, schlug Eberl vor, das Ganze um neunzig Grad zu drehen, was überhaupt erst diesen Hinschaueffekt erzeugte.

All diese Interventionen hatten eines gemeinsam: Eberl hat direkt auf die Menschen eingewirkt. Formale Wege, Regeln und Strukturen sind das eine. Die entscheidenden Durchbrüche bei Veränderungen finden sich auf der zwischenmenschlichen Ebene. Man muss die Menschen für seine Sache gewinnen. Das beinhaltet eine persönliche, aber auch eine kreative Komponente. Die Weißwürste, das Umlenken des Murnaubesuchs, der Notruf an Fritz Schösser – das hat alles kein Geld gekostet, aber setzt ein hohes Maß an persönlichem Engagement, Erfindungsreichtum und Beharrlichkeit voraus. »Gewitztheit« ist in Einstellungsverfahren keine Kategorie. Ich plädiere aber dafür, wieder mehr nach Typen Ausschau zu halten; Menschen, die nicht nur konform gehen, sondern die etwas wollen, Originale, die mit ihren Ecken und Kanten etwas verfolgen und in der Lage sind, auf Menschen zuzugehen. Ein Löffel voll Chuzpe ist das Salz in der Suppe des Veränderungsmanagements; und nicht nur des Veränderungsmanagements, auch des Unternehmertums, das oft angemahnt wird, aber nichtig bleibt, wenn gleichzeitig Artigkeit geschützt und Angepasstheit bevorzugt wird.

Veränderer sind nicht artig, sondern umtriebig, unkonventionell und zielorientiert bis zum Gehtnichtmehr. Was uns aber die Erfolgsgeschichte des Walter Eberl lehrt: Ohne ein Quantum Charme, der auch etwas rau sein darf, geht es auch nicht. In seiner Rede zum neunzigsten Geburtstag Eberls stellt der zweite Bürgermeister Robert Schiebel fest: »Seine Merkfähigkeit und Schlitzohrigkeit haben ihm viel geholfen.« Die Kombination aus Intelligenz und Lederhose, aus Penetranz und Witz, aus Planung und Spontaneität ergeben offenbar keine schlechte Mischung. Die eigene Mischung muss jeder für sich finden.

Freundlichkeit und Klugheit

»Die Ostalb ist ein eigenes Volk.« So bezeichnet es Michael Seibold, der Geschäftsführer der in Hermaringen ansässigen Hauff-Technik. Das mittelständische Unternehmen besetzt mit Gebäudeeinführungen eine attraktive

Nische in der Bauindustrie und zählt zu den vielen weltweit erfolgreichen Hidden Champions aus der schwäbischen Provinz. Der promovierte Werkstoffwissenschaftler Seibold hätte kein Problem, einen Posten bei einem Großunternehmen zu bekommen. Doch er liebt es, unternehmerisch sein zu können, das Werk permanent zu erweitern und alle Mitarbeiter persönlich zu kennen. Mit dem Ausdruck des »eigenen Volkes« spricht er eine Mentalität seiner Mitarbeiter an, vor der er zum einen Respekt hat, mit der er aber auch zu kämpfen hat. Es handelt sich um ein Konglomerat aus hohem Arbeitseinsatz, Loyalität und Identifikation mit dem Unternehmen auf der einen Seite und um Eigensinn und Verschlossenheit, die sich zur Sturheit zusammenbrauen können, auf der anderen Seite. Vermutlich ist dieses Profil auch in anderen Regionen vorzufinden, die schwäbische Ostalb scheint aber besonders betroffen.

Seibold ist ein global denkender Visionär, ehrgeizig, aber auch gesellig. Am liebsten möchte er mit seinen Mitmenschen eine gute Zeit zusammen verbringen und gemeinsam etwas bewegen. Bei seinen Wachstums- und Entwicklungsplänen stößt er unweigerlich auf Verbesserungs- und Veränderungspotenziale. Technische Abläufe, Marketing, Logistik, Personal und Einkauf zu modernisieren, gilt als selbstverständlich. Seibold möchte aber auch bei der Unternehmenskultur, bei Führung und Zusammenarbeit weiterkommen. Bei einem Zukunftsworkshop mit dem Leitungsteam passiert nun Folgendes. Es soll die bestehende Organisationsstruktur überdacht werden. Die Bereichsleiterinnen und Bereichsleiter arbeiten Ideen dazu aus. Seibold will seine Leute machen lassen und geht eine Runde spazieren. Ich komme mit, und unversehens geraten wir in ein gedankliches Feuerwerk. Der Strukturentwurf, der dabei herauskommt, ist so spektakulär, dass er beim Austausch im Plenum alle Aufmerksamkeit auf sich zieht.

Die Gruppe wirkt, als fühlte sie sich davon angezogen und abgeschreckt zugleich. Seibold zerlegt die Organisation und baut sie neu zusammen: Produktion und Vertriebsinnendienst bilden einen gemeinsamen Geschäftsbereich, ebenso Vertriebsaußendienst und Produktentwicklung. Und so zieht sich das durch. Aus Spannungsverhältnissen werden Einheiten, die der Logik des Unternehmens gerecht werden. Natürlich: An der Schnittstelle aus Innendienst und Produktion entscheidet sich die Reaktionsschnelligkeit bei Aufträgen und damit der Wettbewerbsvorteil des Unternehmens. Der Zusammenschluss von Vertrieb und Entwicklung schafft eine Nähe von Ideen, die beim Kunden entstehen, und den Konstrukteuren. Die Idee ist genial, aber sie wirft alles um. Keiner sagt etwas. Die Kollegen beäugen sich aus den Augenwinkeln, schauen, warten ab, schweigen, wägen ab, nicken ins Leere. In diese Pattsituation wirft Seibold einen Vorschlag ein. Er spricht von einer Testphase, aber einer richtigen, bei der sich die neuen Teams physisch zusammenfinden, was einen Büroumbau bedeutet. Sollte das alles nicht funktionieren, müsse zurückgebaut werden, was er auf seine Kappe nehme. In der Woche darauf werden Wände versetzt, Rollcontainer geschoben und Tische durch Türen gezirkelt. Der Kulturwandel wird für alle sichtbar. Die Führungskräfte kommen nicht nur mit Worten aus dem Workshop zurück, sondern mit Taten.

Der Geschäftsführer hat eine tief greifende Veränderung vorangebracht, denn tatsächlich ist die neue Organisation ein Erfolg geworden. Selbst die Doppelspitzen funktionieren. Wie aber ist es gelungen, Fürstentümer in Bewegung zu setzen und neue Konstellationen herzustellen? In gewisser Weise ist es ein Überraschungscoup. Noch ehe die Runde ins Nachdenken, Bedenken und Anhalten gerät, ist die Kugel schon am Rollen. Die Führungskräfte fühlen sich aber auch nicht überrollt. Das ist dem freundlichen und kollegialen Umgang geschuldet, den Seibold auch in stressigen Situationen an den Tag legt. Die Menschen fühlen sich von ihm nicht manipuliert, weil er permanent zum Dialog einlädt. Er hat mit Strukturen gespielt, aber nicht mit Menschen. Respekt und Wärme sind immer spürbar.

Der Geschäftsführer hat nicht Zäune eingerissen, sondern Brücken darüber gebaut. Keiner der Führungskräfte wollte die Kooperation und Union mit einem Kollegen abstreiten, auch wenn ihr oder ihm die Verbindung aufs Erste nicht wirklich einleuchtete. Das so entstandene Dilemma führt zu einer Neutralität, die einem Probehandeln nichts entgegenzusetzen weiß. Es bleibt der Gruppe gar nichts anderes übrig, als sich auf den Versuch einzulassen. Gleichzeitig wird ein konstruktiver Wettbewerb hergestellt. Welche der neu geschaffenen Einheiten startet durch? Wer zeigt sich als moderner und aufgeschlossener Manager und wer fällt zurück in alte Muster? Nicht nur der Geschäftsführer, das ganze Unternehmen hat darauf geschaut.

Politisches Geschick ist ein wichtiger Bestandteil des Veränderungsmanagements. Wer darauf wartet, dass alle dafür sind, kann lange warten. Viele erkennen die Vorzüge des Neuen erst, wenn sie sich bereits darin aufhalten. Ich habe das oft genug erlebt. Es gilt also, einen Übergang zu schaffen, der ein Mitmachen provoziert. Politisch zu handeln, bedeutet im besten Sinne, an die gute und edle Gesinnung zu appellieren und daran anzuknüpfen. Zusammen mit einem Kollegen eine Geschäftseinheit zu gestalten und erfolgreich zu machen, ist eine Herausforderung, aber auch ein höheres Ziel. Gleichzeitig eine Gruppendynamik zu bedenken und einen gewissen Zwang dadurch auszuüben, dass keiner der Spielverderber sein möchte, ist ebenfalls Teil der politischen Arbeit. Der politisch Handelnde kennt die Vorder- und die Hinterbühne. Auf der Vorderbühne möchte jeder gut aussehen und als engagiert und integer gelten. Auf der Hinterbühne toben die Dämonen: Konkurrenzdenken, Egoismus, Neid, Ehrgeiz. Zum Menschen gehört beides, das Hohe und das Niedrige. Kein Teilnehmer des Führungskreises wollte auf der Vorderbühne des Workshops als hinderlich und kleinkariert eingestuft werden. Doch ehe sie sich versahen, standen alle auf der sichtbaren Bühne des Unternehmens, die alle Mitarbeiter im Auge hatten. Die neue Organisation war zum Erfolg verdammt und der Geschäftsführer konnte Blumen verteilen.

Politisches Denken ist das Denken in größeren Zusammenhängen. Dieses Fach findet sich in keiner Managementausbildung. Dabei bietet die abendländische Denktradition im Begriff der »Klugheit« eine hervorragende Vorlage. Wer einen Wandel in seiner Organisation herbeiführen möchte, kommt mit der Kardinaltugend der Klugheit voran, weil sie den Blick auf das Hohe und auf das Niedrige im Menschen vereint. Sie richtet sich auf das Gute und das Wohl des Ganzen – beispielsweise auf die Zukunft eines Unternehmens – mit den Mitteln der Schlauheit und der Gerissenheit. Denn was nützte ein hehres Denken, wenn es die Abgründe und Tücken nicht bedächte? Führungskräfte sollten also in der Klugheit geschult werden. In jedem Veränderungsvorhaben kann gefragt werden: Was braucht die Organisation? Was ist das Soll-Bild? Wo will ich hin? Wer sind die relevanten Kräfte? Von welchen Motiven sind diese getrieben? Wie stehen sie miteinander in Verbindung? Welche Bühnen stehen zur Verfügung und welche müssen geschaffen werden? Was spielt sich auf der Vorderbühne und was auf der Hinterbühne ab? Über welche Hebel und indirekten Zugriffe kann ich wen wie bewegen? Hier wird kein Ränkespiel ersonnen.

Die Einladung zum Dialog, wie sie Michael Seibold praktiziert, muss immer die Basis bilden. Doch gleichzeitig spielt die kluge Führungskraft wie auf einem Taktikbrett eines Basketballcoaches Optionen durch und erkennt die freundliche und die feindliche Gesinnung von Mitspielern. Der Kluge versucht gedanklich immer ein oder zwei Schritte voraus zu sein. Dann kann es gelingen, eine Situation zu erzeugen, der keiner entkommen kann und jeder mitmacht.

Taktische Klugheit

Erfolgsgeschichten der Veränderung haben immer etwas Eigenwilliges an sich, weil Wandel naturgemäß mit Musterbrüchen einhergeht. Noch bevor die Gruppe Seibold gedanklich wirklich folgen kann, läuft die Umstrukturierung schon an. Man könnte fehlende Gründlichkeit oder eine ungenügende Planungsphase unterstellen. Doch genau durch das rasche Handeln konnte die Veränderung gelingen. Bürgermeister Eberls Vorgehen ist in Gänze unorthodox. Wie er die Marktgemeinde Murnau aus dem Rennen um das begehrte Museum nimmt, ist listig, wenn nicht hinterlistig. Wenn Geschäftsführer, Vorstände oder Familienunternehmer unter ihresgleichen sprechen, geht es überwiegend um die Frage, wie die Dinge eigentlich laufen. Das hat weniger mit wirtschaftswissenschaftlichem Lehrwissen oder den Charts aus dem letzten Führungstraining zu tun, sondern da geht es an das Eingemachte des Geschäftslebens. Wie geht man mit Behörden um? Was muss man wissen, um auf dem chinesischen Markt bestehen zu können? Wie besetzt man Schlüsselstellen im Unternehmen? Was sind gute Standorte? Wie hält man die Banken bei der Stange? Die Antworten auf diese Fragen sind meist subtil. Der Wunschmitarbeiter wurde nicht über eine Stellenausschreibung und auch nicht über einen Headhunter gewonnen, sondern über eine Sportfreundschaft.

Unternehmensführung bedeutet, unterschiedlichen Interessen gerecht zu werden. Der Systemtheoretiker Niklas Luhmann geht davon aus, dass dies nur über kleinere oder größere Schleichwege gelingen kann. Wer dem Kunden gerecht werden will und gleichzeitig den Inhabern, den Lieferanten und den Mitarbeitern, kann nicht eindeutig richtig vorgehen, sondern ist gezwungen, geschickt vorzugehen. »Es wird ertragen«, schreibt der Soziologe Stefan Kühl, »wenn bei der Rekrutierung, Versetzung und Entlassung von Personal nicht immer alles nach den Regeln abläuft, weil sonst nicht das geeignete Personal zur geeigneten Zeit zur Verfügung stünde.« Die Möglichkeit zur punktuellen Abweichung vom formalen Regelwerk gibt der Organisation eine gewisse Leichtigkeit. Die Systemtheorie sieht im kreativen Dehnen von Regeln oder der Aufschiebung der Befolgung von Vorgaben nicht nur eine Berechtigung, sondern eine Notwendigkeit, damit Organisationen beweglich bleiben können. Behörden haben es schwer, weil sich Beamtentum durch Regelkonformität definiert. Schule ist so gesehen eine Erziehung zum Beamtentum, da derjenige belohnt wird, der am eifrigsten die Vorgaben des Lehrers bestätigt. Beamte erzeugen Beamte. Nicht ganz. Pfiffige Lehrer erkennen in dem einen oder anderen Querkopf Potenziale für die Gesellschaft. Ich kann mich an einen Lehrer erinnern, der mit uns Schülern offen über die Qualität eines Spickzettels diskutiert hat. Danach habe ich bei diesem Lehrer nicht mehr gespickt, weil er mir zu gerissen erschien, um ihn austricksen zu können.

Oft helfen geschicktes Unterlaufen, dezentes Ignorieren und stilles Übergehen von Regeln weiter. Kühl spricht von »organisationaler Klugheit«, die weder in einem sklavischen Befolgen von Regeln noch in deren Ignorierung, sondern in der Ermöglichung einer punktuellen Abweichung liegt. Kluge Lehrer wissen, dass Schüler Unterschleif betreiben, wie es im Amtsdeutsch heißt, finden das aber nicht schlimm, weil es eine Art von Stoff- und auch Lebensbewältigung ist, die dem Zeitalter überfüllter Lehrpläne und der Informationsüberflutung gerecht wird.

Veränderungen bedürfen der funktionalen Regelverstöße in besonderem Maße. Wer würde einem braven und konformen Menschen zutrauen, etwas anzutasten, was anderen lieb und teuer geworden ist? Für den direkten Weg wäre der Konformist zu wenig mutig. Schließlich werden bei Veränderungen Besitzstände infrage gestellt und Komfortzonen betreten. Und für den indirekten Weg fehlen Chuzpe und Schlitzohrigkeit. Die große Beliebtheit von Krimis mit Kommissaren, die wie die gejagten Verbrecher selbst über Gaunerhaftigkeit und Tücke verfügen, weist auf den Reiz hin, Moral und Amoral in enger Verbindung und Personalunion zu sehen. Kommissar Columbo erscheint wie ein biederer, tollpatschiger Durchschnittsbürger, während er Fallen für die von ihm Verdächtigten auslegt. Wer Veränderungen voranbringen möchte, muss keine Fallen auslegen und sollte dies auch nicht tun. Aber er sollte über die soziale Intelligenz eines Columbo verfügen, die darin besteht, Schein und Sein unterscheiden zu können. Wer spielt etwas vor und wer macht wirklich mit? Wer spielt mit, versucht aber auszuweichen? Wie kann ich das zum Vorschein bringen?

Organisationale Klugheit hat viel mit einem realistischen Menschenbild zu tun. Menschen wollen das Gute, verhalten sich aber auch opportunistisch und fallen im nächsten Moment vom eingeschlagenen Kurs ab. Menschen sehen die Veränderungsnotwendigkeit, aber weniger bei sich als bei anderen. Menschen können eigene Defizite erkennen, diese aber auch verdrängen. Menschen machen mit, wollen aber nicht zu den Verlierern gehören. Klugheit ist mehr als bloße Intelligenz. Intelligente Menschen können äußerst unklug handeln, wenn sie sich in einen Gedanken verrennen und sich nichts sagen lassen. Die Intelligenzfalle besteht darin, es schon früh im Leben immer besser gewusst zu haben, immer als Erster eine Lösung gefunden zu haben, sodass die Erwartung, von anderen etwas Wissenswertes erfahren zu können, abnimmt und bald nicht mehr vorhanden ist. Dagegen zeichnet sich die Klugheit durch das Abwägen aus. Im Gegensatz zur Weisheit, die sich um das Ewige und Wahre kümmert, richtet sich die Klugheit bei Aristoteles auf das Veränderbare und auf die Welt des Handelns. Die Klugheit ist keiner Ideologie, keiner besten Idee verhaftet, sondern blickt auf die realen Gegebenheiten und auf die Wirkung. Von dem deutschen Dramatiker und Lyriker Friedrich Hebbel ist der Aphorismus überliefert: »Der Utopist sieht das Paradies, der Realist das Paradies plus Schlange.« Eine Führungskraft hat die Mitarbeiter, die sie hat, und schätzt deren Qualitäten, Stärken und Vorzüge. Wenn sich diese mit Veränderungen schwertun, dann muss man eben etwas inszenieren.

Bürgermeister Eberl hatte mit Buchheim einen resistenten Brocken, einen Berserker vor sich, erfolgreich, wohlhabend, garantiert unverrückbar und unveränderlich. Was hat Eberl gemacht? Wie der gestiefelte Kater im Märchen eilte er voraus und ließ im Gasthaus Seeblick ein üppiges Menü auftischen. Veränderungsmanagement ist zu einem großen Teil taktische Klugheit. Wie bereite ich eine Vorstandssitzung vor? Mit wem spreche ich im Vorfeld? Wen muss ich für mich gewinnen? Was setzt einen Mitarbeiter in Bewegung? Die Ziele, die ich als angestellter Manager mit ihm vereinbare, oder die Ansprache des Inhabers? In einem Fertigungswerk gilt ein Abteilungsleiter als fachlich kompetent, aber autoritär in seinem Führungsstil. Die Schulung über partizipative Führung wäre an ihm abgeprallt, aber seit ihn der Werksleiter persönlich besucht, sein Fachwissen gewürdigt und von ihm verlangt hat, dieses Wissen systematisch an die jungen Mitarbeiter zu übertragen, hat sich etwas verändert. Klug handeln bedeutet systemisch, also um die Ecke zu denken.

Veränderungen spielen sich auf dem Feld sozialer Systeme ab. Mit einem Masterplan, einem starren Managementkonzept ist diesem nicht beizukommen. Veränderungen in Organisationen sind nicht berechenbar und sträuben sich gegen Phasen- und Zeitpläne. Wer den Wandel will, hat einen Weg vor sich mit Hunderten und Tausenden Einzelsituationen, in denen sich entscheidet, ob etwas anders angegangen wird als früher, ob anders geführt und zusammengearbeitet wird, ob methodisch anders vorgegangen wird. Wer den Wandel will, braucht eine Philosophie, eine Vorstellung von der Zukunft, vor allem aber braucht er Witz, Kreativität und Originalität. Originelles Vorgehen ist das Gegenteil eines Managements nach Schema F. Der Wandel braucht Typen, ausgestattet mit Klugheit und Gespür.

5.3 Ermutigung und Zumutung – ein neues Führen

Braucht es in unsicheren Zeiten den starken Mann oder eher eine kommunikative Führungskraft, die Mitarbeiter einbindet und ein Team formt? Der Soziologe Dirk Baecker hält einen Übergang von der heroischen zur postheroischen Führung für angebracht. Während die heroische Führungskraft eine Idee hat, Ziele vorgibt und deren Beachtung kontrolliert, hilft postheroische Führung der Organisation bei der Suche nach Zielen, die nicht vorab definiert werden können. Das Ideal des alleinig steuernden Entscheiders weicht einer teamorientierten Vorgehensweise. Nur wer die Kompetenzen der Mitarbeiter so gut es geht nutzt, kann Ungewissheiten verringern und zu einer bestmöglichen Entscheidung kommen. Die Herausbildung einer Vertrauenskultur nimmt im Konzept der postheroischen Führung einen entscheidenden Platz ein, weil Verantwortung breiter verteilt wird und Korrekturen im laufenden Prozess nur bei absoluter Offenheit möglich sind. Der allein steuernde Macher ist ein Auslaufmodell und kann mit teamorientierten Modellen nicht mithalten.

Andererseits ist Führung mehr als Moderation. Eine Abteilung, ein Institut, die Vereinsführung, ein Projekt wird neu besetzt. Da erwartet man zu Recht eine Ausrichtung oder zumindest eine Akzentsetzung. Auch wenn zeitgemäße Führung von kommunikativen und kulturellen Kompetenzen geprägt ist, ist aus meiner Sicht weiterhin der Impulsgeber und auch die Orientierungsfigur mit Profil von Bedeutung. Für das Führen bei Veränderungen ist beides gefragt: Sicherheit und Freiheit, Orientierung und Mitgestaltung. Den entscheidenden Faktor sehe ich in der Ermutigung.

Führung als Ermutigung

»Sie haben Angst vor dem eigenen Mut.« So charakterisiert der Vertriebsleiter einer Bank sein Führungsteam. Der Satz bringt zum Ausdruck, dass die Mitarbeiter eine Vorstellung davon haben, wie es anders besser gehen könnte, dass sie überzeugt sind und auch Lust dazu haben, dass sie den Willen in sich spüren und sich doch nicht trauen. Sie fürchten sich davor, es könnte etwas schiefgehen, es könnte ihnen Widerstand entgegenkommen und sie würden deshalb schlecht dastehen. Doch ohne mutigen Schritt lässt sich nichts verändern. Die alten Griechen sprechen von Tapferkeit, die weniger auf eine großartige Tat als auf Qualitäten wie Durchhaltevermögen und Zähigkeit setzt. Die Angst vor dem eigenen Mut kann zweierlei bedeuten. Zum einen ist es die Angst vor dem Unbekannten, zum anderen der Respekt vor der bevorstehenden Kraftanstrengung. Meine Erfahrung ist, dass Mitarbeitern weniger die intellektuelle Kapazität fehlt, um einen Wandel nachvollziehen zu können als das Zutrauen und der Mumm. Führung heißt dann vor allem Ermutigung.

Der allein steuernde Macher ist ein Auslaufmodell und kann mit teamorientierten Modellen nicht mithalten.

Der Psychologe Wilfried Reifarth leitet aus langjährigen Erfahrungen mit Gruppenprozessen ein Modell ab, wie Angst, Gruppenleitung und Lernen zusammenhängen. Es bietet sich an, dies auf den Zusammenhang von Angst, Führung und Veränderung zu übertragen. Reifarth betrachtet die von Unsicherheit gekennzeichnete Anfangssituation in Gruppen. In der Begegnung mit unbekannten Menschen und Situationen ist nicht gewiss, was passieren wird, und dies verursacht ein mulmiges Gefühl. Befürchtungen und Ängste funktionieren wie ein Frühwarnsystem, denn tatsächlich können im Unbekannten Gefahren lauern. Mir kann Misstrauen und eine feindliche Gesinnung entgegenschlagen. Ich kann falsch verstanden, geschnitten oder ausgegrenzt werden. Als Schutzmechanismus baut sich eine Habachtstellung mit einer erhöhten Aufmerksamkeit und einer verschärften Wahrnehmung auf. Damit ist eine Anspannung verbunden, die zu einer Überreaktion in Form von Angriff oder Flucht führen kann. Gruppenmitglieder misstrauen sich und reagieren gereizt aufeinander.

In Veränderungssituationen sind ähnliche Verhaltensweisen festzustellen. Menschen ziehen sich zurück oder werden aggressiv. Es wird diskutiert, dagegen argumentiert und ausgewichen. Über die dahinterliegende Angst spricht niemand. Diese Angst ist mit Worten auch nicht zu überwinden. Für Reifarth ist das einzige Gegenmittel gegen die Angst die Liebe. Das Kind bringt seine Angst zum Ausdruck, indem es sich verkrampft und weint. Instinktiv nimmt es der Erwachsene in den Arm und drückt es an sich heran, worauf das Kind den Kopf gegen dessen Schulter legt und sich beruhigt. Die sanften Worte der Mutter oder des Vaters sind inhaltlich nicht von Bedeutung. Allein der warme und einfühlsame Ton erreicht das Baby oder das Kleinkind und wird zu einer streichelnden Berührung.

Die liebevolle Inobhutnahme wirkt auf den Erwachsenen zurück. Das Wohlgefühl stellt sich nicht nur beim Getrösteten ein, sondern auch beim Tröstenden. »Schutz, der gegeben wurde, wirkt schützend und umfangend auf die Geberin zurück«, schreibt Reifarth. Die Liebe hilft nicht nur bei Kindern, sie ist auch das Heilmittel für die Angst des Erwachsenen. Im beruflichen Umfeld wird die Umarmung durch eine gute Beratung ersetzt. Das Gespräch bietet Anhaltspunkte, die den Gesprächspartner davor schützen, sich zu verlieren oder sich aufzugeben. Mitarbeiter erleben es als liebevoll, wenn sie etwa beim Neuantritt einer Arbeitsstelle an die Hand genommen werden, wenn sich jemand um sie kümmert und auf wichtige Dinge hinweist. Die Liebe macht die Angst als Schutzmechanismus unnötig und hebt sie auf. Wenn Menschen fühlen, dass sie angenommen sind, können sie sich ganz auf ihre Arbeit konzentrieren und sich auf Veränderungen einlassen.

Der entscheidende Mechanismus im Führungsprozess ist nun der: Wer anderen dabei hilft, Angst abzubauen, dem wird Macht zugestanden. Es ist wie eine Erlaubnis zur Einflussnahme. Wenn ein Vorgesetzter dafür sorgt, dass ein Team in einem Unternehmen gut dasteht und positive Beachtung findet, dann schützt dies das Team vor Anfeindungen und es kann sich frei entfalten. Wenn ich merke, dass mir mein Chef wohlgesonnen ist und dass er es gut mit mir meint, dann fühle ich mich frei und gestehe ihm zu, dass er mir nicht nur meine Möglichkeiten, sondern auch meine Grenzen aufzeigt. Schließlich profitiere ich davon, wenn mich jemand an einen guten Ort lenkt. Es existiert eine Wechselwirkung aus Angst, Liebe und Macht. Wer mir durch seine Liebe die Angst nimmt, dem gebe ich Macht über mich. Wenn dies gelingt, entsteht ein Vertrauensbündnis und auf beiden Seiten ein Gefühl von Freiheit.

Die wohlwollende Gesinnung einer Führungskraft einem Mitarbeiter gegenüber ermutigt, sich ehrlich zu äußern und sich frei zu bewegen. Und auch die Führungskraft wird ermutigt und erfrischt, die Mitarbeiter hinter sich zu wissen und mit dem Team etwas vollbringen zu können. Wenn diese Basis hergestellt ist, folgt eine Gruppe dem Führenden auch bei Veränderungen. Reifarth beschreibt dies als eine Aufweichung eigener Ordnungsprinzipien. Wenn jemandem aus innerer Überzeugung Macht zugestanden wird, dann wird demjenigen auch ein Vertrauensvorschuss gegeben, Regeln und Strukturen festzulegen.

Die Spirale aus Vertrauen und Veränderung kann sich nach oben, aber auch nach unten bewegen. Ebenso wie Freiheit und Weite erarbeitet und erworben werden können, sind Rückzug und Enge möglich. Jeder kann dies bei sich selbst beobachten. Mitmenschen, die einem im Leben geholfen haben, gewährt man einen Vertrauensvorschuss. Es muss nicht immer alles perfekt laufen, um ein Vertrauensverhältnis aufrechtzuerhalten. Meinungsverschiedenheiten und Konflikte sind noch kein Grund, um das gemeinsame Fundament zu verlassen. Jedoch können Enttäuschungen und Verletzungen dazu beitragen, dass sich die Tür zwischen zwei Menschen wieder schließt. Vorgesetzten kann die Machtüberlassung wieder entzogen werden. Dann machen Mitarbeiter zwar vordergründig mit, sie richten ihre Aufmerksamkeit jedoch anderweitig aus und folgen nicht mehr wirklich. Dagegen schaukeln sich Ermutigung und Erfolg positiv auf. Ein Team zeigt sich im Gegenzug zu einer unterstützenden Führungskraft für Veränderungen aufgeschlossen. Ermutigung wird über Zuwendung und Zutrauen erzeugt. Wenn Menschen spüren, dass sie angenommen werden und dass man ihnen etwas zutraut, steigen Selbstbewusstsein und Mut.

Eigenschaften wie Eigenverantwortung, Eigeninitiative und Selbstorganisation werden heute großgeschrieben. Das Subsidiaritätsprinzip besagt, eine übergeordnete Hierarchieebene ist erst dann einzuschalten, wenn die Möglichkeiten für eine Problemlösung nicht mehr ausreichen. Der Schlüssel für eigenständiges Handeln sind Selbstbewusstsein und Mut. Führung bedeutet deshalb, Mitarbeitern Mut zu machen. Dies kann auch schiefgehen. Der Regionalleiter eines Wohlfahrtsverbandes hat in einer Rede die Mitarbeiter wörtlich zur Anarchie aufgerufen. Er wünsche sich eine Bewegung von unten. Die angestellten Sozialarbeiter sollten sich effiziente Organisationsformen ausdenken und deren Umsetzung einfordern. Natürlich ist in der Folge nichts passiert, weil der Redner weder Rahmenbedingungen genannt noch weitere Unterstützung angeboten hat. Es war einfach so dahingesagt.

Wer zur Eigeninitiative ermutigt, hat eine begleitende und auch korrigierende Funktion. Der Mutmacher, der es ernst meint, trägt die Folgen des von ihm abgesteckten Handlungsfreiraums mit. Eine ermutigende Führung eröffnet Freiräume, begleitet aber auch und stärkt den Rücken. Der Mutmacher ist ein Angstnehmer, der andere nicht alleinlässt, sondern unterstützt und daran interessiert ist, dass der andere an der Aufgabe nicht zerbricht, sondern wächst.

Führung als Zumutung

Die Zumutung hat keinen guten Ruf. Sie wird mit Frechheit und Respektlosigkeit in Verbindung gebracht. Wenn von einem Theaterstück als einer Zumutung gesprochen wird, dann ist es womöglich dilettantisch gemacht. Es kann aber auch sein, dass künstlerische oder moralische Grenzen überschritten wurden. Das am 8. Juni 1966 uraufgeführte Stück »Publikumsbeschimpfung« von Peter Handke im Theater am Turm in Frankfurt am Main erzeugte einen Tumult. Das als »tatenlose und untätige Masse«, als »Mitläufer«, »Gesinnungslumpen« und »Schleimscheißer« angegriffene Publikum tobte und sprang auf die Bühne, hatten sich doch alle hübsch gemacht und ein unterhaltsames Spiel erwartet. Ob Handkes Idee einer Aufhebung der Grenze zwischen Publikum und Bühne künstlerisch gelungen ist, ist eine eigene Frage. In jedem Fall wurde das Stück als Zumutung empfunden, weil eine Erwartungshaltung nicht erfüllt wurde und man unterhalten und nicht beschimpft werden wollte.

Mit der Zumutung möchten Künstler Menschen aus der Reserve locken. Sie möchten etwas verändern und sie wissen, dass Aufklärung und Betrachtung dabei zu kurz greifen. Menschen handeln wider besseres Wissen. Je reicher und gebildeter eine Bevölkerungsgruppe ist, desto höher ist ihr materieller Verbrauch und desto größer der ökologische Fußabdruck trotz Bekundung eines hohen Umweltbewusstseins. Der Zumutung ist die Einsicht zu wenig. Sie verlangt nach einer Reaktion, nach Emotion und Handlung und nimmt dabei eine unangenehme Atmosphäre in Kauf.

Die Beschimpfung kann ein zulässiges Führungsinstrument sein, wenn sich trotz aller Bemühungen nichts tut. Die Kabinenpredigt im Fußball ist sprichwörtlich. Die Spieler lassen in der ersten Halbzeit den nötigen Biss vermissen, gehen halbherzig in die Zweikämpfe und spielen unentschlossen nach vorne. Der Aufschrei des Trainers will Emotionen und Willenskraft freisetzen. Und wenn nur eine Trotzhandlung der Autorität gegenüber herausspringt, hat es sich gelohnt. Der Trainer geht über eine sachliche Analyse hinaus und fordert die Spieler heraus, um eine Reaktion hervorzurufen. Einmal habe ich bei einem Coaching einen CEO ohne Vorwarnung fest am Oberarm gepackt. Wir hatten schon ein Jahr zusammengearbeitet, aber er hat wenig von dem umgesetzt, was wir besprochen hatten. Der Übergriff von mir war eine Zumutung, aber der Mann hatte Humor und deshalb habe ich es gewagt. Als er mich verdutzt anschaute, sagte ich im Schweizer Business-Du: »Schau, du redest und redest, aber deine Mitarbeiter spüren dich nicht.« Der Griff in den Arm überraschte und zeigte Wirkung. Ich wollte meinem Gesprächspartner erleben lassen, was der Unterschied von Wort und Tat ist, von Reden und Anfassen. Die Publikumsbeschimpfung, die Kabinenpredigt, das Levitenlesen oder die Brandrede stellen eine Berührung her und schaffen eine neue Aufmerksamkeit. Der Angreifer zeigt Engagement, das sein Gegenüber nicht kaltlässt.

Mit dem verbalen Übergriff und Angriff ist ein Sonderfall der Zumutung angesprochen, der nicht die Regel sein soll und es auch nicht sein kann, weil diese als solche ihre Wirkung verlieren würde. Das Umfeld stumpft ab und die ganze Aufregung ist umsonst. Die Zumutung ist in wohlwollender Absicht eine Herausforderung im Sinne einer fruchtbaren Beunruhigung. Der Mehrwert einer Führungskraft kann nicht darin liegen, dass sich alle wohlfühlen. Das Wohlfühlen ist eine schöne Sache, aber einen Unterschied macht ein Vorgesetzter dann, wenn er nicht nur einen Status quo aufrechterhält, sondern etwas voranbringt. Naturgemäß will eine Führungskraft mehr, qualitativ und quantitativ. Herausfordern heißt auch nicht überfordern. Heike Bruch von der Hochschule St. Gallen weist in ihren Forschungen nach, dass sich innovative Unternehmen nicht nur durch ein hohes Maß an produktiver Energie auszeichnen, sondern den Mitarbeitern auch Ruhezonen zugestehen, in denen Austausch und Geselligkeit gepflegt werden. Alles auszureizen kann es nicht sein.

Herausfordern heißt, etwas an den Tag zu fördern, was möglich, aber nicht oder zu wenig abgerufen wird. Herausfordern ist nichts anderes, als Mitarbeiter an die eigenen Möglichkeiten heranzuführen. Nicht jeder lotet seine Potenziale selbst aus. Die Ausarbeitung eines Konzepts, die Leitung eines Projektes, die Präsentation vor einem Kunden, die Patenschaft für einen neuen Mitarbeiter, die Erstellung einer Wettbewerbsanalyse können eine Herausforderung und eine Zumutung darstellen, wenn sie etwas treffen, was ein Mitarbeiter lange Zeit nicht in den Blick genommen und vernachlässigt hat. Um keine Abstoßungstendenzen hervorzurufen, braucht die Zumutung Fingerspitzengefühl. Sie wirkt nur in angemessenen Dosen. Die Beunruhigung darf nicht zu weit gehen, sonst verlieren die Mitarbeiter den Mut und man erreicht das Gegenteil. Die fruchtbare Beunruhigung löst eine Eigendynamik aus. Zum Beispiel gründet ein Leitungsgremium ein Team mit dem Auftrag, ein bestimmtes Marktsegment anzugreifen. Die Aktionen des Innovationsteams dringen in die Entwicklungsabteilung, in die IT und in den Vertrieb ein. Es wird mit neuen Methoden gearbeitet, was Unruhe, aber auch Neugier in der Organisation auslöst. Oder: Der neue Vertriebsleiter übergibt seinen Mitarbeitern ein freies Budget für Kundeneinladungen. Gleichzeitig fordert er von der Personalabteilung, ein leistungsorientiertes Gehaltssystem vorzulegen. Ganze Teams kommen in Bewegung und sind gefordert.

Die richtig verstandene Zumutung löst einen Impuls zur Veränderung aus. Der Mitarbeiter wird angestoßen oder angestachelt. Zum Beispiel, indem er vor die Wahl gestellt wird: Wenn du es nicht machst, bekommt ein anderer die Chance. Den eigenen Mut entdeckt der Losgeschickte im Zuge der Auftragserfüllung. Er traut sich plötzlich mehr zu, als er dachte. Dass bei der Zumutung der Weg über den Unmut in Kauf genommen wird, setzt eine mutige Führungskraft voraus. Wer geliebt werden will, tut sich schwer damit, Menschen etwas abzuverlangen, was diese als unbequem empfinden. Die Firma Hilti in Liechtenstein macht keinen Hehl daraus, das Produktionswerk im eigenen Hochlohnland nur dann dauerhaft betreiben zu können, wenn dies eine Vorreiterrolle einnimmt und als Stammwerk ein innovatives Modell für die ausländischen Werke abgibt. Damit wird Druck ausgeübt, aber auch ein Ansporn erzeugt. Die Belegschaft weiß, dass es kein Ausruhen auf einem gewonnenen Niveau geben darf. Investitionen des Unternehmens in den Standort machen nicht selbstgefällig, sondern lösen eine produktive Unruhe aus. Die Mitarbeiter möchten sich beweisen, und die Leistungsanforderung entpuppt sich als Mutmacher.

Die zumutende Führung spielt eine tragende Rolle für das Bestehen von Veränderungen, weil sie eine wichtige Botschaft in sich trägt. Diese lautet: Ich traue dir zu, dass du die Herausforderungen des Lebens aushalten und bewältigen kannst. Und: Tue etwas dafür und traue dich! In dem Dokumentarfilm »Rhythm is it« studiert der englische Choreograf und Tanzpädagoge Royston Maldoom mit einer Gruppe von Schülern aus sozialen Brennpunkten in Berlin ein Ballett von Igor Strawinsky ein. Ziel ist eine groß angekündigte Aufführung zusammen mit den Berliner Philharmonikern unter Leitung des Dirigenten Simon Rattle. Ich nutze folgende Szene daraus in Führungstrainings: Als die Jugendlichen wiederholt lasch an die Probe herangehen und Körperspannung vermissen lassen, bricht Maldoom ab und droht aufgebracht mit dem Aus der ganzen Aktion. Da springt eine besorgte Lehrerin ein und verteidigt die Schüler. Maldoom aber entgegnet ihr eindringlich, dass dies keine emotionale Reaktion von ihm sei, sondern dass er die Emotion nutze, um bei den Schülern durchzudringen. Weil er nicht die Problemschüler in ihnen sieht, sondern an deren Potenzial glaubt, zeigt er keine Nachsicht, sondern betrachtet diese als die entscheidenden Akteure des Projekts.

Die Zumutung der fordernden Ballettprobe zeugt von Respekt und Zutrauen. Maldoom hilft, den Teufelskreis aus fehlendem Selbstbewusstsein und Resignation zu durchbrechen. Er weiß, dass ein zu weicher Umgang das Selbstbewusstsein nicht steigert, sondern schwächt, weil es eine Bestätigung von Beschränktheit ist. Indem er Disziplin und Konzentration einfordert, nimmt der strenge Lehrer seine Schüler ernst. Er mutet sich und der Gruppe das hochgesteckte Ziel zu und weicht bei Rückschlägen nicht davon ab. Das Motto heißt: Entweder wir machen das ganz oder gar nicht. Ohne den Ernst und die Ambition wäre es keine Zumutung, sondern ein Entgegenkommen, das Kraft nimmt. Na gut, dann lassen wir das mit den Philharmonikern und suchen uns eine Laienbühne für eine Aufführung vor den Eltern. Wäre Maldoom der Gutmütigkeit der Lehrerin gefolgt, wäre dies die Alternative gewesen. Was aber hätte das ausgelöst?

Veränderungen bieten die Chance, dem Kokon aus Bewährtem und Gewohntem zu entschlüpfen. Es ist ein wenig wie bei einer Geburt. Ohne Aufregung und Schmerzen kommt das Neue nicht in die Welt. Die Begleitumstände sind den Beteiligten zuzumuten. Maldoom wusste um das Schulversagen, die Prüfungsängste und privaten Probleme der jungen Leute. Ihm ging es nicht um den großen Auftritt zusammen mit Sir Rattle. Ihm ging es allein um die Erfahrung des Durchhaltens und des Erfolgs. So beschreiben es die Kinder und Jugendlichen auch nach der erfolgreichen Aufführung. Die einen wollen mit dem Tanzen weitermachen, andere streben die Realschule an. Seine Mission ermöglicht es Maldoom, an die Grenze zu gehen, an den Punkt, an dem die Entscheidung fällt, ob sich etwas ändert oder nicht. Dieser Punkt ist im Raum zu spüren. Jeder Anwesende weiß in dem Moment: Entweder wir packen es jetzt oder alles bleibt, wie es war. Ich wünsche Führungskräften den Mut und die Sensibilität, mit ihren Mitarbeitern an diesen Punkt heranzukommen, ja, darauf hinzuarbeiten. Es gelingt aber nur, wenn man ein ehrliches Interesse am anderen hat.

6.
Positives Veränderungsbewusstsein

Um den Begriff des Veränderungsbewusstseins zu füllen, lohnt sich ein Blick auf das angesehene Verantwortungsbewusstsein. Verantwortungsbewusstsein würde bei einer Umfrage vermutlich als etwas Wichtiges eingestuft werden. Warum? Wir verbinden mit dem Ausdruck ein Ausrichten des Handelns auf sinnvolle Ziele, verbunden mit einem entsprechenden Engagement. Wer verantwortungsbewusst vorgeht, setzt sich nicht nur spontan für etwas ein, er folgt Kriterien für das Wesentliche und Richtige. Das Verantwortungsbewusstsein ist Resultat eines Prozesses des Denkens, Fühlens und Abwägens. Deshalb ist es robuster als die Pflichterfüllung, die aufhört, wenn einem äußeren Auftrag Genüge getan ist. Verantwortungsbewusstsein geht auch über eine Wunschvorstellung, über eine wohlgemeinte Gesinnung hinaus und richtet sich auf ein faktisches Ergebnis. Sich bewusst für etwas einzusetzen, ist offenbar der beste Garant, um durchzuhalten und den Weg ganz zu gehen. Eine Steigerung dazu ist das Sendungsbewusstsein. Es ist in der Lage, ein jahrzehntelanges intensives Schaffen zu befeuern. Jemand erkennt den Zusammenhang zwischen eigenen Neigungen und Talenten und einem wertvollen Beitrag für die Welt. Das Sendungsbewusstsein setzt Energie frei und kann zu einem hochproduktiven und erfüllten Leben führen.

Was heißt das für das Veränderungsbewusstsein? Ist auch hier eine Verbindung eines Erkenntnisprozesses mit einer schlüssigen Praxisumsetzung herstellbar? Entsteht aus einer Sinnanalyse ein vorbildliches Handeln, eine Hinwendung und ein Beitrag zu einer Verwandlung und Verbesserung der Welt? Wenn Manager von Veränderungsbewusstsein sprechen, versprechen sie sich davon für Neues aufgeschlossene Mitarbeiter. Was aber ist dieses Veränderungsbewusstsein genau und wie kann es entstehen?

Veränderungswissen

Wer sich über etwas bewusst ist, entwickelt eine Wahrnehmung und einen Umgang damit. Grundlage dafür ist ein spezifisches Wissen. Wer sich mit Fauna und Flora auskennt, achtet bei einem Waldspaziergang auf vieles, was einem ohne Kenntnisse nicht auffällt. Der Zustand eines Baumes, die Spuren eines Tieres, Pilze und Blümchen, kaum sichtbar, jedoch bei einschlägigem Wissen erkundbar. Zum Veränderungswissen zählt die Tatsache, dass Veränderung ein grundlegendes Kennzeichen des Lebens ist, und die Einsicht, dass sich Gesellschaften und Zivilisationen immer verändert haben. Veränderungswissen ist soziologisches Wissen. Das Phänomen der Beschleunigung lässt sich als ein typisches Merkmal der Neuzeit und der Moderne erklären. Seit der Mensch entdeckt hat, dass er sich aus traditionellen Bindungen lösen und alles ausprobieren kann, werden Grenzen ausgereizt und überschritten. Im Wettbewerb der Ideen und Lebensmöglichkeiten entsteht ein neues Verhältnis zur Zeit. Wer schnell ist und Neues hervorbringt, hat einen Wettbewerbsvorteil. Veränderungen kommen immer schneller.

Kritische Soziologen wie Hartmut Rosa suchen nach Auswegen aus dem rasenden Stillstand. Rosa vergleicht die beschleunigte Gesellschaft mit einer Rolltreppe. Die herunterfahrende Rolltreppe verbildlicht die permanent neuen Anforderungen. Also versuchen die Menschen entgegengesetzt hinaufzusteigen, um mitzuhalten und nicht unterzugehen. Letztlich bleiben sie jedoch auf einer Stelle stehen. Rosas Überlegungen führen zu einem philosophischen Veränderungswissen. Wir sollten uns nicht fragen, wie wir uns der hohen Geschwindigkeit anpassen können, sondern welche Geschwindigkeit dem Menschen gemäß ist. Der Philosoph Odo Marquard spricht von der »Fundamentalschwierigkeit der modernen – der wandlungsbeschleunigten – Welt: die Menschen in ihr sind langsam, die moderne Welt aber ist schnell«. Marquard spricht sich dafür aus, beides zu berücksichtigen und die Spannung zwischen Langsamkeit und Schnelligkeit, zwischen Herkunft und Zukunft auszuhalten. Dies gilt für alle Veränderungsprozesse. Man muss eine gewisse Zeit einplanen und darf die Herkunft und die gewohnten Abläufe nicht außer Acht lassen. Genauso kann eine Organisation nicht stehen bleiben. Sie muss sich mit effektiveren Arbeitsweisen auseinandersetzen und Neues integrieren.

Veränderungswissen bezieht sich auch auf eine ökonomische Einordnung von Zukunftskonzepten. Wenn wir heute vom Megatrend eines ökologischen Umbaus der Wirtschaft sprechen, stellt sich die Frage, in welchem ökonomischen System dies möglich ist. Der Schweizer Ökonom Mathias Binswanger stellt sich Öko-Utopien entgegen. Er weist nach, dass das kapitalistische Wirtschaftssystem mit dem Prinzip des Wettbewerbs die größten Chancen hat, Innovationen hervorzubringen und Lösungen beispielsweise für die Erreichung von Klimazielen zu erzeugen. Zugleich ist dieses Wirtschaftssystem an Wachstum gebunden. Dies hat weniger mit geldgierigen Kapitalisten zu tun als mit der Logik von Geldwirtschaft und Wettbewerb. Unternehmen können nur dann erfolgreich sein, wenn sie investieren und sich optimieren. Das Ergebnis ist entweder Gewinn oder Verlust, Wachstum oder Schrumpfung. Ein gleichbleibender Zustand, wie er von Wachstumskritikern postuliert wird, ist nicht möglich.

Der freie Markt steht unter einem Wachstumszwang. Andererseits: Planwirtschaft ginge auch mit einem ökologischen Vorzeichen schief. Binswanger sieht die Chance eines gemäßigten Wachstums, wenn etwa mit Genossenschaften, Kooperationen und Stiftungen Alternativen zum Shareholder-Value gefunden werden. Die Analyse von Binswanger zeigt: Das Wirtschaftssystem der Zukunft darf den Wohlstand nicht aufs Spiel setzen, aber es kann darauf zählen, dass ein Bewusstseinswandel eintritt und die Menschen mit einem geringeren Wachstum zufrieden sind. Die Sinnkrise in reichen Ländern zeigt, dass materielles Wachstum nur bis zu einem bestimmten Grad glücklich macht.

Wer mit diesem Veränderungswissen sich und die Welt verfolgt, kann mit Spannung beobachten, ob und wie sich in den nächsten Jahren und Jahrzehnten ein Bewusstseinswandel entwickelt. Worauf werden die Menschen Wert legen? Wie beschreibt jeder für sich ein gutes Leben? Welche Technologien, Dienstleistungen und Lebensweisen wird dies hervorbringen? Veränderungsbewusstsein läuft auf eine Bewusstseinsveränderung hinaus, die sich als ein neues Weltverständnis und Weltverhältnis herausstellt. Es kann sich in einem neuen Verhältnis von Ich und Wir, von Mensch und Natur, Tradition und Zukunft, von Haben und Sein offenbaren. Genau kann man es nicht sagen und man kann es auch nicht linear steuern, weil es ein überpersonaler, ein kollektiver Vorgang ist. Vieles spricht für eine Wendezeit.

Wenn Verantwortungsbewusstsein bedeutet, sich einer Verantwortung bewusst zu stellen, dann bedeutet Veränderungsbewusstsein, sich der Veränderung bewusst zu stellen. Wenn ich Verantwortung für ein Projekt übernehme, dann mache ich mich kundig, bin hellwach und tue alles, damit das Projekt ein Erfolg wird. Wenn ich bewusst mit Veränderung umgehe, schaue ich mich um, welche Strömungen es gibt, schaue hin, was da vor sich geht, beziehe Stellung dazu und entwickle eine Haltung und eine Umgangsform. Wie aber kann dies aussehen? Und wieso verändert sich der Umgang mit dem Wandel selbst? Wie sieht der neue Umgang mit dem Wandel aus?

Der neue Umgang mit dem Wandel

Der Umgang mit dem Wandel unterliegt selbst einer Veränderung und entspricht einer Ablösung durch ein nachmodernes Denken. Als modernes Denken bezeichne ich eine von Descartes formulierte Trennung der »res cogitans« und »res extensa«, also eine Trennung des Geistes als denkendes Ich von Körper und Materie. Aufklärung und Wissenschaft bauen auf diesem Weltbild auf. Der moderne und spätmoderne Mensch erkennt sich wieder als ein Subjekt, das sein Leben individuell gestalten muss und gestalten kann. Die Loslösung von Traditionen und insbesondere von der Religion erschafft den freien Menschen als den Bestimmer und Macher seines Lebens. Ich denke, also bin ich. Ich mache, also bin ich der Schmied meines Lebensglücks. Diese isolierte und ichbezogene Weltsicht stellt sich heute als eine Selbstüberschätzung und als ein unrealistisches Vorhaben heraus. Der Psychiater Josef Aldenhoff schildert seine Erfahrungen auf einer Corona-Intensivstation. Der Spezialist für Ängste und Depressionen gerät selbst in eine große Dunkelheit und Lebensangst. Von heute auf morgen ist er abgeschnitten von seiner sozialen Umwelt. Kein Bach, kein Beethoven und das begonnene Buchprojekt bleibt unvollendet. So grübelt er die ganze Zeit. Alles ist mir nichts, dir nichts auf einen Schlag weg. Das ganze Leben. Seine körperlichen Beschwerden stellen sich als bakterielle Entzündung heraus und er kommt mit Antibiotika schnell wieder auf die Beine. Doch zieht er zwei Erkenntnisse aus seiner Grenzerfahrung. Die erste ist: Wir überschätzen uns maßlos in unserer Vorstellung, das Leben steuern zu können. Die Geschehnisse kommen über uns und wir können nur folgen. Die zweite lautet: Was gutgetan hat, war die menschliche Nähe und Wärme der Pflegerinnen und Pfleger. Der Psychiater konnte sich trotz seines Wissens nicht selbst helfen, aber die emotionale Unterstützung hat ihm in seiner Verzweiflung gut getan.

Der neue Umgang mit Veränderungen baut auf einem neuen Verständnis des Menschen in der Welt auf. Geist und Materie sind nicht getrennt. Der Mensch ist ein Bestandteil des Weltenlaufs. Bestimmt gehen wir nicht zurück in eine vormoderne Eingebundenheit in soziale und religiöse Gemeinschaftsbilder. Jedoch werden wir uns wieder mehr als Teil eines Gesamtgeschehens betrachten. Wir verabschieden uns von dem Hochmut, über der Natur und über dem Leben zu stehen. Der Mensch ist ein Ausdruck des Lebens. Von der Befruchtung der Eizelle an steht er in einer Lebensdynamik, die bereits vor dem eigenen Denken und Wollen da ist. Der Mensch ist frei. Er kann Position beziehen und schlussfolgern. Er kann Distanz aufnehmen und Erkenntnisse gewinnen. Er ist aber nicht losgelöst von den Zusammenhängen des gesamthaften Lebensgeschehens. Der Therapeut Aldenhoff erfährt seine Begrenztheit, seine Endlichkeit, sein Ausgeliefertsein und seine Ohnmacht. Ein Virus geht um die Welt und bestimmt alles. Erst in der Verbundenheit zu anderen Menschen entstehen Trost und Hoffnung.

Positives Veränderungsbewusstsein bedeutet: Lasse dich auf das Leben ein! Der Wille und die eigenen Vorstellungen sind an die Ich-Funktion gebunden. Im Vergleich zum großen Weltgeschehen ist das Ich winzig. Angesichts eines seit Jahrmillionen andauernden Entfaltungsprozesses des Lebens herzugehen und sich als der Macher des Lebens zu gebärden, ist unangemessen, überheblich, naiv, maßlos. Die Herausforderung besteht heute darin, sich dem Leben anzuvertrauen und sich in das Leben fallen zu lassen. Erwachsene tun sich schwer damit, hinzufallen. Kleine Kinder fallen ständig hin. Sie stehen auf, weinen vielleicht, aber wollen gleich weiterspielen. Wir möchten uns nicht wehtun und deshalb versuchen wir, Situationen zu kontrollieren und zu beherrschen. Wir können das Leben nicht kontrollieren! Das schließt Aldenhoff aus seiner Coronaerfahrung. Wir tun uns weh, wir erdulden etwas, aber wir erleben auch, dass etwas funktioniert und dass wir getragen werden.

Sich fallen zu lassen bedeutet nicht, sich einem Nichts auszuliefern. Man kann von einer neuen Wahrnehmung und Interpretation von täglichen Ereignissen sprechen. Die Methode geht so: Ich übe mich im Schauen darauf, was rund um mich passiert und was auf mich zukommt. Das können Menschen sein oder Aufgaben oder Einflüsse von außen. Ich lasse es auf mich wirken und achte auf mein Erleben, auf meine Gedanken und Gefühle. Es entsteht eine Art Dialog. Das können Gespräche oder innere Dialoge sein. Ich verfolge aufmerksam, was in mir angesprochen wird, was bei mir anspringt, und lasse es sich entwickeln. Wenn es zu einer Resonanz, zu einer Übereinstimmung kommt, dann entsteht etwas Neues. Menschen schwingen sich aufeinander ein, sagt man. Ein Thema wird aufgegriffen, behandelt und weitergeführt. Veränderung ist ein gemeinsames und dialogisches Entstehenlassen. Aus Sich-Einlassen, Zulassen, Wirkenlassen und Antwortgeben geht etwas hervor. Die Beteiligten verwandeln sich und verändern die Welt.

Entscheidend dafür ist eine Haltung der Offenheit. Wer festhält und sich nicht auf andere und anderes einlassen kann, bleibt in sich festgehalten und verschließt sich dem Wandlungsprozess. Ängste, Egozentrismus oder Machtallüren sind die Feinde der persönlichen Öffnung und verhindern den natürlichen Fluss einer Anverwandlung. Alfried Längle benutzt dafür den treffenden Ausdruck »sich dem Leben entgegenhalten«. Das Entgegenhalten ist das Gegenteil des Zurückhaltens oder Blockierens. Es meint, sensibel dafür zu sein, was mir das Leben bringt, und die Gelegenheiten zu erfassen, die mich weiterbringen können. Sich entgegenhalten hat etwas mit sich aussetzen und sich ins Leben hineinfallen lassen zu tun. Ein sinnvolles Leben beruht für Längle darauf, sich ins Spiel zu bringen. Dies erfordert ein Zugehen auf das Leben und es bedeutet die Verbundenheit mit Menschen, Ideen und Aufgaben. Nur in einem offenen Verhältnis zur Umwelt kann sich das Leben erfüllen. Die Offenheit bezieht sich auf das, was um uns herum vorgeht, was in uns vorgeht, auf die Fragen, die täglich auf uns zukommen, und auf die Zukunft. Wenn mich das Leben etwas angeht, dann gehe ich etwas an. Dies ist eine Formel für ein richtiges Verhältnis zu Veränderungen. Ich werfe mich ins Leben, ich schaue mit dem Herzen, was mich etwas angeht, was mich betrifft, zu was ich meinen Beitrag liefern kann und liefern möchte. Ich richte meinen Blick auf das Zur-Verfügung-Stehende und stelle mich selbst zur Verfügung. Das Ergebnis ist das gute Leben, das erfüllte Leben, das Leben als das Lösen von Problemen, als die Mitgestaltung der Welt mit meinen Möglichkeiten, als Ein-Teil-Sein des ewigen Lebensflusses. Längle findet eine poetische Zusammenfassung dafür:

»Das Leben geht dich an, es spricht zu dir
Geh darauf zu, es ist dein Leben
Öffne dich für alles, was dich anspricht
Riskiere dein Leben
Gib deine Antwort
Halte dich an dein Gespür und scheue den Irrtum nicht

Nimm es nur als Hinweis, was die anderen dir sagen
Setz dich dem Leben aus«

Es muss nicht alles richtig sein und man muss nicht alles mitmachen. Eines jedoch kann gesagt werden: In dem, was sich um uns herum abspielt und auf uns zukommt, mehr die gute Gelegenheit als die Bedrohung zu sehen, entspricht mehr dem sich permanent entfaltenden Leben als die Abgeschlossenheit. Ein Veränderungsbewusstsein kann darauf verweisen, dass der Mensch nie abgeschlossen ist. Bis ans Lebensende bleibt immer etwas offen, bleibt der Mensch im Austausch und in einem Gestaltungsprozess. An alten Menschen kann man ablesen, wie gut sie die Offenheit in ihrem Leben hinbekommen haben.

Die Bewegung der »School of Life« um den Philosophen Alain de Botton stellt den unperfekten, den ängstlichen, den verletzlichen, den gebrochenen, den begrenzten, den fehlerhaften, den unfertigen, den hilfsbedürftigen Menschen in den Mittelpunkt. Eine Lösung wird eben nicht in der Selbstoptimierung gesehen, sondern darin, sich selbst nicht so wichtig zu nehmen, dafür aber eine emotionale Beziehung zu seiner Umwelt und zu seinen Mitmenschen aufzubauen und zu pflegen. Der Patient Aldenhoff hat die Bedeutung davon gespürt. Führungskräfte können die Ängstlichkeit und Zerbrechlichkeit spüren, wenn Mitarbeiter sich zurückhalten und zumachen. Es ist dann zu schauen, wie eine Ermutigung und eine Öffnung aussehen können. Die emotionale Kompetenz der Mitmenschen, der Lebenspartner, der Führungskräfte, der Eltern ist dann das eine. Am Ende ist jeder für sich selbst zuständig und kann sich nur selbst der Welt öffnen und an den Herausforderungen des Lebens aktiv teilnehmen.

Veränderungsbewusstsein ist immer eine Entscheidung des einzelnen Menschen. Wirklich immer!

Literatur

Dirk Baecker (2012): Postheroische Führung. Vom Rechnen mit Komplexität. Research Gate Universität Witten/Herdecke.

Peter Bieri (2013): Wie wollen wir leben? dtv, München.

Anselm Bilgri, Konrad Stadler (2014): Finde das rechte Maß. Benediktinische Ordensregeln für Arbeit und Leben heute. Piper Verlag, München.

Mathias Binswanger (2019): Der Wachstumszwang. Warum die Volkswirtschaft immer weiterwachsen muss, auch wenn wir genug haben. Wiley-VCH Verlag, Weinheim.

Carol Dweck (2019): Selbstbild. Wie unser Denken Erfolge oder Niederlagen bewirkt. Piper Verlag, München.

Anselm Grün (2015): Quellen innerer Kraft. Erschöpfung vermeiden – Positive Energien nutzen. Herder, Freiburg im Breisgau.

Matthias Horx (2014): Das Megatrend-Prinzip. Wie die Welt von morgen entsteht. Pantheon Verlag, München.

Peter Kruse (2009): next practice – Erfolgreiches Management von Instabilität. Veränderung durch Vernetzung. Gabal Verlag, Offenbach am Main.

Stefan Kühl (2019): Funktionale Regelverstöße und brauchbare Illegalität. Weswegen sich Regelabweichungen in Organisationen nicht vermeiden lassen. pub.uni-bielefeld.de.

Alfried Längle (2011): Sinnvoll leben. Eine praktische Anleitung der Logotherapie. Residenz Verlag, Salzburg.

Rupert Lay (1996): Ethik für Manager. Econ Verlag, Berlin, Düsseldorf.

Konrad Paul Liessmann (2020): Bildung als Provokation. Piper Verlag, München.

Wilfried Nelles (2017): Das Leben hat keinen Rückwärtsgang. Innenwelt Verlag, Köln.

Wilfried Nelles (2020): Die Welt, in der wir leben. Das Bewusstsein und der Weg der Seele. Innenwelt Verlag, Köln.

Steven Pinker (2018): Aufklärung jetzt. Für Vernunft, Wissenschaft, Humanismus und Fortschritt. Eine Verteidigung. S. Fischer Verlag, Frankfurt am Main.

Karl R. Popper (1980): Die offene Gesellschaft und ihre Feinde, Band 1. Der Zauber Platons. Francke Verlag, Marburg.

Karl R. Popper (1980): Die offene Gesellschaft und ihre Feinde, Band 2. Falsche Propheten. Francke Verlag, Marburg.

Karl R. Popper (1994): Rechte und Pflichten derer, die von ihren Mitmenschen lernen wollen. In: Aufklärung und Kritik, Seite 119.

Karl R. Popper (1996): Alles Leben ist Problemlösen. Über Erkenntnis, Geschichte und Politik. Piper Verlag, München.

Karl R. Popper (2011): Auf der Suche nach einer besseren Welt. Vorträge und Aufsätze aus dreißig Jahren. Piper Verlag, München.

Birger Priddat (2010): Organisation als Kommunikation. VS Verlag für Sozialwissenschaften. Springer Fachmedien, Wiesbaden.

Wilfried Reifarth (2010): Wie anders ist der Andere? Enneagrammatische Einsichten. Eigenverlag des deutschen Vereins für öffentliche und private Fürsorge e.V., Berlin.

Hartmut Rosa (2020): Resonanz. Eine Soziologie der Weltbeziehung. Suhrkamp Verlag, Frankfurt am Main.

Salzburger Äbtekonferenz (Hrsg.) (1990): Die Regel des heiligen Benedikt. Beuroner Kunstverlag, Beuron.

Claus Otto Scharmer (2009): Theorie U – Von der Zukunft her führen. Carl-Auer -Verlag, Heidelberg.

Edgar H. Schein, Peter A. Schein (2016): Organisational Culture and Leadership. John Wiley & Sons, Hoboken, New Jersey, USA.

Wilhelm Schmid (1998): Philosophie der Lebenskunst. Suhrkamp, Frankfurt am Main.

Konrad Stadler (2009): Die Kultur des Veränderns. Führen in Zeiten des Umbruchs. dtv, München.

Erwin Thoma (2016): Holzwunder. Die Rückkehr der Bäume in unser Leben. Servus Verlag, Elsbethen, Österreich.

Max Weber (1919): Wissenschaft als Beruf 1917/1919, Politik als Beruf 1919. Studienausgabe der Max Weber-Gesamtausgabe Band I/17. Herausgegeben von Wolfgang J. Mommsen und Wolfgang Schluchter. J. C. B. Mohr (Paul Siebeck), Tübingen.

Beate Wilken (2019): Methoden der kognitiven Umstrukturierung. Ein Leitfaden der psychotherapeutischen Praxis. Kohlhammer Verlag, Stuttgart.

Robert Zimmer (2018): Leben als Versuch und Irrtum. Verlag der blaue reiter, Hannover.

Klug zweifeln

Heinz Jiranek
Klug zweifeln
Weil der zweite Gedanke oft der bessere ist
1. Auflage 2018

342 Seiten; Broschur; 24,95 Euro
ISBN 978-3-86980-390-6; Art.-Nr.: 1025

Es klingt gut, durchdacht, schlüssig. Und doch führen nicht wenige Entscheidungen privat, wirtschaftlich oder politisch in Katastrophen. Denn die vermeintlich guten Lösungen von heute schaffen die Probleme von morgen.

Wir haben es einfach nicht im Griff. Aber das hindert uns nicht an ungebrochenem und arrogantem Interventionismus. Wir greifen allerorts ein und erfinden Modelle: Lebensmodelle, Wirtschaftsmodelle, Führungsmodelle, Rezepte jeder Art. Doch wo führt das alles hin? Warum sind wir so anfällig für die einfachen Lösungen? Hat unser Scheitern System?

Heinz Jiraneks neues Buch liefert Antworten auf diese Fragen. Es lädt Sie zu einer spannenden Reise durch eine kritische Weltbetrachtung ein, vermittelt in packender Weise die praktischen Folgen der Systemtheorie und rüttelt an unserem Glauben, alles in der Hand zu haben.

Doch was können wir tun? Die Lösung ist ganz einfach und schwierig zugleich: Keinen simplifizierenden Kausalannahmen auf den Leim gehen. Begreifen, was alles nicht geht. Vorhandenes Wissen nutzen. Denken. Selbst denken.

Wenn du Gott zum Lachen bringen willst, dann erzähl ihm von deinen Plänen.

www.BusinessVillage.de

Resilienz

Denis Mourlane
Resilienz
Die unentdeckte Fähigkeit der wirklich Erfolgreichen
12. Auflage 2021

226 Seiten; Hardcover; 24,95 Euro
ISBN 978-3-86980-249-7; Art.-Nr.: 940

Erfolgreiche Menschen haben eine Eigenschaft, die sie von anderen unterscheidet und doch sofort wahrnehmbar ist: Gelassenheit. Sie meistern schwierige Situationen scheinbar mit Leichtigkeit, persönliche Angriffe prallen an ihnen ab und selbst unter hohem Druck büßen sie ihre Leistungsfähigkeit nicht ein.

Was machen diese Menschen anders? Sie beherrschen die Gelassenheit im Umgang mit sich, mit ihren Mitmenschen und mit den Herausforderungen, die das Leben und ihre tägliche Arbeit für sie bereithalten. Eine Eigenschaft, nach der sich immer mehr Menschen sehnen und die in der heutigen Zeit immer bedeutender wird. Resiliente Menschen verbinden diese Fähigkeit mit einer erstaunlichen Zielorientierung, Konsequenz und Disziplin in ihrem Handeln und erreichen dadurch etwas, was sie von vielen anderen unterscheidet: persönlichen Erfolg UND ein sehr großes Wohlbefinden.

In einer der wahrscheinlich spannendsten Reisen, der Reise zu Ihrem eigenen Leben, bringt Ihnen Dr. Denis Mourlane das Konzept der Resilienz näher und zeigt Ihnen, wie Sie es in Ihren Alltag integrieren.

www.BusinessVillage.de